BAYERISCHE AKADEMIE DER WISSENSCHAFTEN

BAYERISCH-ÖSTERREICHISCHES WÖRTERBUCH

II. Bayern

BAYERISCHES WÖRTERBUCH (BWB)

Herausgegeben
von der
Kommission für Mundartforschung
Bearbeitet von Josef Denz, Edith Funk,
Anthony R. Rowley, Andrea Schamberger-Hirt
und Michael Schnabel.

Heft 24 (7. Heft des 3. Bandes)
damisch – Dattel

DE GRUYTER
AKADEMIE FORSCHUNG

ISBN 978-3-11-052283-9
Library of Congress Cataloging-in-Publication Data
A CIP catalog record for this book has been applied for at the Library of Congress.
Bibliografische Information der Deutschen Nationalbibliothek
Die Deutsche Nationalbibliothek verzeichnet diese Publikation in der Deutschen Nationalbibliografie; detaillierte bibliografische Daten sind im Internet über http://dnb.dnb.de abrufbar.

Genthiner Straße 13, 10785 Berlin, Deutschland
Satz: Typodata GmbH, Pfaffenhofen
Druck und Bindung: Hubert & Co. GmbH & Co. KG, Göttingen
♾ Gedruckt auf säurefreiem Papier
Printed in Germany
www.degruyter.com

MIX
Papier aus verantwortungsvollen Quellen
FSC® C016439

damisch
Adj. **1** von einem best. körperlichen Zustand.– **1a** benommen, °OB, °NB, °OP vielf., °Restgeb. mehrf.: *wann ma dera öd Augn schaut, wird ma ganz damösch* Hengersbg DEG; *i bin ganz damisch vo lata Kobfwöih* Vohenstrauß; *der Wirt hat Schnaps unter sein Bier g'schütt', weil's mich so damisch macht* Oberpfalz 3 (1909) 31.– Phras. *d. hauen / schlagen / †machen* stehlen, °OB, °NB, °OP mehrf., Restgeb. vereinz.: °*des Radl hat der Hans net kauft, i moan, des hat er damischghaut* Wettstetten IN; °*hast dös damisch gschlong?* „heimlich auf die Seite gebracht“ Eging VOF; *Damisch ghaut …? I do ned!* MM 30.6./1.7.2001, J2; *Epas tamisch machen* „Etwas entfremden“ ZAUPSER 76.– **1b** schwindlig, °OB, NB, °OP, °SCH mehrf., MF vereinz.: °*då bi i gans damisch gwen, wias mi so auffighudschd ham, mida Kiaddahudsch* (Schiffschaukel) Ebersbg; *i bi ganz damisch worn vo lauta Tanzn* Passau; *I bi hẽid … ganz dàmesch* KAPS Welt d.Bauern 146; *gantz damisch und schwindlerisch gewesen, daß er … nit aufrecht stehen können* Gnadenblum 124.– **1c** schwankend, taumelnd, OB, NB vereinz.: *damisch gäh* „schwankender Gang mancher Kühe“ Wörth LA; *Támisch dəher ge˜ wiə ə˜ Bsuffənə‘* SCHMELLER I,603; *Tamisch* „taumelnd“ ZAUPSER 76.– **1d** ohnmächtig, bewußtlos, °OB, NB, OP, MF vereinz.: *den hams damisch gschlogn* O'miethnach R; *Znach ham s' mi mit an schiechn G'schmach* [betäubendes Mittel] *Glei völli dàmisch g'macht* GUMPPENBERG Loder 54; *also zum Kopf geschlagen, dz Er allen dämisch auf die Pruggen hinein gefahlen* StA Mchn Hofmark Amerang Pr.18 (26.3.1757).– **1e** an Unwohlsein, Übelkeit, Kopfweh leidend, OB, NB, OP, °MF vereinz.: *damisch* krank, gesundheitlich schlecht Abenbg SC; *dāmésch* „kopfbrummend“ FEDERHOLZNER Wb.ndb.Mda. 50.– **1f** an einer Gehirnerkrankung, v.a. der Drehkrankheit, leidend (von Tieren), OB, NB mehrf., OP, MF vereinz.: *Kaibö von a damischn Kua* Höhenstadt PA; *a damisch Schouf* Pleinfd WUG; „*damisch* ist ein mit dem Koller behaftetes Pferd“ STA 1861 OA 121 (1997) 151.

2 nicht recht bei Verstand, unbeholfen.– **2a** allg. abwertend od. verstärkend bei Schimpfw., °OB vielf., °NB mehrf., °Restgeb. vereinz.: °*du Aff du damischa!* Piding BGD; °*håd ma gladd a söchana daamöscha Auddofoahra a Gans zamgfoahn* Grafenau; *der z'sammzupfte Banznhäuptling, der damische* QUERI Watschenbaum 85; *Du tämische vnseld* Attel WS 1459 Cgm 632, fol.35r.– **2b** dumm, ungeschickt, °OB mehrf., °Restgeb. vereinz.: *der gstellt se damisch* Eberfing WM; *du fahrst, ober nöt so damisch, das t'in Gråm abikimst* Pfaffenbg MAL; *Wemmar oid werd, werd ma fei damisch* ILMBERGER Fibel 42.– **2c** verrückt, närrisch, °OB, °NB mehrf., °Restgeb. vereinz.: *då megst ja glai damisch wern!* Wasserburg; °*dammischer Deifl* „verrückter Kerl“ Rottendf NAB; *Du damischer Tropf, was g'freut di denn a so?* THOMA Werke VI,315 (Wittiber); *erschrecktens im schlaf mit seltsamen träumen, machtens halb unsinnig und dämisch* AVENTIN IV,72,10f. (Chron.).– Phras.: *De … fahrn wia de Damischn!* BINDER Saggradi 38.– *Damisch bolsd bist, gscheid werst fei so schnell nimma!* JUDENMANN Opf.Wb. 36.– Schnaderhüpfel: °*d'Leut måan, i bi narrisch, is aba nöt wahr; i bin grod a weng damisch, is glei wieda gar* Lalling DEG.

3 launenhaft.– **3a** eingebildet, selbstgefällig, °OB, °NB, °OP vereinz.: *dä rödt so dammösch dåhä* Ascholding WOR; *a damisch Mannsbild* Haidlfing LAN; *Die damische Titelsucht* Mchn. Stadtanz. 7 (1951) Nr.16,4.– **3b** eigensinnig, OB, MF vereinz.: *damischer Schädl* Irlahüll EIH.

4 leidenschaftlich, erregt.– **4a** leidenschaftlich, begeistert, vernarrt, °OB, °NB, °OP vereinz.: °*der is mit seine Roß ganz damisch* Perach WS.– Auch: *damisch* „übermütig“ Etzenricht NEW. **4b** nervös, fahrig, OB, NB, OP vereinz.: *sei net so damisch* „zapplig“ Anzing EBE.– **4c** jähzornig, aufbrausend, OB, °NB, OP vereinz.: °*der Sepp hat halt a damisch Bluat* Ederlsdf WEG; *dạ̄meʃ̌* „zornig“ nach KOLLMER II,81.– **4d** rücksichtslos, gewalttätig, OB, °NB vereinz.: *ganz damisch* rabiat Fdkchn AIB.– **4e** ungestüm, stürmisch, NB, OP vereinz.: *geh net so damisch!* Dommelstadl PA.

5 übel, albern, sonderbar.– **5a** Unwillen od. Abscheu erregend, °OB, NB, OP vereinz.: *des Fleisch hot an damischn Gschmoch* „schmeckt schlecht“ Unsernherrn IN; *schelch hockt s'scho, die damische Hauben* ROHRER Alt-Mchn 180.– **5b** unverschämt, respektlos, OB mehrf., NB, OP, SCH vereinz.: *der hot mi damisch ogredt* dumm und beleidigend Peißenbg WM.– **5c** unangenehm, fatal, OB, NB, OP vereinz.: *a ganz a damische Gschicht* „vertrackte, kritische Sache“ Hessenrth KEM; *alle derfrearn si d'Haxn mit deni Spenzerl, mit de damisch'n* Mchn. Stadtanz. 18 (1962) Nr.1,6; „eine *damische* Sache“ WESTENRIEDER Gloss. 96.– **5d** albern, sinnlos: *laß dös damischö Zeug!* Passau; *a Mann … der koane damisch'n Sprüch' g'macht hat*

BIBERGER Gschichten 53; *ə˜ támisché Réd, Fràg* SCHMELLER I,603.– **5e** seltsam, sonderbar, OB, °NB, °OP vereinz.: *damisch redn* „kauderwelschen" Prackenbach VIT; *Ein damisches Ding ist die Lieb* Altb.Heimatp. 7 (1955) Nr.12,7.
6 wechselhaft (vom Wetter), °OP vereinz.: *damisch Weda* „weiß nicht, was es will" Friedersrth NEW; *extra schimpfens gegenwärtig vielleicht über das damische Weda* Mchn.Stadtanz. 16 (1960) Nr.4,3.– Auch: *a damischa Wind* lauer Wind Ohlstadt GAP.
7 dämmrig, °OB vereinz.: *damisch* Münsing WOR.
8 sehr, außergewöhnlich, heftig, °OB mehrf., °NB, °OP, °MF vereinz.: *a damisch raicha Baua* Ingolstadt; *i hab damisch zuag'haut bei dera Rauferei* Passau; *Der Katzdobler hat glei a damische Wuat kriagt* FRANZ Hutzelweck'n 77.

Etym.: Germ. Wort idg. Herkunft; [2]DWB VI,137. Anders WBÖ IV,1138f.

Ltg: *dą̄miš, -ą-* u.ä.

DELLING I,113; PRASCH 17; SCHMELLER I,603f.; WESTENRIEDER Gloss. 96; ZAUPSER 76.– WBÖ IV,1138-1146 (täumisch).

Komp.: [**an**]**d. 1** wie →*d.*1a, °OB, NB vereinz.: *a weng åtamösch* Aicha PA.– **2** nicht recht bei Verstand, unbeholfen.– **2a** wie →*d.*2a: *daß d'es woaßt, du Halodri, du andamischt'r!* KROHER Ache 417.– **2b** wie →*d.*2b, °OB, °NB vereinz.: *der is a bißl oadamisch* „einfältig" N'taufkchn MÜ.– **2c** wie →*d.*2c, °OB, °NB vereinz.: *°odamisch, spinnert* Brandstätt TS.– **3** wie →*d.*3a, °NB mehrf., °OB, SCH vereinz.: *°des odamisch Weiberleut* „hochmütig" Garching AÖ.– **4** wie →*d.*4c, °NB vereinz.: *°er is andamisch* „geht gleich in die Höhe" Schaufling DEG.

[**viecher**]**d.**: *°vichadamisch* „närrisch nach Tieren" Teisendf LF.

[**halb**]**d.** wie →*d.*2c, OB, NB vereinz.: *hoidamisch* Gotteszell VIT; *Wie er … den halbdamischen Grinzinger zum Bürgermeister hatte wählen lassen* Mchn.Stadtanz. 6 (1950) Nr.37, 4.– Phras.: *arbeiten wia a hoibdamischa* hart arbeiten O'neukchn MÜ.

WBÖ IV,1146.

[**hammel**]**d.** wie →*d.*1f: *hammidamisch* „drehkrank, vom Schaf" Deimhsn SOB.

[**heirat(s)**]**d.** heiratslustig, OB vereinz.: *des is a ganz a heiratsdamischer* Hundham MB.

WBÖ IV,1146.

[**hirn**]**d. 1** von einem best. körperlichen Zustand.– **1a** wie →*d.*1a, OB, NB vereinz.: *dön håwi hiandamisch gschlågn* Straubing.– **1b** wie →*d.*1b: *hiandamisch* „schwindlig" Sulzbach-Rosenbg.– **1c** wie →*d.*1f, OB, NB vereinz.: *hirndamisch* „drehkrank" Anzing EBE; „Ein Kalb, welches am Donnerstag zur Welt kommt … wird *hirndamisch*" SR Bayerld 19 (1908) 167.– **2** nicht recht bei Verstand, unbeholfen.– **2a** wie →*d.*2a, OB, NB, °OP vereinz.: *du hiandamischa Simbbö, du hiandamischa!* Schwaibach PAN.– **2b** wie →*d.*2b, °OB, NB vereinz.: *°hiandamisch sei, wenn oana sein Gribbs vasuffa håd* Dachau; *So hirndamisch muaßt daherschmatzn* [daherreden] Altb.Heimatp. 7 (1955) Nr.34,7.– **2c** wie →*d.*2c, OB, NB, OP vereinz.: *von an sehan Löam mähbma hiandamösch wian* Zandt KÖZ; *Mir san doch net ganz hirndamisch* QUERI Kriegsb. 6.– **3** wie →*d.*3a, NB, °OP vereinz.: *°hirndamisch* hochmütig Neunburg.– **4** jähzornig, rücksichtslos.– **4a** wie →*d.*4c, NB vereinz.: *der wird no ganz hirndamisch* den zerreißt es noch vor Wut Zwiesel REG.– **4b** wie →*d.*4d: *hirndamisch* rabiat Altendf ESB.

WBÖ IV,1146.

[**hoch**]**d.** wie →*d.*3a, °NB, °OP vereinz.: *°houchdamisch* hochmütig Fronau ROD.

[**kopf**]**d. 1** wie →*d.*1e: *des macht mi ganz kopfdamisch* Flintsbach RO.– **2** wie →*d.*2c: *Seids iatz völlig kopfdamisch worn?* DINGLER Türkenfahrer 12.

WBÖ IV,1146f.

[**leber**]**d. 1** krank.– **1a** leberkrank, °OB, °OP vereinz.: *°i moan, de isch lebadamisch* Dachau.– **1b** wie →*d.*1f, OB vereinz.: „auch Pferde werden *leberdamisch*" Schrobenhsn.– **2** nicht recht bei Verstand.– **2a** wie →*d.*2b, °OB vereinz.: *der is leberdamisch* dummer Mensch Tutzing STA.– **2b** wie →*d.*2c, °OB, °OP vereinz.: *°nimm de en owacht, nacha wirst lewadamisch* Rötz WÜM; *was sagt er da, der Irrenhäusler, der leberdamische?* GRAF Werke IX,160.– **3** wie →*d.*3a: *der is leberdamisch* nicht ganz richtig vor Einbildung Huglfing WM.– **4** wie →*d.*4a: *lewadamesch* „leidenschaftlich, fanatisch" Spr. Rupertiwinkel 58.

WBÖ IV,1147.

[**lieb**]**d.** liebestoll, °OP, °OF vereinz.: *°läidaamisch* Thierstein WUN; „es taumeln dir die al-

ten Schatullen *liebdamisch* durch Tirschenreuth“ W. FRITSCH, Die lustigen Weiber von Wiesau, Frankfurt 2000, 160.
WBÖ IV,1147.

[**nest**]**d.** schlaftrunken: *nestdamisch* JUDENMANN Opf.Wb. 113.

[**rappel**]**d. 1** wie →*d.*2b: °*rappedamisch* „dumm“ Taching LF.– **2** wie →*d.*4c, °OB vereinz.: °*rapidamisch* „aufbrausend“ Inzell TS.

[**roß**]**d.** in Pferde vernarrt, °OB, °NB, °SCH vielf., °OP, °MF vereinz.: °*dös war a ganz a Roßdamischer* Gäuboden; *der werd no ganz roßdamisch* Heimatbilder Chiemgau Nr.60 (1930) 414.

[**schlaf**]**d. 1** wie →[*nest*]*d.*, °OB, °NB, SCH vielf., Restgeb. mehrf.: °*mid dem kann ma vor 9 Uhr net redn, weil er bis dahin no schlafdamisch is* Gäuboden; *ho ich schlecht traamt öitza! sagt sie und is nu ganz schlaoufdaamisch* SCHEMM Neie Deas-Gsch. 116.– **2** schläfrig, müde, OB, NB vereinz.: *iatz wer i auf amoi ganz schlåfdamisch* Dachau.
WBÖ IV,1147.

[**stock**]**d. 1** wie →*d.*1a, OB, NB vereinz.: *stockdamisch* Margarethenrd FS; *Da werst ja mit der Zeit stockdamisch* EHBAUER Weltgschicht I 84.– **2** nicht bei Verstand.– **2a** †wie →*d.*2a: *Dö Bruathenn, dös … stockdamösch Luada* SCHLICHT Dorftheater 105.– **2b** sehr dumm, einfältig: *stockdamisch* „dämlich“ Passau; *So stocktamisch war er einmal gewiß nicht!* LINKE Jahr 111.– **2c** völlig verrückt, närrisch, NB vereinz.: *schdoggdamösch* Kreuzbg WOS; *Schdogdamischa* BINDER Saggradi 196.– **3** wie →*d.*4c: *stockdamisch* wütend Kreuth MB.
WBÖ IV,1147.

[**über**]**d.** wie →*d.*3a: °*überdamisch* hochmütig Walleshsn LL. E.F.

Damm

M., N. **1** (Ufer-)Böschung, SCH mehrf., OB, NB, °OP vereinz.: *Daam, Dämmla* „schmaler, abhängender Wiesstreifen“ Hfhegnenbg FFB; *Oitza stellma die Wanna … awaal aafm Damm aassa* SCHEMM Neie Deas-Gsch. 121.
2 Staudamm, künstlich errichteter Wall, OB, NB, °OP vereinz.: °*Dämmla baun* „tun Kinder“ Weiden; *Wia 's Wasser unterwascht den schönsten Damm* STEMPLINGER Ovid 19; „ist bey den Isser Canall an der Aufbauung beyderseittiger *Dämmen* etwas außgesezt worden“ Mchn 1714 HIERL-DERONCO Lust zu bauen 209.
3 Bahn- od. Straßendamm, NB vereinz.: *Dåm* Bahnkörper, auf dem die Schienen liegen Aicha PA.– Phras.: *auf dem D. sein* gesund, kräftig: °*am Damm sa* Tirschenrth; *Auf:m Damm sei* „wieder bei voller Kraft“ CHRISTL Aichacher Wb. 264;– tüchtig, klug: °*am Damm saa* „auf Draht sein“ Wdsassen TIR; *aam Damm saa* „umsichtig“ SINGER Arzbg.Wb. 49.– *Ebbas auf'n Damm bringa* etwas fertig, zuwege bringen Traunstein.

Etym.: Mhd. *tam(m)* stm., germ. Wort unklarer Herkunft; PFEIFER Et.Wb. 200f.

SCHMELLER I,506.– WBÖ IV,529-531.

Abl.: *dämmen*.

Komp.: [**Bach**]**d.**: *Bochdamm* Bachufer Weiding OVI.
WBÖ IV,531.

[**Bahn**]**d.** Bahndamm, OB, NB, OP vereinz.: *Båndåmm* Kochel TÖL; *Auf an bôdám bîn-y glåffa* KUEN Bair. 89.
WBÖ IV,531.

†[**Borzen**]**d.** Uferbefestigung mit Reisigbündeln (→*Borzen*): *wo denen Griesen … Rinnen oder Wassergängen sich bezeigen, solches … mit … Porzen-Dammen … befestiget werden* Lechhsn A 1706 LORI Lechrain II,514.

[**Prügel**]**d.** Knüppeldamm: °*Brückldamm* um das Haus oder durch sumpfigen Boden Fischbachau MB.

[**Teich(s)**]**d.** Ufer, Damm eines Teichs: *da Deichdamm* „staut das Wasser auf“ Naabdemenrth NEW; *er is immaghupft am Teichsdamm und haout a paar Bäicha* [Schreie] *gmacht* SCHMIDT Säimal 70.
WBÖ IV,531.

[**Knüppel**]**d.** wie →[*Prügel*]*d.*, °NB, °OP vereinz.: °*Knüppldamm* „Prügelweg durch sumpfige Waldwege“ Frauenau REG.

†[**Weiher**]**d.** wie →[*Teich(s)*]*d.*: *dan gegen dem Aigen vber hanns Dolesen zue Rosenberg vntersten Weiherthamb zur Rechten* 1620 StA Am-

berg Fürstentum Pfalz-Sulzbach, Regierung – Sulzbacher Akten 3170, fol.2r. E.F.

dämmeln

Vb., dämmern, hell od. dunkel werden, °OB vereinz.: °*hiatz fangds scho s Damen o!* Dachau.

Etym.: Wohl Var. von →*dämmern*; vgl. WBÖ IV,1466.

WBÖ IV,1466.

Komp.: [**ein-her**]**d.**: °*es dämmit scho eina* „dämmert herein" Ederlsdf WEG. E.F.

tämmeln, schlagen, klopfen, →*tämpeln*.

dämmen, -a-

Vb. **1** einen Damm, Wall errichten: *däma* „dichten, einen Damm setzen ... im Salzbergwerk in einem Stollen" HELM Mda.Bgdn.Ld 50; *dammen* WESTENRIEDER Gloss. 96.

2: *Stundnlang hab i ... Fleck auf Fleck dämmt* [aufgenäht, um die Hose zu flicken] ANGERER Göll 195.

3 bezwingen, an der Ausbreitung hindern, in heutiger Mda. nur im Komp.: *Demmen und hemmen* SCHMELLER I,508; *Künig Sigbrecht, do er nun die Haunen dämt het, eilet ... wider seinen brueder* AVENTIN V,52,28-30 (Chron.).

Etym.: Mhd. *temmen*, Abl. von →*Damm*; PFEIFER Et.Wb. 201.

SCHMELLER I,506, 508f.; WESTENRIEDER Gloss. 96.– WBÖ IV,534f., 1468.

Komp.: [**an**]**d.** anstauen, °OP vereinz.: °*n Weiha hot ma pFisch zerscht odämma möin* Schnaittenbach AM.

WBÖ IV,535.

[**auf**]**d.** zu einem Damm aufschütten: *an Wög aufdåma* Dämme zur Abteilung von Fischteichen Mittich GRI.

WBÖ IV,535.

[**ein**]**d. 1** wie →*d.*3: *den Woidbrand hamts denat nu eidämma kinna* Hengersbg DEG.– **2**: °*eidemma* „einschüchtern, den Mut nehmen" Fischbachau MB.

WBÖ IV,535. E.F.

-dammen

Vb., nur in Komp.: [**ver-dill**]**d.** schlecht beurteilen, herabwürdigen, °OP vereinz.: °*döi brauchatn oin a ned glai vad'ldama, wenn ma amal an Fähltritt dout!* Kchnthumbach ESB; *vadīdldǫma* nach DENZ Windisch-Eschenbach 276; *Verdilldammen* „jemand verkleinern, herabsezen" HÄSSLEIN Nürnbg.Id. 57.– Wohl spielerische Erweiterung von →[*ver*]*d.* Anders SCHMELLER I,500.

HÄSSLEIN Nürnbg.Id. 57; SCHMELLER I,500.

[**ver**]**d. 1** verurteilen, verfluchen.– **1a** verurteilen, (eine Strafe od. Pflicht) auferlegen, OB, NB vereinz.: *dua dei vodamtö Schuidikeit, nacha kan da koa Mensch was macha* Passau; *Mi hams vodammt, für dös, daß a mi afghängt ho! Ejtz mou i ... als Krouha umfludern* Altb. Heimatp. 53 (2001) Nr.2,8; *Das ist deine verdammte Schuldigkeit* „von Rechtswegen auferlegte Pflicht" SCHMELLER I,506; *furdāpnoth* Windbg BOG 12.Jh. StSG. I,792,52; *die Ketzer/ vnd offentliche Wucherer/ ob sie gleich desselben noch nit verdambt worden* Landr.1616 344.– **1b** wie →[*ver-dill*]*d.*, MF mehrf., Restgeb. vereinz.: *in Grund und Bo'n vadamma* „ganz schlecht machen" Anzing EBE.– **1c** †der Verdammnis anheimgeben: *Condemnabunt uirdānont* Tegernsee MB 10./11.Jh. StSG. I,811,38; *der aver niht gelaubt, der wůrde verdampt* O'altaicher Pred. 62,25; *dy swangern frawn, die da sturben ee sy chind geporen, solten all verdampt sein* 15.Jh. ZDA 112 (1983) 268,57f.– **1d** verfluchen, verwünschen, OB, NB, SCH vereinz.: *dä Vadamtn* Hengersbg DEG; *Meuißt hundat Joah vodamt noh bleim!* SCHUEGRAF Wäldler 50.– **2** Part.Prät.– **2a** mißlich, unangenehm, OB, °NB, MF vereinz.: °*is dös a Ackarei, a vadammtö* „mühevoll" Eging VOF; *„Verdammte G'schicht." – Jetzt will i sehn, wie der dös richt* STIELER Ged. 40.– **2b** verstärkend bei Schimpfw., °NB vereinz.: *Hundsgnocha vadammda, elendinga!* Kötzting; *„Vadåmmta Huund* neben *Hund, vadåmmta!"* BRAUN Gr. Wb. 740.– **2c** Fluch: *vadammt, öitz paßts nu niat!* Altenstadt NEW; *Vadåmmt nuamåål* BRAUN ebd.– **2d** sehr, außergewöhnlich, heftig, °Gesamtgeb. mehrf.: *a vådomdö Fotzn* „eine schallende Ohrfeige" Ramsau BGD; °*des is verdammt deier* „unverschämt teuer" Neusorg KEM; *da wird er verdambt gritten sein* Stubenbg PAN 1796 PH. LENGLACHNER, Gesänger Buch I, München 2014, 131.– Ahd. *firdamnôn*, mhd. *verdamnen*, zu lat. *damnare*; PFEIFER Et.Wb. 1499.

SCHMELLER I,506.– WBÖ IV,532-534. E.F.

dämmer
Adj., dämmrig, °OB, NB, OP vereinz.: *dema* Hsham MB.

Etym.: Präd. Verwendung von österr. *Dëmer* 'Dämmerung', idg. Herkunft; WBÖ IV,1464.

WBÖ IV,1464f.

Abl.: *dämm(e)rig, dämmerisch, dämmerln, dämmern, Dämmerung.* E.F.

dämm(e)rig
Adj., dämmrig, °Gesamtgeb. vereinz.: °*Kinder, gehts eina, iatz wirds scho dammare* Altenbuch LAN; *iads weads dẹmari* Dießen LL nach SBS X,656.

WBÖ IV,1465. E.F.

dämmerisch
Adj., dämmrig, OB, OP vereinz.: *demmerisch* Geltendf FFB. E.F.

dämmerln
Vb.: *es demmerlat* „dämmern, dunkel werden" Peiting SOG. E.F.

dämmern
Vb. **1** dämmern, hell od. dunkel werden, MF mehrf., °Restgeb. vereinz.: °*es fangt scho wieder s dämmra an* Eresing LL; *s dammat* Preith EIH; *dạmaʳd* (Ef.) Huglfing WM SBS X,656.
2 klar, bewußt werden, OB vereinz.: *iatz demmats ma* Ingolstadt.

WBÖ IV,1466.

Komp.: [**auf**]**d.** wie →*d.*2: °*dem dämmerts bald auf* „der begreift es bald" Rgbg; „Vielleicht wäre ... einem Berliner Maulaffen die Ahnung *aufgedämmert*" W. v.KLÖBER, So ein Saustall, München 1938, 96. E.F.

tämmern, schlagen, klopfen, →*tämpern.*

Dämmerung
F., Dämmerung, Gesamtgeb. vereinz.: *Dämring* Naabdemenrth NEW; *Crepusculo demenungo* Tegernsee MB um 1070 StSG. II,256,73.

Etym.: Ahd. *dëmarunga*, mhd. *dëmerunge* stf., Abl. von →*dämmer*; vgl. WBÖ IV,1467.

WBÖ IV,1467. E.F.

dämmig
Adj., dämmrig, °OB, °NB, °OP, °MF vereinz.: °*heint werds scho so boid dammi* Aidenbach VOF.

Etym.: Zur selben Wz. wie →*dämmer*; vgl. WBÖ IV, 1464f.

WBÖ IV,1464f. E.F.

tämmig, feucht, modrig, →*täumig.*

tampeln →*taumeln.*

tämpeln, -mm-, -e-
Vb. **1** schlagen, klopfen: *der damelt* „schlägt um sich" Pleinfd WUG; *dám·ln* SCHMELLER I,506.
2: °*dämln* „austauschen von Gegenständen" Thiershm WUN.

Etym.: Abl. zur selben onomat. Wz. wie →*tämpern*; WBÖ IV,1463.

SCHMELLER I,506.– WBÖ IV,1463.

Komp.: [**ver**]**t.**: °*dou s Messa fei niat wida vadämln* „leichtfertig eintauschen" Thiershm WUN. E.F.

dämpen
Vb., zum Narren halten, °OB (BGD) mehrf., °NB vereinz.: °*i laß mi von dir net dampn* Ruderting PA; *dampn* „foppen" Berchtesgaden Bergheimat 8 (1928) 30.

Etym.: Wohl gleicher unklarer Herkunft wie österr. *tämpeln* 'sich irren' (WBÖ IV,536).

Abl.: *Dämper(er).*

Komp.: [**an**]**d.** dass.: °*odampn* „anlügen" BGD. E.F.

Tämpen
M.: °*der hat an Dampn* „mittelmäßigen Rausch" Kchbg REG.

Etym.: Wohl Abl. zur selben Wz. wie →*tämpern.* E.F.

Dämper(er)
M. **1** jmd, der andere zum Narren hält: °*der Dampa* Bayrischzell MB; *Dampara* „Täuscher" Berchtesgadener Heimatkalender 2010, 94.
2: °*Tämper* „Trottel, den man zum Narren hält" Schwandf. E.F.

Tämper(er), -e-
M. **1** Schlag, einmaliges Klopfen, °OB, °OP, °OF vereinz.: °*es hat an Dampara getan* „an der Türe" Tirschenrth; *Dahoim git er dean Fisch an Daamparer mitn Fleischklopfer* SCHEMM Neie Deas-Gsch. 14.
2: *Tempara* „ein Sprung in einem Tongefäß" SINGER Arzbg.Wb. 236.
3 Denkzettel, Fingerzeig: *an Tampara kräign* Wdsassen TIR; *dea haut an Dambara greigt* „wenn ihn ein verdientes Mißgeschick getroffen hat" KONRAD nördl.Opf. 59.
4 männliche Person.– **4a** (Vieh-)Händler, °OB vereinz.: °*Tamperer* „Hausierer" Marquartstein TS; *Dámbárá* „Schacherer; Händler auf niedrigem Niveau" HEIGENHAUSER Reiterwinkerisch 7.– **4b**: *Damba* „Antreiber" Berchtesgaden.
5: °*där hout scha an kleun Damperer* „Rausch" Thiershm WUN.
WBÖ IV,537, 1463f.

Komp.: [**Auto**]**t.**: °*Autotamperer* „Autohändler" Steinhögl BGD.

[**Hosen**]**t.**: °*Hosentamperer* Bub, der die ersten Hosen trägt Tirschenrth.

[**Roß**]**t.**: *Roßdamperer* Pferdehändler Törring LF. E.F.

†-tämper, -mm-, -e-
N., nur in: [**Ge**]**t.** Lärm, Getöse: *Das getämer ward alls groß* FÜETRER Lanzelot 249; „und machen ihn ... *mit ihrem großen Klöppern und Gedemper irr*" Haselbach BUL 1580 Oberpfalz 94 (2006) 77.
Etym.: Mhd. *getemer(e)* stn., Abl. von →*tämpern*; WBÖ IV,526.
SCHMELLER I,507.– WBÖ IV,526, 1464. E.F.

tämpern, -mm-, -e-
Vb. **1** klopfen, lärmen.– **1a** schlagen, klopfen, °OB, °OP, °OF vereinz.: °*dampern* „fest an die Türe pochen" Haselbach BUL; *dąmpan* „leicht klopfen (etwa ans Fenster)" nach DENZ Windisch-Eschenbach 266; *und ward das gestös und das tämern mit den schwertten zu mal groß* FÜETRER Lanzelot 245.– **1b** lärmen, °OB, °OP vereinz.: °*damman, dampan* herumstürmen (von Kindern) Pöcking STA.
2 mit kurzen, schnellen Schritten gehen, OP, °MF vereinz.: °*dampern* „herumtrippeln" Allersbg HIP.
3 handeln, feilschen, tauschen, °sö.OB mehrf., °SCH vereinz.: °*Daubn dambbern* Weildf LF; *dampan* „an- und verkaufen, handeln" Spr.Rupertiwinkel 18.
Etym.: Mhd. *temeren*, onomat.; vgl. WBÖ IV,527, 538.
SCHMELLER I,506.– WBÖ IV,527, 538, 1465.

Abl.: *Tämper(er), -tämper*.

Komp.: [**ab**]**t.** **1** suchend durchstreifen: °*ea hod dös ganze Gei odampad* Teisendf LF.– **2** abhandeln, abtauschen, °OB vereinz.: °*dös håb i eam ådampert* Tengling LF.

[**an**]**t.** anklopfen, °OP vereinz.: *oatampan* „an Türen, Fenster, Wand" Naabdemenrth NEW; *oa(n'tampa(r)n* BRAUN Gr.Wb. 641.
WBÖ IV,528, 538.

[**anhin**]**t.** hinklopfen: °*oitampern* „ans Barometer" Tirschenrth; *da Schmied miedn Hamma ... daampat a weng oan d Loian oi* HEINRICH Gschichtla u. Gedichtla 23.

[**der**]**t.**: °*den håmans richte dadampad* „mit einem Prügel geschlagen" O'nrd CHA.

[**ein**]**t.**: °*eidampern* „durch Tausch einhandeln" Teisendf LF.
WBÖ IV,538.

[**ver**]**t.**: °*verdampern* „durch Tausch weggeben" ebd.
WBÖ IV,1466.

[**her-um**]**t.** **1** klopfen, lärmen.– **1a** wie →*t.* 1a: °*die Kinder dampern ständig an der Scheunenwand rum* „klopfen herum" Traidendf BUL.– **1b** wie →*t.* 1b, °OB, °OP vereinz.: °*jetzt damperts do net so rum* „herumtollen" Hohenpeißenbg SOG.– **2** sich ungeschickt od. unbeholfen verhalten, °OB vereinz.: °*rumdampern* Schrobenhsn.

[**zer**]**t.**: „zerbrechen, zerschlagen ... *zatempan*" SINGER Arzbg.Wb. 236. E.F.

Dampes, Rausch, Makel, →*Dampus*.

Dampf

M. **1** Wasserdampf, Dunst, Gärprozeß.– **1a** Wasserdampf, °OB, °NB, OP vereinz.: °*vo laudda Damf ho i nix gseng* Neufraunhfn VIB; *Mehr Dampf auf die Radl, Tempo her* Altb.Heimatp. 56 (2004) Nr.9,3; *es legt sich auch der Tampf in die Streich* [Rillen] Erding um 1600 ZILS Handwerk 108.– Phras.: *D. machen* u.ä. für Schwung, Antrieb, Aufregung sorgen, °OB, °NB, °OP vereinz.: °*der hat gscheid Dampf dahinta gmacht* Weiden; *Der daad eahna vielleicht an Dampf einilass'n!* SZ 12 (1956) Nr.204,9.– *Am Dampf bleim* „die Spannkraft behalten" Valley MB.– *As gäid'n da Dambf as* „er hat keine Kraft mehr" Floß NEW, ähnlich MB;– *dem is da Dampf ausganga* „er kann nicht mehr zahlen" Mengkfn DGF.– *Dem steigt da Dampf auf* der ärgert sich furchtbar Wörnsmühl MB.– *hinter unsere Bobfahrer hätt' a der Zatabeck* [PN] *a'n Dampf ablassen* [abbremsen] *müassen* Mchn. Stadtanz. 8 (1952) Nr.32,3.– *Er lügt, daß ihm der Dampf zum Maul 'raus geht* Baier.Sprw. II,41.– **1b** dumpfe Zimmerluft, °OB, SCH vielf., °OP mehrf., NB, OF vereinz.: *in dem Zimma håds an Dampf* Mittich GRI; *Dámpfl* „stickige Luft in einem Zimmer" ANGRÜNER Abbach 22.– **1c** Nebel, Dunst, Rauch, °OB, MF vereinz.: *Dampf* der feine Dunst am Horizont Wolkertshfn EIH; *zon Wiarth ins Haus, Waou mehra laouß'n d'Dampf 'ln raus* SCHUEGRAF Wäldler 7, *Uapor damf* Tegernsee MB 10./11.Jh. StSG. I,643,36; *Dampff ... feuchter dunst* SCHÖNSLEDER Prompt. K3ᵛ.– **1d**: „Gärprozeß von frischem Heu im Heustock ... *kximp an dåmpf*" nach Peißenbg WM SBS XII,302.

2 Schweiß, Atem, Erkrankung.– **2a** Schweiß, Ausdünstung, OB, °NB, °OP vereinz.: *vo de Rooß geat da Dåmpf weg* „sie schwitzen" Kochel TÖL; *Do hauds da an Dampf ausse!* BINDER Bayr. 40; *Dampff* SCHÖNSLEDER ebd.– **2b** geatmete Luft, °OB vereinz.: °*mir geht der Dampf aus* Mchn; *Aə˜n druckə˜, dás eəm də' Dampf ausgêt* SCHMELLER I,510.– **2c** †krankmachender Dampf im Körper: *für dez haubtes siechtum, der ... von posem dampf chumpt* KONRADvM BdN 414,3f.; *wann ... Dämpff und Flüß den Kopff ... durchschneidet* SELHAMER Tuba Rustica II,216.– **2d** Atemnot, damit einhergehende Erkrankung, °Gesamtgeb. vielf.: °*der hat eahm an Dampf higfahrn* „das Pferd so gehetzt, daß es herzleidend wurde" O'ammergau GAP; °*dea had a Dempfla* „Asthma" Regelsbach SC; *'s gibt so viel Malizen: Harnwind ... und Dampf* MATHEIS Bauernbrot 53; *Fürn thampff* Roßarznei (DEINHARDT) 96.– **2e** Kolik des Pferds od. Rinds, °OB, °NB, °OP vereinz.: °*na müassma ihr den Dampf stecha* „wenn die Kuh zu viel Klee gefressen hat" Hirnsbg RO.

3 Rausch, °OB, °NB, °OP, SCH vereinz.: °*a gloans Dambfi håda scho ghåd, da Hea Pfåra* Ebersbg; *da Siegfried schlaft sei' Dampfl aus* S. KIEFER, Die Isar-Nibelungen, Mainburg 1966, 16.

4 beim Backen, Kochen.– **4a** meist Dim., als Dim. auch M. (M), Vorteig, Sauerteig, °Gesamtgeb. vielf.: °*i wia zeaschd s Dambfö södzn* Grafenau; °*dou a Möhl in Bachtroug und dou s Dampfl orichtn* Weiden; *Haind geht as Dampfe wieder gor ned!* ILMBERGER Fibel 42; *von drei Löffel guter Hefe und lauwarmer Milch ein Dämpfel* SCHANDRI Rgbg.Kochb. 173; *Ein dempflein mit einer gůtten höffen* PICKL Kochb. Veitin 91.– Phras.: *dös geht ois wias Dampfö* „völlig reibungslos" Hengersbg DEG.– *Aufgehen wie ein Dämpflein* u.ä. aufbrausen, zornig werden, °Gesamtgeb. vielf.: °*der geit af wej a Dampfl* Maxhütte BUL;– dick werden, °OF, °MF vereinz.: °*der gejt af wej a Dampfl* Thiershm WUN;– °*den kann ma aufziehn wia a Dampfl* „der läßt sich leicht in Wut bringen" Passau.– *Das Dämpflein geht* u.ä. sie ist schwanger, °OB, NB vereinz.: *s Dampfö is gehad worn* Reisbach DGF; *'s Dámpfel gêt* SCHMELLER I,511.– **4b** Dim., Mischung aus Mehl u. Wasser zum Eindicken, °OB, °NB, °OP vereinz.: °*jetzt muaß i no a Dampfl ans Kraut himacha* Trostbg TS.

5 Dampfdreschmaschine, °OB, °NB vereinz.: °*aso a Dampf schluckt ganz schö vui Hoiz* Wimm PAN; *da hat dann der Dampf „pfiffa, daß mas im gånzn Dorf ghört had"* KREUZER Rinchnachmündt 45.– Phras.: *er schaut aus, wej wenn er 14 Doch mi'n Dampf ganga waar!* „verrußt" JUDENMANN Opf.Wb. 36.

6: °*der hat a Dampfla* „der Baumstamm hat eine rote, faulige Stelle" Kohlgrub GAP.

7 Angst: „ein Mensch, der vor den Weibern überhaupt *einen höllischen Dampf* hatte" RUEDERER Erwachen 88.

8 Tempo: *der hot Dampf drauf* „beim Skifahren" Prien RO.

9 Anstrengung, Mühe: „Ein Pferd ... *scheicht koan Dampf net*" HÄRING Gäuboden 73.

10 Hunger, NB, °OP vereinz.: °*die habn Dampf* „Hunger" Rgbg.

Etym.: Ahd. *damph*, mhd. *dampf*, *t*- stm., germ. Bildung idg. Herkunft; PFEIFER Et.Wb. 201f.

SCHMELLER I,510f.– WBÖ IV,539-544.

Abl.: *dämpfeln, dampfen, Dampfer(er), -dämpferln, -dämpfern, dämpfig, Dämpflet, dämpflig.*

Komp.: [**An**]**d.** Sauerteig: *a Odampfe* Ingolstadt.

[**Apfel**]**d.**, [**Äpfel**]- Apfelkompott, °OB, °NB vereinz.: °*Öpfidampf* Pittenhart TS.

Mehrfachkomp.: [**Erd-äpfel**]**d.** Kartoffelbrei, °OB, °NB vereinz.: °*Eapfldampf* Wiesenfdn BOG.

[**Heu-blumen**]**d.** Heublumenabsud, °OB, °NB vereinz.: °*Heublumadämpf* Eresing LL.

[**Brodel**]**d.** wie →*D.*1b: °*Brodldampf* „dunstige Hitze in der Küche" Stamsrd ROD.

[**Pulver**]**d.** Pulverdampf, °Gesamtgeb. vereinz.: *va lautta Buifadåmpf nima seng* Mittich GRI.

[**Teufels**]**d.** Stäubling (Lycoperdon): *Teufelsdampf* Otterfing WOR MARZELL Pfln. II,1470.

[**Erd**]**d.** **1** †aus der Erde aufsteigender Dampf: *ein aufsteigender Erd-Dampf/ der im oberen Lufft entzündet wird* I. ERTL, Sonn- u. Feyer-Tägliches Tolle Lege, Nürnberg [2]1708, 381.– **2** Dunst bei schönem Wetter, OB, NB vereinz.: *d Eaddämpf gengan* Gottsdf WEG.– **3** †Pl., Brutröhren der Erdbiene: *die Erd-dämpfe gehen* „kleine Häufchen von aufgeworfener Erde ... nicht von Dämpfen ... sondern ... Bienen" DELLING I,158.

DELLING I,158.– WBÖ IV,544.

[**Voll**]**d.** **1** Vollrausch: *Mit sein Volldampf woit er no an Rehbock schiassn* BILLER Garchinger Gsch. 42.– **2**: °*mit Voidampf* „mit voller Kraft" Fischbachau MB.

WBÖ IV,544f.

[**Gar**]**d.** Eberreis (Artemisia Abrotanum): *Gordampf* Cham MARZELL Pfln. I,415.– Volksetym. aus →[*Gart*]*hagen* 'dass.' umgedeutet.

[**Ur-hab**]**d.** wie →[*An*]*d.*: *Uaradampfö* „Sauerteig" Aicha PA.– Zu →[*Ur*]*hab* 'dass.'.

WBÖ IV,545.

[**Hans**]**d.** →*Hansdampf.*

[**Hefen**]**d.** Vorteig, in Phras.: °*den håts auftriebm wi a Hefadampfl* „er ist zornig geworden" Ensdf AM.

[**Herz**]**d.** mit Atemnot einhergehende Herzerkrankung, °OB, °NB, °OP, °MF vereinz.: °*dös Roos hot an Herzdampf* Tittmoning LF.

[**Kohl**]**d.** **1** großer Hunger, °OB, NB, °OP, SCH vereinz.: °*wos i heint firn Kohidåmpf ho!* Maria Gern BGD; *na hob i 's Schiaggln o'gfangt vor lauta Koihdampf* MM 28.3.1996, 30.– Phras. *K. schieben* Hunger haben, °OB, NB vereinz.: *Kohldampf schiebm* O'nzell WEG; *was moanst denn, wia 'r i Kohldampf schiab!* THOMA Werke VI,258 (Andreas Vöst).– **2** übertr. von Menschen.– **2a**: *Kohldampfl* „hungriger Kerl" LUSTICUS Mchn.Fremdw. 14.– **2b** soldatensprl.: *Koidampf* „Unteroffizier" Mchn.– Über die Soldatenspr. aus dem Rotwelschen; KLUGE-SEEBOLD 512.

WBÖ IV,545.

[**Kuchel**]**d.** dumpfe Luft in der Küche, °OB, °NB, °MF vereinz.: °*Kuchldampf* Frauenhfn MAL.

WBÖ IV,545.

[**Leber**]**d.** Leberschwellung, v.a. des Pferds, °OB mehrf., °Restgeb. vereinz.: °*de Roß ham an Lebadampf* Halfing RO; „Du hast eine geschwollene Leber, den *Leberdampf*" OP Bayerld 36 (1925) 21.

[**Lungen**]**d.** mit Atemnot einhergehende Lungenerkrankung, v.a. des Pferds, °OB, °NB, °SCH mehrf., °OP, °MF vereinz.: °*Lungadampf* „bei Mensch und Roß" Wildenroth FFB; „Grüne Birnen ... gegen den sogenannten *Lungendampf* eines Pferdes" Wochenbl. des landwirthschaftlichen Vereins in Baiern 15 (1825) Nr.24,428.

WBÖ IV,545.

[**Mehl**]**d.** Dim., wie →*D.*4b, °OB, °NB vereinz.: °*i mach a Mehldampfl fürs Kraut* Rottenburg.

WBÖ IV,545.

[**Nudel**]**d.** wie →[*Hefen*]*d.*: °*Resl, machs Nudldampfl o* Wiefelsdf BUL.– Phras. *aufgehen wie ein N.* aufbrausen, zornig werden, °OB, °OP vereinz.: °*dea geht auf wia a Nuldåmpf* Marktl AÖ.

[Sau]d. →*[Sau(er)]ampfer.*

[Schüssel]d. wie →*[Erd-äpfel]d.*, °OB, °NB, °OP vereinz.: °*Schüssldampf* Frauenbg PAR.

[Stall]d. Stallgeruch: *Schtöidampf* Kochel TÖL.
WBÖ IV,545. E.F.

Dämpf
M., Kompott, °OB vereinz.: °*Dempf* Wettstetten IN; *Der Dempf* „Speise von gedämpftem ... Obst" SCHMELLER I,511.
Etym.: Abl. von →*dämpfen*; ebd.
SCHMELLER I,511.

Komp.: **[Apfel]d., [Äpfel]-** Apfelkompott, °OB mehrf., °Restgeb. vereinz.: *Apfldämpf* Ried ND; *Epfedempf* GÖTTLER Dachauerisch 24.
SCHMELLER I,511.

Mehrfachkomp.: **[Erd-apfel]d.** Kartoffelbrei: °*Eadapfldempf* Rehling AIC.

[Zwetschen]d. Zwetschgenkompott, OB, SCH vereinz.: *Zweaschndempf* Haunswies AIC. E.F.

dämpfeln
Vb. **1** dunsten, rauchen.– **1a** Dampf entwikkeln, von sich geben, °OB, °NB, °SCH vereinz.: °*da Misthaufa dampfet* Hohenpeißenbg SOG; *Es dampfet rings um a bissl wia in de Tropen* Altb.Heimatp. 61 (2009) Nr.33,10.– **1b** dumpfe Luft verströmen, °OB, °NB, °OP vereinz.: °*dampfeln* „schlechte Luft in der Küche verbreiten" Wollomoos AIC; *weil s' ... bsonders dampfelt hat, weil da d'Weiberleit Hollerküacheln bacha habn* ebd. 67 (2015) Nr.26,13.– Auch: *dàmpfln* „verbrannt riechen" KILGERT Gloss.Ratisbonense 53.– **1c** Tabak rauchen, OB vereinz.: *dampfeln* Nantesbuch WM; *dampfeln* Penzbg WM DWA XIX,K.10.– **1d** sich erhitzen, gären, °OB, °NB vereinz.: °*da Mist dampföt* Aidenbach VOF.
2: *dàmpfln* „dünsten, schmoren" KILGERT ebd.
3: °*des dampflt* „das Tier ist aufgebläht" Thanhsn TIR.
4 beim Backen.– **4a** den Sauerteig bereiten, Mehl mit Sauerteig versetzen, °OB, °NB, °OP, MF vereinz.: *dampfön* Mengkfn DGF; „Dann musste Onkel heim zum *Dampfeln*" Oberpfalz 93 (2005) 255.– **4b** gären, OB vereinz.: *dampfln* „vom Brotteig" Mchn; *Grad sind die Küchl dran beim 'Dampfön'* O. KERSCHER, Brauchtum u. Leben in der Bauernstubn, Grafenau 1981, 62.
5 mit dem Dampfbügeleisen bügeln: *des gibt si scho beim Dampfln* Altb.Heimatp. 67 (2015) Nr.46,4.
6: °*er hat a wengl dampfet* „Fieber gehabt" Rosenhm.
7: *dampfeln* unerlaubt etwas wegnehmen Mainburg.
WBÖ IV,546f.

Komp.: **[ab]d.**: *odampfin* „abkühlen" Spr.Rupertiwinkel 67.
WBÖ IV,547.

[an]d. 1: °*Heublumen odampfln* „mit heißem Wasser übergießen" Winklsaß MAL.– **2** sich betrinken, betrunken machen.– **2a** refl., sich betrinken, °OB vereinz.: °*er håt si odampfit* St. Leonhard LF; *Durch a paar Siegermaßl war i' a bißl o'dampfit* BAUER Pechwinkl 34.– **2b**: °*å-dampfln* „einen kleinen Rausch anhängen" O'nrd CHA.– **3** beim Backen, Kochen.– **3a** den Vorteig, Sauerteig bereiten, °OB vielf., °NB, °OP, °SCH mehrf., °MF vereinz.: °*Nul wean ådåmpflt* „Roggenmehl und Wasser" Marktl AÖ; *mit Ura ådampfön* Wurmannsquick EG; *Jetz tuast odampfen!* Altb.Heimatp. 57 (2005) Nr.50, 24. **3b**: °*Knödl andampfln* „heiße Milch ans Knödelbrot schütten" Kchdf AIB.– **3c** durch Mehlzugabe eindicken.– **3cα** dickflüssig machen, °OB, °NB, °OP vereinz.: °*host s Kraut scho odampfet?* Ainring LF.– **3cβ** dickflüssig werden, °NB vereinz.: °*s Kraut ådampfln lassn* Bodenmais REG.– **3d**: °*heit hama a odampflts Kraut* „ein angebranntes" O'viechtach.– **4** schwängern, ein Kind zeugen.– **4a** schwängern, °OB, °OP vereinz.: °*döi is odampflt* Neunburg; *añdãmpfen* „schwängern" FEDERHOLZNER Wb.ndb. Mda. 21.– **4b** ein Kind zeugen, °OB, °NB, °OP vereinz.: *dö hom a scho ãdampfelt* Cham; „*Bei dene hams scho wieder odampfelt* ... ist Nachwuchs unterwegs" MM 27./28.2.1999, J2.– Auch unpers.: °*es hat odampflt* „wenn einer ein Weib schwanger gemacht hat" U'ammergau GAP.– **5**: °*ådampfln* „jemanden anstacheln, aufhetzen" O'nrd CHA.
SCHMELLER I,511.– WBÖ IV,547.

[auf]d. 1 aufgehen (von Teig), in Phras.: *du host a Gsicht wia afdampfelt* „wie mit Hefe aufgetrieben" Cham.– **2** wie →*[an]d.*3cα: °*des Kraut muaß ma aufdämpfla* Eresing LL.– **3** refl.:

°*dampfl de net gor a so auf!* aufbrausen, zornig werden Rdnburg.

[**aus**]**d.** ausgären: °*ausdampfln* „vom Mist" Tutzing STA.

[**bier**]**d.**: °*du bierdamfest* „riechst nach Bier" Winklsaß MAL.

[**ein**]**d.** wie →*d.*4a, °OB, °NB, °OP vereinz.: °*in der Früih um fimfe hob i scho eindampfelt* Kchndemenrth NEW; *Naou'n Ei'dampfln 'n Doach o'schlogn* SCHWÄGERL Dalust 123.
WBÖ IV,547. E.F.

dampfen
Vb. **1** dunsten, rauchen.– **1a** Dampf, Rauch entwickeln, von sich geben, °OB, °NB, °OP, OF, °MF vereinz.: *wenn da Mist dampft, endert si s Weda* Finsing ED; *dampfa* KILGERT Gloss.Ratisbonense 53.– **1b** dumpfe Luft verströmen, °OB, °MF vereinz.: °*da damfts* „in der Küche" Hohenpolding ED.– **1c** Tabak rauchen, °OB, °NB vielf., °Restgeb. mehrf.: °*der dampft an ganzn Dog!* Wettstetten IN; *dambfm* „stark rauchen" Floß NEW; *Weui grod ea dampft und so sinniat* SCHUEGRAF Wäldler 20.– **1d** sich erhitzen, gären, °Gesamtgeb. vereinz.: °*des Hei dampft* Hirnsbg RO; „Gärprozeß von frischem Heu im Heustock ... *dåmpfd*" Althegnenbg FFB nach SBS XII,302.
2: *dɔmpfn* „Teig gehen lassen" Spr.Rupertiwinkel 23.
3 schwitzen, schwer atmen, Blähungen haben.– **3a** Schweiß absondern, ausdünsten, OB, NB, OP vereinz.: *d'Haud dåmpft* Simbach PAN; *Dampfa wia a Roß* „schwitzen nach anstrengender Arbeit" WAGNER Zuwanderung 5.– **3b** schwer atmen, °NB, °OP vereinz.: °*der dampft wia a Roß* „keucht" Zinzenzell BOG.– **3c**: *dampfn* „Blähungen haben" O'au GAP.
4 mit der Dampfdreschmaschine dreschen, NB, OP vereinz.: *morgn tun ma dampfn* Luitpoldhöhe AM; *daß ma zun Dampfa geh muaß* WILDFEUER Kchdf.Ld 23.
5 eilen, rennen: *d'Kin han dön ganzn Tog aus und ei dampft* Fischbachau MB.
6: *dampfn vor Wut* „sehr zornig sein" Mainburg.
WBÖ IV,548.

Komp.: [**ab**]**d.** **1** (mit Schiff od. Zug) abreisen, OB, NB, OP vereinz.: *am 17. is a nåch Afrika abdåmpft, ba Helgoland is a vabaidåmpft* Mittich GRI.– **2** übertr.– **2a** sich entfernen, °OB, NB vereinz.: *odampfn* Reißaus nehmen Paunzhsn FS; *ādampfn* „ärgerlich abziehen" nach SCHWEIZER Dießner Wb. 3.– **2b**: *dea is odåmpft* „gestorben" Hallbergmoos FS.
WBÖ IV,548f.

[**an**]**d.** **1** den Vorteig, Sauerteig bereiten, °OB, °NB vereinz.: *andampfn* Innviertel.– **2**: °*andampfn* „daherkommen" Stürzlham MB.– **3** Fische anlocken, °NB vereinz.: *ōdampfa* „28 Tage nach dem Einsetzen an künstlich gemachte offene Stelle locken" Metten DEG.– **4**: °*des Holz isch ganz andampft* kernfaul, angefault Eresing LL.– **5** schwängern, °OB vereinz.: °*der hot sei Oidi odampft* Weilhm.
WBÖ IV,549.

[**aus**]**d.** **1** ausgären, °OB, °MF vereinz.: °*der Mist dampft aus* Allersbg HIP.– **2** wie →*d.*3a: *d'Haut dampft aus, dös riacht nöt guat* Hengersbg DEG.– **3**: *ausdampfa* „mit der Dampfdreschmaschine ausdreschen" Mengkfn DGF.
WBÖ IV,549.

[**ver**]**d.** **1**: *Håfa zum Vadampfa* „verdunsten lassen" Ottendichl M.– **2** wie →[*aus*]*d.*1, °OB, °NB, °OP vereinz.: °*da Miest hod vodampft* Brennbg R.
WBÖ IV,549.

[**da-her**]**d.** keuchend daherkommen, °OB, °NB vereinz.: °*wia dea daherdampft, wia a Lokomotiv* Frasdf RO. E.F.

dämpfen
Vb. **1** bezwingen, unterdrücken.– **1a** †besiegen: *die Ungern ... vermaintens mit dem hunger zu dempfen* AVENTIN V,293,15f. (Chron.).– **1b** an der Entfaltung hindern, NB, °OP vereinz.: *den Zorn dempfn* Passau; *dempfn* „unterdrücken" BAUERNFEIND Nordopf. 142.– **1c** (Feuer) löschen, OB, NB, OP vereinz.: *s Faia dämpfm* Floß NEW.
2 dunsten, rauchen, (sich) erhitzen.– **2a** Dampf entwickeln, von sich geben, °OB, NB, °SCH vereinz.: *awr heid dembft dr Mischd widr* Mering FDB.– **2b** dumpfe Luft verströmen, °OB, °NB vereinz.: *jetz dempfts aba* „in der Stube" Vötting FS.– **2c** Tabak rauchen, °OB, °NB, °SCH vereinz.: °*der dämpft wia da Eifi-Zuch* „der Elfuhrzug" Wettstetten IN.– **2d** dünsten, garen,

°Gesamtgeb. vereinz.: °*a dempfts Kraut* O'viechtach; *dämpfen* ⁴ZEHETNER Bair.Dt. 90; *ein Dämpft fleisch* SCHÖNSLEDER Prompt. K4ʳ.– Phras.: „An der Altmühl ... die sogenannten *halbdämpften*, in Milch und etwas Schmalz gebackenen *Rohrnudeln*" Bavaria II,326.– Übertr.: °*des mou dempfa* „der Säugling wird eingewickelt, damit er in der eigenen warmen Nässe liegt" Rottendf NAB.– **2e** bei Kochtemperatur waschen: °*Wesch dämpfn* Mchn.– **2f** sich erhitzen, gären (von Mist, Heu, Stroh), °OB, °NB, °OP, °MF, °SCH vereinz.: °*der Haistock dämpft* Riedering RO; *dembva* Bieswang WUG nach SBS XII,304.

3 zu Heilzwecken dämpfen.– **3a** mit heißem Wasser übergießen, °OB vielf., °NB mehrf., °Restgeb. vereinz.: °*Heibluama dämpfa* Brunnen SOB; °*Heusamla dämpfn* „in Säckchen, bei Verrenkungen, Bluterguß" Eslarn VOH.– **3b** inhalieren (lassen), heißen Umschlag, Dampfbad anwenden, °Gesamtgeb. vereinz.: °*si mit Heublumen dämpfn* „inhalieren" Burglengenfd; °*in Heibluma dämpft* „Wundbehandlung" Wolkersdf SC; *dempfa* „inhalieren, schwitzbaden" Spr.Rupertiwinkel 20.

4 Schweiß absondern, NB, °SCH vereinz.: *er dejmfd* „schwitzt" Derching FDB; *Er eylt'da er dy ochsen dort sach tempfen* FÜETRER Trojanerkrieg 50,114

5: *vor Wuat dämpfa* „sehr wütend sein" Euernbach PAF.

6 †schlemmen, schwelgen: *Dämpfen/ im luder ligen* SCHÖNSLEDER Prompt. K4ʳ.

Etym.: Ahd. *demphen*, mhd. *dempfen* 'ersticken, unterdrücken, auslöschen', Abl. zur selben Wz. wie →*Dampf*; PFEIFER Et.Wb. 202.

SCHMELLER I,511.– WBÖ IV,1475-1478.

Abl.: *Dämpf*, *Dämpfer*.

Komp.: **[an]d.** **1** zu Heilzwecken dämpfen.– **1a** wie →*d.*3a, °OB vereinz.: °„Heublumen *andempfa*" Eiting MÜ.– **1b** wie →*d.*3b: °„bei Erkältung wird ein Pferd mit Heublumendampf *andämpft*" AIC.– **2**: °*der Stamm is odämpft* „hat Rotfäule" Münsing WOR.

WBÖ IV,1478.

[auf]d. **1** wie →*d.*3a: °„Heublumen werden *aufdämpft*" Bayersoien SOG.– **2** aufdämpfen: „Kleiderstoff *aufdämpfa*" Passau.– **3**: °*aufdömpfn* „zum Narren halten und dadurch zur Besinnung bringen" Fischbachau MB.

WBÖ IV,1478.

[aus]d. ausgären, °OB vereinz.: °*da ausdempft Mist* „er ist fertig" Pörnbach PAF.

WBÖ IV,1478.

†**[ein]d.** wie →*d.*2d: *ist der Stockfisch zum Eindämpfen, Abbräunen oder Schmalzen bereit* M. v.PORTIA, Altadeliges Bayer'sches Koch- u. Konfektb., München 1837, 53; *Eingedämpft Fleisch* PRASCH 17.

PRASCH 17.– WBÖ IV,1478f.

[ver]d. **1** unterdrücken.– **1a** †entziehen, abdämmen: *vertemppfftenn vnd entpfürtten Ime dasselbe wasser* Auerbach ESB 1486 MB XXV,441.– **1b** †wie →*d.*1b: *suffocatio ... fordampsit* 8./9.Jh. StSG. I,130,37; *die verdempften mit iren angebornen lastern die alten tugent, glaub und trauen* AVENTIN V,130,3f. (Chron.).–

2 verdampfen, ausgären.– **2a** sich in Dampf verwandeln: *vadẹmpfn* nach SCHWEIZER Dießner Wb. 39.– **2b** ausgären, °OB, °NB, °OP, °MF, °SCH vereinz.: *da Mischd hod scho vodempft* Haimhsn DAH.– **3** †durchbringen, vergeuden: *Mahlzeiten ... gehalten und zwei Thaler verdemfft* Speinshart ESB 1568 Bavaria II,492.– **4** Part.Prät., verhüllend für →*[ver]dammen*, Bed.2.– **4a** als Audruck von Wut, Ärger: *vadempft* „feiner als verdammt" Berchtesgaden; *verdämpft* Berchtesgaden Bergheimat 8 (1928) 42.– **4b** als Verwünschung einer Person: *Fa dämpfta* „Schimpfname" Berchtesgaden; *Du vadempfta Kreßnbofinsta!* ANGERER Göll 78.

SCHMELLER I,511.– WBÖ IV,1479. E.F.

Dampfer, Sauerampfer, →*Ampfer*.

Dampfer(er)

M. **1** Dampfschiff, OB, NB vereinz.: *Dampfa* Mchn; *weil der Dampfer nach Amerika geht* THOMA Werke V,307 (Filser).– Phras.: *aa wenn i' ned so ganz auf 'm Dampfa* [völlig gesund] *bin* Altb.Heimatp. 44 (1992) Nr.52/53,10.

2 Dampfdreschmaschine, Dampfmaschine dafür: *Dampfa* „Lokomobile" Fürnrd SUL; *dåmpfa* Grafrath FFB nach SBS XII,393.

3 von Menschen.– **3a**: *dåmpfa* „Lohndrescher mit Maschine" Peißenbg WM nach ebd.– **3b**: °„auf dem Bau bezeichnet man Heizungsmonteure als *Dampferer* nach der Dampfheizung" Mchn.– **3c**: *Dampfer* eingebildetes Weib Kchnsur WOS.

4 Speise.– **4a** Wiener Würstchen: °*Dåmpfara* Mchn; „Kesselfleisch, Surbraten, Schweinernes

und *Dampfer*“ Altb.Heimatp. 60 (2008) Nr.42, 6.– **4b**: °*Dampfer* Dampfnudel Tuntenhsn AIB. **5** übergroßer Schuh, °OB, °NB vereinz.: °*mit deine Dampfa kanst Mützn fahrn* „Boot fahren“ Rettenbach WS; „Wenn z. B. jemand zu große Schuhe hat ... *er habe Dampfer an*“ Wallerfing VOF SHmt 40 (1951) 14.
WBÖ IV,549f.

Komp.: [**Hefel**]**d.**: °*Hefedampfer* Holzgefäß für Sauerteigreste Tutzing STA.– Zu →*Hefel* 'Sauerteig'.

[**Ketten**]**d.** Kettendampfer: *Kettndampfer* Hengersbg DEG; „1891 ... fuhr erstmals ein *Kettendampfer* ... von Winzer nach Regensburg“ W. ZEITLER, Regensburger Schiffahrt, Regensburg 1985, 135.

[**Nudel**]**d.** Wiesenbocksbart (Tragopogon pratensis), °OB vereinz.: °*deats koan Nu'ldåmpfa essn, da bringts Fleck an eichane Gwandda hi!* Dachau; *Nudldampfa* Ayrhf VIT Bayerwald 24 (1926) 163.– Grundw. wohl aus →*Pampfer*[1] 'Vielesser' umgedeutet; MARZELL Pfln. IV,741.

[**Rad**]**d.** Raddampfer, OB, NB vereinz.: *Raddampfa* Hohenpeißenbg SOG.
WBÖ IV,550.

[**Schrauben**]**d.** **1** Schraubendampfer, OB, NB vereinz.: *Schraumdampfa* ebd.; *Schraa(b'mdåmpfa(r* BRAUN Gr.Wb. 568.– **2** alte od. dicke Frau, °OB, NB vereinz.: *oidda Schraumdampfa* Mengkfn DGF; *Geh amoi ... auf d'Seitn ..., du Schraumdampfa, du oida ...!* BINDER Saggradi 213f.– **3**: °*der håt Schraubmdampfa* „große Füße“ Pöttmes AIC.
WBÖ IV,550 (Schraufen-).

[**Segel**]**d.** wie →*D.*5: *Segeldampfer* „scherzhaft zu große Schuhe“ Wasserburg. E.F.

Dämpfer

M. **1** enttäuschende Erfahrung, °OB, °NB, °OP vereinz.: °*an Dömpfa beibrocht* Fischbachau MB; *an Dämpfa kröig'n* BRAUN Gr.Wb. 83.
2: *Dempfa* „Schläge“ Aicha PA.
3 Dämpfer, Kessel, °Gesamtgeb. vereinz.: °*da Dämpfa mou nu gfüllt wen, sunst hama nix fürs Vöich* Schnaittenbach AM; „Er schüttet die *Erdäpfel* aus dem *Dämpfer* direkt in einen Eimer“ A.M. SCHENKEL, Tannöd, Hamburg 2007, 9.
4 Apfelkompott: °*Dämpfer* Wollomoos AIC.
WBÖ IV,1479.

Komp.: [**Apfel**]**d.**, [**Äpfel**]- wie →*D.*4, °OB vereinz.: °*Äpfidempfa* Pipinsrd DAH; *åpfade'mpfa* Tödtenrd AIC nach SBS X,300.

Mehrfachkomp.: [**Erd-äpfel**]**d.** Dämpfer für Speise- od. Futterkartoffeln, °Gesamtgeb. vielf.: °*Iepfödämpfa* Lohbg KÖZ; °*du füllst n Erdäpfldämpfa ei* Wiefelsdf BUL; *Ead:äbfi:dämpfâ* CHRISTL Aichacher Wb. 96.

[**Futter**]**d.**: °*Fuadadämpfa* „Dämpfer für Kartoffeln, Rüben, Kleeheu für Viehfutter“ Pleinting VOF.
WBÖ IV,1479.

[**Sau**]**d.**: *Saudempfer* „Dämpfer für Kartoffeln als Schweinefutter“ Pertolzhfn OVI. E.F.

-dämpferln

Vb., nur im Komp.: [**an**]**d.**: *åndampferln* mit Sauerteig versetzen Mchn. E.F.

-dämpfern

Vb., nur im Komp.: [**an**]**d.** den Sauerteig bereiten: „beim Brotbacken wird am Vorabend *åndampfat*“ Mittich GRI. E.F.

dämpfig, -icht

Adj. **1** dunstig, feucht, faulig.– **1a** diesig, rauchig, OB, °NB vereinz.: *dempfi* „voller Rauch“ Kochel TÖL; *es war nach dem Regen eine dämpfige Luft* THOMA Werke III,368.– **1b** dumpf, schwül, °Gesamtgeb. vereinz.: °*in da Kuchl is so dämpfe vom Kochn* Schnaittenbach AM; *So dempfig isd Luft, das zum Schnaidn gråd is* ENDE Goggolori 125; *der Kuhestall ist ... sehr dämpficht* Teisendf LF 1810 StA Mchn BezA/LRA 230018, fol.7r.– **1c** gärig, feucht, °OB, NB, °OP, °MF vereinz.: *s Hai is dempfö* Mittich GRI.– **1d** faulig, von Rotfäule befallen, °OB mehrf., °Restgeb. vereinz.: °*dea Baam is dämpfi* „innen braun“ Eschenlohe GAP.– **1e**: °*dampfie* „aufgeweicht, batzig, von der Erde nach Regen“ Lindenlohe BUL.
2 krank, leidend, müde.– **2a** fiebrig, °OB, °OP, °SCH vereinz.: °*da Haiter* [Pferd] *is dampfi*

„hat Fieber" Berchtesgaden.– Phras.: °*der schwitzt wia a dämpfigs Ros* O'schleißhm M.– **2b** durch Lungen- od. Herzkrankheit asthmatisch, °Gesamtgeb. vielf.: °*am dämpfinga Rouß faits am Herz und an da Lunga* Marktl AÖ; °*dea Gal is dempfi* Kchnthumbach ESB; *d'Lunga ist halt dämpfi* Wdmünchn.Heimatbote 30 (1996) 107; *Ist ain pferdt dempffig* Roßarznei (DEINHARDT) 41.– Phras.: *schnaufà wià-r-à dàmpfes Roos* „schwer atmen, keuchen" KAPS Welt d.Bauern 68;– *der schnarcht wia a dämpfiga Buga* [Pferd] Kiefersfdn RO;– *der reißt Nosnlecha auf wia a dempfes Ros* „hat große Nasenlöcher" Erding.– **2c** an einer Kolik leidend, °OB vielf., °Restgeb. mehrf.: °*d'Küah håm sö dampfö gfressn* Ismaning M; °*dempfi* „aufgebläht" Regelsbach SC.– **2d**: *dampfig* „müde, benommen" KILGERT Gloss.Ratisbonense 53.

3 hitzig, erregbar: °*dampfig* „Pferde, die leicht durchgehen" H'schmiding WOS.

4 betrunken, OB, NB vereinz.: *dampfi* „rauschig" Mchn; *Kimm i nüchtern oda dampfi hoam* SCHLICHT Bayer.Ld 253.

SCHMELLER I,511.– WBÖ IV,550f., 1479f.

Komp.: [**an**]**d.** wie → *d.*2b: °*andampfig* „asthmatisch, vom Pferd" Garching AÖ.

[**herz**]**d.** dass., °OB vereinz.: *herzdämpfi* „an Asthma leidend, von Mensch und Pferd" Brunnen SOB.

[**leber**]**d.** leberkrank, °OB vereinz.: °*di san leberdempfi* „bei Schafen und Pferden" ebd.

[**lungen**]**d.** wie → *d.*2b, °OB, SCH vereinz.: °*lungadempfig* „asthmatisch, bei Pferden und Kühen" Flintsbach RO.

WBÖ IV,551, 1480.

[**roß**]**d.**: °*roßdampfe* „asthmatisch von Menschen" Taching LF. E.F.

Dämpflet

N., Sauerteig: *Dampflad* Wb.Krün 10. E.F.

dämpflig

Adj.: *dampflig* „stickig, verraucht" KILGERT Gloss.Ratisbonense 53. E.F.

Dampus, -es

M. **1** Rausch, °OB, NB, °OP, °MF vereinz.: °*Dampers* „Schwips" Erbendf NEW; *hat er in sein' Dampes die Reib'n* [Kurve] *bei der Kellerstiag'n z' kurz g'numma* FRANZ Pegasus 16; *Dampas* ZAUPSER 20.

2: „Fehler, Makel ... *Dös Glos haout schaa n Daampes* (Sprung) *ghat*" SINGER Arzbg.Wb. 48.

Etym.: Wohl studentensprl. Weiterbildung von → *Dampf*; vgl. WBÖ IV,551f.– Od. zur selben Wz. wie → *tämpern*?

DELLING I,113f.; SCHMELLER I,510; ZAUPSER 20.– WBÖ IV,551f. E.F.

Tamtam

M., N., Tamtam, Aufhebens, OB, °NB, °OP vereinz.: °*geh mach koan Tamtam!* N'viehbach DGF; *Wenns die Oberen trifft, wird gleich ein Tamtam gemacht* R. HÜLTNER, Tödliches Bayern, München 2014, 342.

Etym.: Aus frz. *tamtam* m.; KLUGE-SEEBOLD 905.

WBÖ IV,552. E.F.

dan[1], **dannen**

Adv. **1** lokal, von dort (weg), fort, auch in Phras. *von d.*, ä.Spr., in heutiger Mda. nur in Phras. u. Komp.: *des ... man dana ... uona ... deru chirichun ... mitunrehtu ... farchaufta* Rgbg 10./11. Jh. StSG. II,99,15-19; *sulen ... in varen zů Wizenburg ... vnd sulen dannen niht kůmen/ vnz* [bis] *den brudern der kŏuf ... gestetet* [bestätigt] Pappenhm WUG 1269 Corp.Urk. I,166,17-19, *unuoruckt bey dem fursprechen stehenn und nit sitzenn noch dhannen gehen* Kastl NM 2.H.16.Jh. VHO 89 (1939) 177.– Auch in Phras. *von da d.* °NB, °OP vereinz.: °*dem gej i ejtz ned vo da danna* „lasse ihn nicht aus den Augen" Kötzting; *dei gäit niad va da dana* KONRAD nördl.Opf. 61.

2 †temporal, dann, darauf: *exinde danan* 8./9. Jh. StSG. I,132,8.

3 †kausal, deswegen, daher: *dannen hête si gesiechet ... zwaier minner denne drîzec jâre* Kaiserchr. 94,733f.; *dan, das er sy mit seiner fürstlichen macht ... gegen in hanthabet* FÜETRER Chron. 224,34f.

4 †Rel.adv., von wo aus, auch in Phras. *von d.*: *von der irdischen natur, dannen der dunst auf get* KONRADvM BdN 107,7; *des wögen d' ganze Act ... daselbst hin ab geford't worden, von danen aber ... es ... bey d' lob: Regierung. burckhausen beschlossenen erkhantnus verbliben* 1631 HAIDENBUCHER Gschichtb. 74.

Etym.: Ahd. *dana*, *danan(a)*, mhd. *dan(e)*, *danne(n)*, *dannant*, germ. Bildungen idg. Herkunft; Et.Wb. Ahd. II,522-524.

Schmeller I,512.– WBÖ IV,553f.

Abl.: *-daner*, *danher*, *danhin*.

Komp.: [**hér**]**d.**, in Bed.2 [**her**]**dán 1** näher her, hierher, in heutiger Mda. in betontem Ggs. zu einer entgegengerichteten Bewegung, °NB vereinz.: „das Getreide rechts des Mähers mäht er *headå*[n]" Aicha PA; *d' Forstleut schlepp'n Heu herdo'* Mayer Bertlsgadn 69; *Da sprachen die frauen, daz man in doch daz jr herdan gäb* Mchn 1399 Chron.dt.St. XV,489,23f.; *von der Pruckhen mitten in die Stuben herdan gezochen* 1726 StA Mchn Hofmark Amerang Pr.16,fol.167v.– **2** hier nahe dabei od. daneben, herüben: °*suachst die Joppm? de ligt headan* Galgweis VOF; *häadagà* [bei] *dà Misdschdòd* (Misthaufen) Heimat Sonnen 115; *so sitzt der trach verr her dan* KonradvM BdN 208,5f.; *so hat man die wesch benckh etwas herdann … gesezt* Weidlwang ESB nach 1650 Helm Konflikt 76.

Schmeller I,1148.– WBÖ IV,554.

[**hín**]**d.**, in Bed.2 auch [**hin**]**dán 1** weg, hinweg, in heutiger Mda. in betontem Ggs. zu einer entgegengerichteten Bewegung, °OB, °NB vereinz.: °*na ged da Hund ned hea, sondan lauffd oiwai hidan* Simbach PAN; *Es sey dan ob Jme sein vatter JIcht guts hindan geben hab* Neuburg 1332 OA 45 (1888) 251; *nur weit hindan von mir mit dem grimpl und timpl deines plerren* Aventin IV,61,30f. (Chron.).– **2** dort nahe dabei od. daneben, drüben, °OB, °NB, OP vereinz.: *dLeut hand heut ollö hiedan afn Ogga und mahnd* Bärnrt PA; *so šdrąblątſ* (Plätze, wo man Streu holt) … *an ī* [Inn] *edǫ́* nach Ströbl Malching 71; *das Geschirr … etwas fern hindan gesetzt* Hagger Kochb. IV,1,36.– Auch draußen in der Welt, in der Fremde, °NB vereinz.: °*hiedan* „in der Welt draußen" Wildenranna WEG; *Hidann wiad oilles verbrennt und g'mord't … Der Woidstrigl* [Waldstreifen] *aba bleibt verschont* Biberger Gschichten 56f.

Schmeller I,512, 1117.– WBÖ IV,554f. A.R.R.

dan[2], daran, →*[da]an*[1].

dan[3] →*da*[1].

dan[4] →*daß*.

-tan[1]

M., nur in Komp.: [**Über**]**t.** Leichentuch, →*[Über]don*.

[**Unter**]**t.**, [**Ünter**]- **1** Untertan, Untergebener: *von jedem 3 und 2 Pferd besitzenden Unterthann* Paindlkfn LA 1805 Hartinger Ordnungen III,431; *vnser … pischöff … die irn vndertanen daz gaistleich prot … niht pietend* KonradvM BdN 171,12-14; *des Stüffts Unndterthonnen* 1617 Irlinger-Roth Bgdn.Bergknappen 14.– **2** scherzh. übertr.– **2a** Laus, °OB, °NB, °OP vereinz.: *haz dez* [ihr] *koi Undatana von enk* [bei euch]? „Frage an Handwerksburschen, die übernachten wollen" Altfalter NAB.– **2b** †Pl., Beine: *Meiné Untəˉtanəˉ wǫlln mə' nimmə' pàriə'n* „ich kann nicht mehr gehen" Schmeller I,606f.– Mhd. *undertân* stm., *-e* swm./f., Abl. von →*tun*; Pfeifer Et.Wb. 1489.

Schmeller I,606f.– WBÖ IV,556f.

Abl.: *[unter]tänig*, *[unter]tänigen*.

Mehrfachkomp.: †[**Grund-unter**]**t.** Grundholde: *beede … v. Innd. Grundtvndterthanen* Indersdf DAH 1612 OA 25 (1864) 317.

WBÖ IV,558.

†[**Wider**]**t.**, **-ton** Widertonmoos (Polytrichum commune): *man sol nemen widertan und sol den sieden* 14.Jh. Cgm 249,fol.244r; „soll man Johannis-Kraut und *Wiederthon* unter dem Futter zu fressen geben" Schreger Speiß-Meister 122.– Volksmed. vgl. Marzell in: ZVkde 3 (1931) 168.

Schmeller II,861. A.R.R.

-tan[2]

Adj., nur in Komp.: [**so(-ge)**]**t.**, **sött(en)**, **sölt**, **söcht**, †**söttlen** solch, so beschaffen, OB, NB, OP, °OF vereinz.: *so, a sötane Mensch is a!* Haag WS; *in an sechtan Khefd* (Gehöft) Altfalter NAB; *hamt a sötlas Gsäus* Eisenärzt TS OA 34 (1879) 79; *Du haoust doch scha an Haafm sets Glump, Mensch!* Schemm Neie Deas-Gesch. 22; *vmb ain stan … Sumb geltz* Kastl AM 1424 MB XXIV,597; *ä pau vnd ä mo fangä ä soltes grimpel o* Landshut um 1650 Jb.Schmellerges. 2012, 27,91f.

Etym.: Mhd. *sô(ge)tân*, Abl. von →*tun*, teilw. unter Einfluß von →*solch*, *sölch*; WBÖ V,997f.

Ltg: *sota(n-)* (KEH; AM, NM), ferner unter Einfluß von *sölch* mit Uml. *seta(n-)* (WS; PA; KEM, NEW), *set* OF (dazu ED; TIR), mit vok. *-l- seita(n-)* (KÖZ), mit *-χ- seχta(n-)* OP, *seχt* (TIR), *siχta(n-)* (KEH), auch *setla* (SCHMELLER II,205, heute †).

SCHMELLER I,606, II,205, 219, 336, 339.– WBÖ V,997-999.

Abl.: → *[so]tanlei*.

[**un**]**t.** **1** †: *u˜də˜* „übel gestaltet" SCHMELLER I,97.– **2**: *otå* „ungewohnt, unbequem" Piding BGD.

SCHMELLER I,97, 606.

†[**wie**(**-ge**)]**t.** wie auch immer beschaffen: *ob daz wär daz sy In dem Haws selber nicht waer von wie getanen sachen daz beschech* Frsg 1355 [2]MB XIX,77.

SCHMELLER I,607, II,1050.– WBÖ V,1005.

Mehrfachkomp.: [**so-wie**(**-ge**)]**t.** dass.: *ob kein Mißhellung unter ihnen erstehe um swiegetane Hantsach* [handgemachte Ware] Passau 1332 ZILS Handwerk 88.

[**wohl**]**t.** **I** Adv.– **1** ziemlich, sehr, in hohem Maße, °OB, NB vereinz.: *bei den san woidan Schindln am Doch* Staudach (Achental) TS; *woltern viel Äpfi* Neustadt KEH; *i bin hǫid nå̃ woidlan a glõas bǭdšai* [Kind] *gwen* nach KUFNER Freutsmoos 125; *Heunt worn s' no wolter krank die Leut'* STIELER Ged. 30; *woita viel* HÜBNER Salzburg 983.– **2** wirklich, tatsächlich, °OB, °NB vereinz.: °*is da Huawabaua woiddan so grang?* Simbach PAN.– **II** Adj., beträchtlich, groß: *an woitlern Haufen* große Menge Kartoffeln Heiligenkreuz TS; *Gold … und a wolltas Geld* KunovH 78; *An Stecka nimmst, a woltlas Trumm* MAYER Bertlsgad'n 32.– Ltg: *woita(n)*, vereinz. *woitla(n)* (BGD, LF, TÖL, TS), *wotan* (TS), auch *woiſtan* (MB).

SCHMELLER I,97, 607, II,892f.– WBÖ V,1005-1007. A.R.R.

[**ge**]**tan**, Part.Prät., → *tun*.

dana, in der Nähe, → *danher*.

Danawäschel, Mumps, → *[Dana]wätsch*.

Tand, -ä-
M. **1** Plunder, wertloses Zeug, °OB, °OP, °MF vereinz.: °„einer, der allen *Tand* aufkauft" Hohenpeißenbg SOG; *Tand* KILGERT Gloss.Ratisbonense 162; *das man solch tand zue in füert und brächt* AVENTIN IV,115,27f. (Chron.); *à Tand* „Trödel" PRASCH 24.
2: °*Dant* „Spielzeug" Weiden.
3 †Geschwätz, dummes Gerede: *Wilhelm Occam mit seim aufsäzigen tand* AVENTIN ebd. 328,15.
4 †Fastnachtsposse: *haben meine Heren verboten allen Tänt, daß niemant Tänt gehe heimlich oder öffentlich* Rgbg 1388 VHO 53 (1901) 12.

Etym.: Mhd. *tant* stm., wohl zu lat. *tantus* 'soviel'; PFEIFER Et.Wb. 1410.

PRASCH 24; SCHMELLER I,609.– WBÖ IV,560f.

Abl.: *-tändel, tändeln, Tander, Tanderei, Tänderer, Tänderet, Tänd(er)let, tänderln, tändern, tändicht, Tändler, Tändlerei, Tändlerin, tändlerisch*. E.F.

Dändel, Reh, Hirsch, → *Dam*.

-tändel
N., nur in: [**Ge**]**t.** nutzloses Tun od. Reden, Wertloses: °*Getandl* Kleinigkeit, schlechtes Machwerk Hahnbach AM; „Schließlich, nach all dem *Getandel*, bleibt uns nur noch eines hier" H. SCHLEICH, TH. MERK, Daheim is ned dahoam, München 2013, 145.

WBÖ IV,565. E.F.

Tändelmändel
N.: *dạndl-mạndl* „Spielerei" Unterer Bay.Wald nach KOLLMER II,321.

Etym.: Herkunft unklar, möglicherweise onomat. Weiterbildung von → *Tand* od. → *Tanderlan* 'Wertloses, Zeitvertreib'. E.F.

tändeln, -a-
Vb. **1** (mit Tauschwaren od. Trödel) Handel treiben, °OB vielf., °NB mehrf., °OP, °MF vereinz.: °*dea'ma Buiddl danddln?* Dachau; °*mid wos dandldn dea?* Birnbach GRI; „Trödelwaare verkaufen … *dándln*" Dinzling CHA BM I,75; *Tändeln* PRASCH 24.
2 spielen.– **2a** auch refl., mit Spielsachen spielen, sich spielend vergnügen, °OB, °NB mehrf., °Restgeb. vereinz.: °*dia Kinda teana heit schea tandln* „mit Spielzeug" Autenzell SOB; *ea tandld sö oiwei* Mengkfn DGF; *dạndln* Baar ND nach SBS X,8; *Der tendlt mit den kinden* Windbg BOG 2.H.15.Jh. Clm 22404,fol.165[v].– Auch: *min Läid* (Feuer) *dandln* „zündeln" Sossau SR.– **2b** mit den Fingern, Händen spielen, an etwas herumspielen, °OB, °NB mehrf.,

°Restgeb. vereinz.: °*er muaß oiwei ebbs zum Tandln håm* Garching AÖ; °*tantln* „geistesabwesend an den Fingern zupfen“ Schwandf; *wir i a wengl dantl mit ihrm Fürtabandl* Berchtesgaden Bergheimat 8 (1928) 30.– **2c** sich miteinander vergnügen, schäkern, °OB, OP vereinz.: °*tandln* „mit der Frau unter der Decke“ Perrach WS; *a paar junge Hirschl … de hamm mit anand tandelt* THOMA Werke VII,235 (Jagerloisl).
3 tändelnd arbeiten.– **3a** die Zeit vergeuden, trödeln, °OB, °NB, °OP mehrf., °MF, °SCH vereinz.: °*laß dei Dantln und fang s Arbatn o!* Pörnbach PAF; °*heit tandlt er wieda und richt nix aus* Straßkchn SR; *dandeln* „sich mit Kleinlichkeiten beschäftigen“ WESTENRIEDER Gloss. 577.– **3b** meist refl., mühelos, mit Leichtigkeit verrichten, °OB, °NB, °OP, SCH vereinz.: °*dea tandld se bloß mit da Abat* Pocking GRI; *do brauch i bloß tandln* „spielend leicht arbeiten“ Derching FDB; „langsame Leute … haben es gern, wenn *die Arbeit … tandlat … geht*“ SCHLAPPINGER Niederbayer II,43.

DELLING I,114; PRASCH 24; SCHMELLER I,609, 611; WESTENRIEDER Gloss. 577.– WBÖ IV,561-563.

Komp.: [**um-ein-ander**]**t.** **1** wie →*t.*2b, °OB, °OP vereinz.: °*tandla niat allaweil umanand!* „spiel nicht immer an einer Sache herum“ Stulln NAB.– **2** wie →*t.*3a, °OB, °NB, °OP mehrf.: °*dö ganze Zeit host öiz umananda dantlt* Haselmühl AM; *umâ:nand:dan:dln* CHRISTL Aichacher Wb. 257.

WBÖ IV,563.

[**aus**]**t.** auszählen, im Kinderspiel: °*mia döin öitza Fangalas, wea denalt as?* Kchnthumbach ESB.

WBÖ IV,563.

[**ein**]**t.** eintauschen, °OB, °NB vereinz.: °*da Hansl håt si heit fia an Griffl an Bleistift eitandlt* Passau.

WBÖ IV,563.

[**ver**]**t.** **1** verscherbeln, °OB vereinz.: °*du ma ja dös schöne Taschenmesserl nöt wieda vertandln* Ziegelbg RO; „Meine Seele würde ich … *vertandeln* für zwei Jahre … Laufband-Agonie“ SZ 69 (2013) Nr.16,V2/7.– **2** vertändeln, °OB, °NB, °OP vielf., °Restgeb. vereinz.: °*wos vatandldst'n dei Zeit für den Krampf* Passau.– **3** durch Nachlässigkeit verlieren, verspielen: „Beim Fußballspielen kann man den Ball … *vâ:dan:dln*“ CHRISTL Aichacher Wb. 257.– **4** verpfuschen, °OB, °OP vereinz.: °*des is vodandlt* O'viechtach.

WBÖ IV,563.

[**her-um**]**t.** **1** wie →*t.*2a, °MF, °SCH vereinz.: °*rumtandln* „spielen“ Regelsbach SC.– **2** wie →*t.*3a, °Gesamtgeb. vereinz.: °*iatz arwat amal und dandl it* [nicht] *allwei rum* O'ammergau GAP; *Wos dandelst denn oiwei rum* Mchn. Stadtanz. 18 (1962) Nr.12,4.– **3** herumbasteln: °*du tandlst solang an dem Heuwagn rum, bis a Gwitter da is* Königstein SUL. E.F.

Tander

F. **1** Spielzeug: °*a Tantan* Ruhmannsdf WEG; *dåntan* Unterer Bay.Wald nach KOLLMER II, 321.
2: °*geh, ålte Tandern* „Person, die nicht viel fertig bringt“ Bayerbach GRI.

WBÖ IV,564. E.F.

Tanderei, -ä-

F. **1** †Geschwätz, dummes Gerede: *das sölch groß narrenköpf sein, die sölcher tanderei glauben geben* AVENTIN IV,1027,6f. (Chron.).
2 †Fastnachtsposse: *der himel werd durch solche vasnachtspil und tänderei aufgespert* ebd. 869,21f.
3: °*Dandarei* langweilige Arbeit Lohbg KÖZ.

Etym.: Mhd. *tenterîe* stf., Abl. von →*Tand*; WBÖ IV, 564.

SCHMELLER I,609.– WBÖ IV,564. E.F.

Tänderer, -a-

M. **1**: *dåntara* „verspielte männliche Person“ Unterer Bay.Wald nach KOLLMER II,322.
2 langweiliger od. langsamer Mensch: *a Tandara* Reichenschwand HEB; *dạntara* „Trödler, langsam arbeitender Mensch“ nach ebd. 81.

WBÖ IV,564f. E.F.

Tänderet, Tandet

N. **1** Plunder, wertloses Zeug, °NB vereinz.: °*Tanderad* „Gelump, Kitsch“ Fürstenstein PA.
2: *dåntad* „Kleinigkeit“ Unterer Bay.Wald nach KOLLMER II,321.
3: *dåntad* „Spielzeug“ Unterer Bay.Wald nach ebd.

WBÖ IV,564. E.F.

Tanderlan, Taun(d)erlaun, -ling
M., N. **1** Wertloses, Nichtigkeit, kurzer Zeitraum.– **1a** Plunder, wertloses Zeug, °OB, °NB, °OP, °MF vereinz.: °*der Daudalau is nix wert, lauta Glump* Inzell TS; *Tau˜derlau˜* „nichtswertige Sache" Dinzling CHA BM I,76; *In sein Sack wiard zo Gold Aa da schlecht Daudalaun* PANGKOFER Ged.altb.Mda. 82.– **1b** schlechte Arbeit, Murks, °OB, °NB, °OP vereinz.: °*dea machd an so an Tandalan daher* „ungenaue Arbeit" Moosach EBE; °*Daudalau* „mißlungenes Backwerk" Passau.– **1c** Nichtigkeit, Geringfügigkeit, °OB, °NB, °OP vereinz.: °*der legt se wegn an jedn Daunderlaun ins Bett* Straubing; °*dös is doch koin Daunderling wert* Kchndemenrth NEW; *Wenn i 's betracht ... So san dös Danderling daneb'n* SCHMIDT Altboarisch 68.– **1d** kurzer Zeitraum, Augenblick, °OB vereinz.: °*jeden Danderlan hast was anders* „alle Augenblicke" Perrach WS.
2 Zeitvertreib, Eintöniges, Geschwätz.– **2a** Zeitvertreib, °OB, °NB vereinz.: °*des mach i bloß zu meim Daunderlaun* „aus reiner Freude am Spiel" (Ef.) Mchn.– **2b** Eintöniges, Trott, °OB, °OP vereinz.: °*du hast immer den gleichen Taunderlaun* Ambg; *Der Tau˜dərlau˜* „was durch stäte Gleichförmigkeit Überdruß erregt" M'nwd GAP SCHMELLER I,608.– **2c** Geschwätz, Gerede, °OB, °NB vereinz.: °*hör auf mit dem Daunerlau* „Schmarren" Reichersbeuern TÖL.
3 v.a. von Menschen.– **3a** langweiliger Mensch, umständlicher, langsamer Arbeiter, °OB, °NB, °OP vereinz.: °*Dandalön* Drachselsrd VIT; *dą̃dalą̃* „langsamer Mensch" nach KOLLMER II,78.– Auch: *Danderling* „einer, der nie weiß, was er will" Chieming TS.– **3b** kleiner, schwächlicher od. ängstlicher Mensch, °NB vereinz.: °*a so a Tanderlan* Essenbach LA; *der Kropfet is a richtiga Tanderlaun gwen und wo a Gfahrnis war, is er liaba weit weg bliebn* SCHMIDT Wanderung I,273.– **3c** Kind, Knirps, kleines Tier, °NB vereinz.: °*Daudalau* „Knirps, der schon allerlei Lumpereien versteht" Passau; *dą̃dalą̃* „kleine Lebewesen (Kind, junges Tier)" nach KOLLMER ebd.
4 Vagina: °*zwischn zwoa schneeweiße, weiß es schon* (Schenkel) *han i mei Doundala drin* „aus einem Volkslied" Malching GRI.

Etym.: Mhd. *tenderlinc* stm., wohl onomat. Weiterbildung von → *Tand*; vgl. WBÖ IV,1151.

Ltg: *dåndalån*, *dą̃dalą̃* u.ä. OB, NB (dazu AM, CHA, WEN; N), *dau(n)dalau(n)* OB, NB, OP, *dåndalau(n)* (SOB; KEH; AM, NM, TIR), *dau(n)dalån* u.ä. (MÜ; KÖZ; VOH), *-la* (BOG, GRI), *dåndaliŋ* (GAP, TS, WS; PA, VIT), *-lin* (BOG), *dau(n)daliŋ* (BOG, DEG, DGF, PAN; NEW), *daudadaun* (AIB), *daudialdau* (TS), *daunalau* (TÖL), in Bed.3a auch *dåndalai* (AM), *dåmalampl* (KEM), *daudalaudš* (WÜM).

SCHMELLER I,608.– WBÖ IV,1151f. E.F.

Tänd(er)let
N., Murks, Wertloses, Nichtigkeit, °NB vereinz.: °*da håt er a Dantalat gmåcht, a Glump* Altenbuch LAN.

WBÖ IV,565. E.F.

tänderln
Vb. **1**: °*tänderln* Austauschen von Gegenständen unter Schulkindern Laaber PAR.
2: °*der mecht a weng dantaln* „spielen" Altenbuch LAN. E.F.

tändern, -a-
Vb. **1** spielen.– **1a** auch refl., mit Spielsachen spielen, sich spielend vergnügen, °östl.NB mehrf., °OP vereinz.: °*Kinder, teats a weng tantan* St.Englmar BOG; *dåntan* „tändeln, spielen" Unterer Bay.Wald nach KOLLMER II,322.– **1b** mit den Händen spielen, (an etwas) herumspielen, °NB vereinz.: °*tantern* „beim Fußball den Ball nicht abgeben" Pleinting VOF.
2 tändelnd arbeiten.– **2a** auch refl., die Zeit vergeuden, trödeln, °NB, °OP, °MF vereinz.: °*teats enk* [euch] *eh grad tantern?* Fürstenstein PA; *dåntan* „sich spielen, trödeln bei der Arbeit" nach ebd. 81.– **2b** mühelos, mit Leichtigkeit verrichten: °*tåndan* „sich leicht tun bei der Arbeit" Rattenbg BOG.– **2c** zur eigenen Verfügung od. probeweise Glasarbeiten herstellen, fachsprl.: „Für die ersten Versuche ... benutzten die Glasmacher von Regenhütte [REG] vor Jahrzehnten den Ausdruck *Tantern*" HALLER Geschundenes Glas 11.

WBÖ IV,565.

Komp.: [**ver**]**t.** vertändeln, °NB vereinz.: °*vertandert d'Zeit net a so!* Kötzting. E.F.

tändicht
Adj., mühelos, mit Leichtigkeit, °OP vereinz.: °*des mach i tantert* „fällt mir leicht" Michelsneukchn ROD; *dantad* „spielend leicht" nach KOLLMER II,81. E.F.

Tändler, -a-
M. **1** Händler, Trödler, Hausierer, °OB, °NB, °OP mehrf., °MF, °SCH vereinz.: °*a bfenning-*

guads Nàchdkasdl hàwima bein Danddla kaffd Ebersbg; °*Dånddla* „kauft seine Waren bei öffentlichen Versteigerungen" Grafenau; *Dises Jesukindl hab ich kaufft beim Dandler in Passau am Blasitag anno 1856* PEINKOFER Werke I,52; *Chuntz tåndler* 1370 Rgbg.Urkb. II,364; *was ... durch geschworne Täntler/ oder Täntlerin zum failen verkauff offentlich vmbgetragen wirdet* Landr.1616 233.– Übertr. Trödelladen, Geschäft, °OB, NB vereinz.: °*Tandler* „Gemischtwarengeschäft" Gaimershm IN.
2 Pfandleiher, Schätzer, °OB, NB vereinz.: *Tandler* „eidlich verpflichteter Schätzer" Mchn; *Tántlə'* SCHMELLER I,610.– Übertr.: *Tandler* „Leihhaus" Passau.
3: *dàntla* „unernsthafter Liebhaber" [4]ZEHETNER Bair.Dt. 344.
4 langweiliger Mensch, umständlicher, langsamer Arbeiter, °OB, °NB, °OP, °MF vereinz.: *a Dandla sa* „sich mit unnützen Dingen beschäftigen" Aicha PA; *„is des aa Danddla, aa loamsiadada* (langsamer)*!*" BINDER Saggradi 39.

Etym.: Mhd. *tendeler* stm., Abl. von →*Tand*; WBÖ IV,566.

DELLING I,114; SCHMELLER I,610; WESTENRIEDER Gloss. 577; ZAUPSER 76.– WBÖ IV,565f.

Komp.: [**Auto**]**t.** Autohändler, °OB mehrf., °NB, °OP, °SCH vereinz.: °*Autodantla* Günzlhfn FFB; „Die Werkstatt vom *Autotandler* hat sie ... auf Anhieb gefunden" B. BRINKMANN, Holunderblut, München 2012, 17.

[**Chaisen**]**t.** dass.: °*Scheesntandler* „scherzhaft" Benediktbeuern TÖL.

[**Ei**(**er**)]**t.** Eierhändler, °OB, °NB vereinz.: °*Oadandla* Schwaben EBE; „der Eierhändler ... *Oartandla*" MM 6.7.1990, 28.

[**Fetzen**]**t.** scherzh. Bekleidungshändler: *d'Fetzendandla freit's* Altb.Heimatp. 62 (2010) Nr. 43,10.

WBÖ IV,566.

[**Vieh**]**t.** Viehhändler: *Viechdandler* Mchn; „Da hat der *Viechtandler* Mitleid mit dem Landwirt" Chiemgau-Ztg 65 (2009) Nr.1,16.

[**Herr-gotten**]**t.**: *Herrgodndandla* „Devotionalienhändler auf Jahrmärkten und in Wallfahrtsorten" JUDENMANN Opf.Wb. 79.

[**Hadern**]**t.** abwertend Stoffhändler: „du ... kannst dich nicht an diesem unrasierten *Hadern-Tandler* vergreifen" Altb.Heimatp. 8 (1956) Nr.19,5.

[**Schnauferlein**]**t.** Auto- od. Motorradhändler, °OB mehrf., °NB, °OP vereinz.: °*Schnaufaltaandla* Rosenhm.

[**Schöps**]**t.** Gastwirt, °OB vereinz.: °*Schepstandler* Perchting STA.– Zu →*Schöps* 'Dünnbier'. E.F.

Tändlerei, -ng-

F. **1** †Handel mit Tauschwaren od. Trödel: *daß die Tandlerei erst kein schlechts G'schäft sein muß* Mchn Neue Volks-Ztg 1 (1874) Nr.43[,4].
2 Trödlerladen, °OB, NB vereinz.: °*er hat a Tandlerei* Mchn; „von seinem Spezl Hierhammer, der wo eine *Tandlerei* in der Lilienstraße hat" R. RIESS, Münchner Bilderbogen, Konstanz 1916, 29.
3 Liebelei: *Is a Tandlerei g'wen, wia's de nobligen Fräulein a diam* [manchmal] *gern hamm* THOMA Werke VII,337 (Jagerloisl).
4 schlechte, umständliche Arbeit.– **4a** Zeitvergeudung, Trödelei, °OB vereinz.: °*des is ja a Tandlerei* Hohenpeißenbg SOG.– **4b** Murks, Wertloses, Nichtigkeit, °OB, °NB, °OP vereinz.: °*des is alles bloß a Tandlerei* Rgbg.– **4c** umständliches, langsames Arbeiten, °OB mehrf., °Restgeb. vereinz.: °*dös is a so a Tanglerei* Aidenbach VOF.

WBÖ IV,567. E.F.

Tändlerin

F. **1** Händlerin, Trödlerin, OB, NB, SCH vereinz.: *Tandlerin* Derching FDB; *hat schon d'Tandlerin an halben Wecken im Leib* Mchn Neue Volks-Ztg 1 (1874) Nr.43[,4]; *Der Däntlerin vmb ein Risstung vnd 2 sturbmhüet ... bezalt 4fl.* 1608 Stadtarch. Rosenheim GRE 42, fol.101[r] (Rechnung).
2: °*alte Tandlerin* „weibliche Person, die mit Nebensächlichem die Zeit vergeudet" Neumarkt.

SCHMELLER I,610.– WBÖ IV,568. E.F.

tändlerisch

Adj., umständlich, langsam: *dantlarisch* AMAN Schimpfwb. 43. E.F.

Dane →*Anton(ius)*.

†-daner
Adj., nur in Komp.: [**her**]**d.** hier, in der Nähe befindlich: *der herdánər* Passau SbMchn 1887,2, 411.– Abl. von →*dan*[1].

[**hin**]**d.** dort drüben, in der Ferne befindlich: *der hindánər* Passau ebd. A.R.R.

danern →*donnern*.

Dang
M., Dengel, °OB, °OP, °OF vereinz.: °*jetzt hats an guatn Dang* Ambg.

Etym.: Weiterbildung von →*Dangel*[1] 'dass.'. E.F.

Dangel[1], **-ä-**
M. **1** auch F. (°FFB), N. (°SOB, °SOG), Dengel, °OB, °NB, °OP, SCH vielf., °OF mehrf., °MF vereinz.: °*da Vata bringt hålt ållwei an guatn Dångl hi* Tödtenrd AIC; °*düi Sengst hout koin Dangl mehr* Kchndemenrth NEW; *Da Dangl mou am Finganogl laffa* Kerscher Waldlerhof 47.
2 Dengelhammer, °OB, °NB, °MF, °SCH vereinz.: °*geh, gib ma an Dangl her!* Hohenpeißenbg SOG; *Martello tangol* Tegernsee MB 9.Jh. StSG. III,656,19.
3: °*Dangel* „die ganze Dengelanlage" Schleching TS.
4 †Lohn für die Arbeit in der Schmiede: *da soll man im ain tangoll aussezen* Mallersdf 1452 MB XV,347.

Etym.: Ahd. *tangol*, mhd. *tangel* stm./n., germ. Bildung idg. Herkunft; ²DWB VI,205.

Schmeller I,517.– WBÖ IV,569f.

Abl.: *dangeln*[1], *Dangler*, *Danglets*.

Komp.: [**Blattern**]**d.** beuliger Dengel, °NB vereinz.: °*Bloderndångl* „wenn Dellen gedengelt wurden" Pleinting VOF.

[**Fein**]**d.** best. Weise des Dengelns: °„Beim *Feindangl* wurde aus der Sense eine schmale, ganz spitze *Schneid* herausgedengelt" Sauer Arbeiten Bayer.Wd Abb.8.

[**Hohl**]**d.** **1** leicht gewölbter Dengel, Weise des Dengelns, bei der sich die Schneide leicht wölbt, °OB, °NB mehrf., °OP, °SCH vereinz.: °*Hoidångl* „wenn ein Wassertropfen in der Rinne zur Sensenspitze gleitet" Ramsau BGD; „Der *Hohldangl* verlangt, daß die Sense etwas breiter ausgedengelt wird" Sauer ebd.– **2** unsachgemäße Weise des Dengelns, Dengel mit Rissen, Beulen u.ä., °OB, °NB mehrf., °OP, °SCH vereinz.: °*Hoidångl* „hat Blasen" Michelsneukchn ROD.

[**Rechts**]**d.** best. Weise des Dengelns: °„beim *Rechtsdångl* wird die Sense rechts, also mit der Schnittlage nach oben, aufgelegt, so daß eine leichte Wölbung entsteht" Reichersbeuern TÖL.

[**Sack**]**d.** leicht zu transportierendes Dengelzeug: °„das *Sackdangl* haben die Mäher auf die Wiese genommen zum Nachdengeln" Schrobenhsn.

[**Sag**]**d.**, [**Säg**]- Dengel mit Scharten, Rissen, Beulen, °OB, °NB, °OP, °SCH vereinz.: °*Sågdangl* „sägeartig ausgefranst" Garching AÖ.

[**Stock**]**d.**: °*Stockdangel* „nicht gewölbte, sondern keilförmige Sensenschneide" Walleshsn LL.

WBÖ IV,570. E.F.

Dangel[2], Angel, Stachel, →*Angel*[1].

Tangel
M. **1** Nadeln, v.a. von Tannen od. Fichten, Nadelwerk, °OP mehrf., °NB, °OF, °MF vereinz.: °*göi niat durch des Hulz, dou kröigst lata Dangl am Kuapf* Tirschenrth; *In Dangln siaht er a Trumm Draouht* Schemm Dees u. Sell 152; *Gstrad wird mid Stra, Meis und Dangl* Bärnau TIR Schönwerth Leseb. 73.
2 Nadelbaumzweig, NB, OP, OF vereinz.: *Dankeln* „Fichtenzweige" Oberer Bay.Wald.

Etym.: Wohl Var. von →*Agen* 'Spreu, Baumnadeln', beeinflußt von →*Angel*[1] u. mit agglutiniertem Art.; WBÖ I,109 (Agen).

WBÖ I,109f.

Abl.: *tangeln*.

Komp.: [**Fichten**]**t.** Fichtennadeln, NB, OP vereinz.: *Föichtndångl* Naabdemenrth NEW. E.F.

dangeln[1]
Vb. **1** dengeln, °SCH (v.a. FDB) vielf., °westl. OB mehrf., NB, °OP, °MF vereinz.: *i dankl mei Sahgst* Kötzting; *Wennsch z'wiani danglsch no*

schneids idd [nicht], *danglsch z'vüi no gibbs Bloodera am Blejch* Wölzmüller Lechrainer 100; *ihnen den Wagensohn* [Pflugschar] *unnd Sög zedangeln schuldig* Lupburg PAR um 1580 Hartinger Ordnungen II,704.
2: °*frühra hot mas danglt* „Fleisch geklopft" Wildenroth FFB.
3 schwankend gehen, °OB, °NB vereinz.: °*der Xare hot wieder tankt, schauts wiara danklt* Schönbrunn LA; *dåŋgln* „taumeln" nach Kollmer II,82.
4 Geschlechtsverkehr ausüben, °OB, °NB vereinz.: °*dangln* Hochstadt STA; *dangeln* U. Kanz u.a., Die Heimat auf der Zunge tragen, Regensburg 2012, 60.– Reim im Wortspiel mit Bed.1: *s dangln dangln is scho zvui ... es wacklt scho da Hammastui* Kreuth MB ebd.
WBÖ IV,571-574.

Komp.: [**her-ab**]**d.** schlagen, verprügeln, °OB vereinz.: °*den hob i richti rodanglt* Edelshsn SOB.

[**der**]**d. 1** dass.: °*den homs ganz schea dådånglt* Autenzell SOB.– **2**: *den hobe dadanglt* „die Meinung gesagt" Wildenroth FFB.

[**hohl**]**d.**: °*hohldångln* „schlecht dengeln" Reichenhall.

[**nach**]**d.** durch nochmaliges Dengeln schärfen: „die Sensen auf der Wiese *nachdanglt*" Schrobenhsn. E.F.

dangeln², stechen (von Insekten), →*angeln*¹.

tangeln
Vb., nadeln, °OP, °OF vereinz.: °*di Baima dangln* Brand WUN; *an altn Stierl* [Baum] *dahoimhom, der waou scha üwern Oaputzn* [Schmücken] *as Dangln oafängt!* Schemm Neie Deas-Gsch. 17.

Komp.: [**ab**]**t. 1** dass., °OP, °OF mehrf., °Restgeb. vereinz.: °*d'Lärchn tuan a scho odangln* Kreuth MB; °*da Christbaam danglt o* Poppenrth TIR; *ōdǫŋln* Denz Windisch-Eschenbach 97.– **2** übertr. abmagern: °*er tanglt ganz å* Falkenbg TIR. E.F.

tangericht
Adj., vom Nadelbaum: *dåŋarad špeo* „abgefallene Nadeln der Nadelbäume" Unterer Bay. Wald nach Kollmer II,322.
Etym.: Zur selben Wz. wie →*Tangel.* E.F.

Dangler
M., Dengel: °*host ma an richtinga Dangla nogmocht* Edelshsn SOB.
WBÖ IV,575.

Komp.: [**Hohl**]**d.** jmd, der unsachgemäß dengelt: °*Hoidangla* „bringt keine Schneide daran" Passau. E.F.

Danglerei →*Tändlerei.*

Danglets
N., Dengeln: °*des is heut a Danglats* „wenn mehrere Dangler zugleich dengeln" Wildenroth FFB. E.F.

danher, †dannenher
Adv. **1** näher her, hierher, °OB, °NB, °OP vereinz.: °*des ho i dona do* „von der Wand weg nach vorne gerückt" Au WS; *Geh von Ofa dana, sunst brenst di!* Federholzner Wb.ndb.Mda. 47; *auß dem Gallilæischen Land ... dannenher in Welschland nach Loret* Hueber Granat-apfel 46f.
2 †Rel.adv., weswegen: *Danher sellicher mißpraüch der rechtbesetzung ... abgelaint und ob 35 jaren nit gehalten worden* 1518 Urk.Juden Rgbg 362.
Etym.: Abl. von →*dan*¹. A.R.R.

danhin
Adv., weg, hinweg, °OB, °NB vereinz.: °*bring an Gnechd Broutzaid dãi as Fejd!* Simbach PAN; *Wenn ins d Not nit dazua triebn hätt, waar ... i nit Doiganga* Angerer Göll 170; *bin i' dàni 'krochə˜* Leoprechting Lechrain 269.– Übertr.: *er is doni gfoin* ohnmächtig Grafenau.
Schmeller I,512. A.R.R.

Daniel
1 Vorn., Kurzf. *Dani* (°FFB).
2: °*Daniel* „Nachttopf" Wolfratshsn.
WBÖ IV,576. E.F.

-tänig
Adj., nur im Komp.: [**unter**]**t. 1** einer höheren Gewalt, einer Obrigkeit unterstellt, unterworfen, ä.Spr., in heutiger Mda. nur übertr.: „Dörfer, zu ihren Hofmarchen grundbar und *unterthänig*" VOF Hazzi Aufschl. III,1232; *Demselben*

gotlichen willen seinn vnderthanig vnd voligsam aller engel … willen BERTHOLDVCH Theologey 265f.– Übertr.: *untatönö* treu ergeben Hohenpeißenbg SOG.– **2** †gehorsam: „Sollte … *der Chöppinne tochter … in nicht undertänich sein*“ 1357 Rgbg.Urkb. II,115.– **3** †jmds Verfügungsgewalt überantwortet: *Man sol … dem benanten … alle dy gerechtigkait … an der mül … einantworten vnd vnttertenig thun für ir erclagts gut* Michelfd ESB 1454 MB XXV,246; *wan dier ein Pöller oder Mörßner vnnderthenig gemachet wiertt* Mchn 1591 Cgm 3113,362.– Mhd. *undertænec*, Abl. von →[*Unter*]*tan*[1]; PFEIFER Et.Wb. 1489.

SCHMELLER I,607.– WBÖ IV,576. A.R.R.

†-tänigen

Vb., nur im Komp.: [**unter**]**t.** refl., sich unterwerfen: *dasz du got furchtest vnd dich vntertänigest seiner maiestet* JOHANNESVI Fürstenlehren 5,100f.– Mhd. *undertænigen*, Abl. von →[*Unter*]-*tan*[1]. A.R.R.

Dank

M. **1** Dank.– **1a** Dank, Anerkennung, °Gesamtgeb. vereinz.: *i brauch koan Dank!* Hengersbg DEG; *koan Dank und koa Ear kriagn* Derching FDB; *Des is der Dank vo seim Kind, des ma aufzogn hat* Altb.Heimatp. 64 (2012) Nr.51/52,33; *ih quidu* [sage]. *cote dancha. toon* Tegernsee MB 2.H.9.Jh. SKD 290,23f. (Carmen ad deum); *des sageten im Româre danch* Kaiserchr. 290,11419; *Er sagt den fürsten danck mit grossen trewen* FÜETRER Poytislier 29,92.– Dankformeln: (*hab*) *schönen* / *herzlichen D.* u.ä. OB, NB, OP vereinz.: *schen Dang!* Aicha PA; *hats an schöin Dank* „habt Dank“ Stadlern OVI; *Houst fleißign Doank* „stärker als: *Vergelts Gott!*“ FÄHNRICH M'rteich 170; *habe danch!* Kaiserchr. 301,12065;– erweitert: °*an groußn Dank und an kloin danebm, daß da grouß niat umfallt!* Weiden.– Phras. *D. sagen* Erntefest: *das Danksagn* O'teisendf LF; *Dongsɔng* Spr.Rupertiwinkel 12.– Abdankspruch des Hochzeitsladers: *Jetz sag i enk* [euch] *halt Dank Vom Tisch auf d' Bank, Von der Bank bis auf d' Schinderbruck* CHRIST Werke 359 (Mathias Bichler).– **1b** Dankrede, bes. bei der Hochzeit, °OB, NB, °OP, °MF vereinz.: °*iatz is da Dang* Dank der Brautleute an die Hochzeitsgäste Rechtmehring WS; *Dank* „nach einem Leichenmahl“ Fürstenstein PA; „Die ganzen Hochzeitsgäste … horchen dem *Dank* und beschauen die Ehrentänze“ ANGERER Göll 84; *an des Stöttners Hochzeittag den Danckh vor der bedungnen Zeit sagen lassen* 1733 StA Mchn Hofmark Amerang Pr.16,fol.311[r].

2 †Preis in einem Wettstreit: *Den edleuten dye dozemal getornirt, geschlagen, Die tänck empfangen vnd aufgeben haben* Rgbg 1487 FREYBERG Slg III,73.

3 Absicht, Wille, in heutiger Mda. nur in Phras. u. Abl. (→*danks*): *Ob aver holtz auf der Yser von gůzzen oder sůst ân danch an die prugk rinnet* 1340 Stadtr.Mchn (DIRR) 354,16f.– Phras. *über* (†*jmds*) *D.* gegen jmds Willen, mit Widerwillen, °OP vereinz.: °*mia schmeckt nix, i mou nea oallas su üwa Dank eiässn!* Kchnthumbach ESB; *iwa Doank essn* „mehr essen, als man mag“ KONRAD nördl.Opf. 65; *zuelest sein die Ungern darein komen über der Baiern dank* AVENTIN IV,656,12 (Chron.);– im Übermaß, mehr als genug, °OP, °OF vereinz.: °*von dem hab i überdank gnua!* „mit ihm nur schlechte Erfahrungen gemacht“ Neumarkt; *Er frißt jå imma(r) zou ållas üwadåang ei)n'!* BRAUN Gr.Wb. 728.

4 †Wohlwollen, Gnade: *Gratiis danchun* Tegernsee MB 11.Jh. StSG. I,580,25; *Das haben baid Ire Gdn. personlichen zu gnedigen dannckh angenommen* Der Landtag im Herzogthum Baiern vom Jahre 1514. Erste, u. zweyte Handlung, o.O. 1804, 171.

5 †Denken, Gedanke: *aller der sunden, die ich ie getet an danchen, an worten, an werchen* 12.Jh. SKD 356,37f. (Wessobrunner Glauben II); *solt got umb gnad pitten, das er im sölchen dank vergäb* AVENTIN IV,778,11f. (Chron.).

Etym.: Ahd., mhd. *danc* stm., Abl. von →*denken*; KLUGE-SEEBOLD 181.

SCHMELLER I,521f.– WBÖ IV,577-579.

Abl.: *dankbar*, *Dankbarkeit*, *dankbarlich*, *danken*, *-danker*, *-danket*, *danks*, *-dankung*.

Komp.: [**Ab**]**d.** Dankrede bei der Hochzeit, °OB mehrf., °Restgeb. vereinz.: °*Ådång* „Dank der Braut, des Bräutigams beim Weggehen vom elterlichen Hof“ Dachau; „da standen alle vom Tisch auf, und der Lader machte den *Abdank*“ CHRIST Werke 350 (Mathias Bichler).

WBÖ IV,579.

[**Abend**]**d.** abendliche Dankrede bei der Hochzeit, °OB, °NB, °OP, SCH vereinz.: *Abenddank* „vor dem Schenken und Weisen“ Rottau TS; „der *Prokrater* richtet zum *Abenddank*“ ANGERER Göll 83; „Gleich nach dem *Abenddank* erscheint der Truchseß, um … das Mahlgeld einzukaßiren“ LENTNER Bavaria Voralpenld 24f.

WBÖ IV,579.

[Auf-die-Nacht]d. dass.: °*AufdNåchtdank* O'au BGD.

[Aus]d. wie →*[Ab]d.*: „der Prokurator nimmt ... im Namen der Braut den *Ausdank* vor mit beredter Zunge" LETTL Brauch 146.

[Braut]d. dass., °OB, NB vereinz.: *Brauddank* „nach dem Schenken dankt der Prokurator namens der Brautleute den Eltern und Freunden" Höhenstadt PA.
WBÖ IV,579.

[Teufels]d. Undank: *Taifösdang* Aicha PA.

†**[Edlen]d.** wie →*D.*2: „während den *Edlendank*, einen Ring von 20 Gulden Wert, die Bayern errangen" Ambg 1474 Oberpfalz 19 (1925) 153.

[Ernte]d., **[Arn]**- Erntedankfest: °*Eandedang* Dietfurt WUG; *Ån:dank* „Ein reichliches Erntemahl mit Tanz beschließt den Tag" CHRISTL Aichacher Wb. 28.

[Früh]d. morgendliche Dankrede bei der Hochzeit: „der *Prokrater* ... rief ... *fioschtigmachn zum Früahdank!*" ANGERER Göll 67.

†**[Grab]d.** wohl Grabrede: *Grabdanke u. Hochzeitsladungen ... vermehrten meine Einnahmen ... ein Grabdank 1 Gulden* 1843 SCHWERTL Notizen 38.

[Hab]dánk wie →*D.*1a: °*daou wenn ma si nu su plaougt, haout ma doch koain Hodank!* Kehnthumbach ESB; *Mach dös niat, daou haoust koin Hodánk!* SINGER Arzbg.Wb. 104.
WBÖ IV,579.

[Haus]d. wie →*[Früh]d.*: „der *Prograder* sprach den *Hausdank*" Ruhpolding TS.

[Kuchel]d.: *Kuchldank* „Vivat auf die Köchin nach dem Hochzeitsmahl" Höhenstadt PA.

[Morgen]d. wie →*[Früh]d.*, OB, OP vereinz.: *Morgendank* „der Braut oder des Brautführers an die Eltern" Cham; „Fleischsuppe mit Leberwurst und gesottenes Ochsenfleisch ... Den Abschluß bildet der *Morgendank*" Leizachtal 238.
WBÖ IV,580.

[Opfer]d. Votivgabe: *Opfadankl* „bei einer Wallfahrt der Wallfahrtskirche geschenkt" Wdthurn VOH.

†**[Ritter]d.** wie →*D.*2: „Der *Grafendank*, ein Schmuck für 50 Gulden ... der *Ritterdank*, ein Ring für 30 Gulden" Ambg 1474 Oberpfalz 19 (1925) 153.

[Sakristei]d. 1 Dankrede an den Geistlichen bei der Hochzeit, OB, NB vereinz.: *da Sakristeidank vom Prograder* (Ef.) Ruhpolding TS.– **2** Geschenk für Geistlichen, Mesner u. Ministranten nach der Trauung, NB, OP vereinz.: *Sakristeidank* „Pfarrer und Mesner je eine Torte, Ministranten je ein Herz" Reisbach DGF.
WBÖ IV,580.

[Suppen]d. wie →*[Früh]d.*, OB, NB vereinz.: „vor der Trauung beginnt der *Subndång* mit dem Dank an die Eltern und dem Gedenken an die Verstorbenen" Rosenhm; „Der hiesige *Suppendank* ... umfaßte auf zehn eng beschriebenen Kanzleiseiten 19 Punkte" BERGMAIER Ruhpolding 234.
WBÖ IV,580f.

Mehrfachkomp.: **[Früh-suppen]d.** dass.: *Früahsuppndank* östl.NB.

[Un]d. wie →*[Teufels]d.*, °OB, °NB, °OP, SCH vereinz.: *niks wiar Udång håm* Aicha PA; *Ich hoo(b in mein gånz'n Lee(b'm nea(r Undånk g'erbt!* BRAUN Gr.Wb. 715.– Phras. *U. ist der Welt Lohn* °OB, °NB vereinz.: *Udank is da Wöit Lau* O'audf RO; *Undank ist der Welt Lohn* Baier.Sprw. II,39.
WBÖ IV,581.

[Hoch-zeit(s)]d. wie →*[Ab]d.*, OB, OP vereinz.: „beim Geldeinbringen wird *da Hoazaddank* vom *Hoazatlada* ausgebracht" Gallenbach AIC; *beim heutigen Hochzeitsdank ist auch dabei a bißl a Gspoaß* KRISS Sitte 146.
WBÖ IV,581. E.F.

Tank

M. **1** Tank, Behälter: *É unsan Auto is da Dàngk làr* Breitenbg WEG STEININGER O'neureutherwaid 82.
2 Panzer: „den Panzern, damals *Tanks* genannt" MM 2.4.2014, 11.– Als Pl. übertr. Panzertruppe: *Na habms'n gmustert, und er hat auf zwoa Jahr hintere müaßn auf Amberg zu dö Tank* HALLER Dismas 113.

Etym.: Aus engl. *tank*; KLUGE-SEEBOLD 906.

Abl.: *tanken*. E.F.

dankbar

Adj. **1** dankbar, dankerfüllt, OB, NB, °OP, SCH vereinz.: *ih bi füa ais dankbar* Hengersbg DEG; *du kaasch mer dankbar sej, wia leicht hätt die dejs 50 Gulda koschda kinna* WÖLZMÜLLER Lechrainer 87; *dancpare* Rgbg 12.Jh. StSG. I, 532,13; *Eben so bekennet mit danckbahrem mund Nicolaus Pogner* 1759/1760 Mirakelb. Aunkfn 204.

2 anspruchslos in der Pflege: *a dankbars Pflanzerl* „Pflanze, die gut gedeiht" Wasserburg.

Etym.: Ahd. *dancbâri*, mhd. *dancbære*, Abl. von →*Dank*; WBÖ IV,581.

WBÖ IV,581f.

Komp.: [**un**]**d. 1** undankbar, nicht dankerfüllt, OB, NB, OP, SCH vereinz.: *a undankbarö Person* Hohenpeißenbg SOG; *Daß dir i nix Guats wünsch, kannst dir denka, du undankbars Gschöpf!* CHRIST Werke 207 (Erinnerungen); *wie ist er als ein undanckbarer ungehorsammer Gesell von GOtt gestrafft?* SELHAMER Tuba Rustica I,10.– **2** nicht lohnend, nicht befriedigend, OB, NB vereinz.: *dös is a undankbarö Arbat* Hengersbg DEG.– **3** †anspruchsvoll in der Pflege: „Grund und Boden ist der meiste sehr *undankbar*" Poppenrth TIR 1845 Wir am Steinwald 6 (1998) 37.

WBÖ IV,582. E.F.

Dankbarkeit

F., Gefühl, Ausdruck des Dankes, OB, NB, OP, SCH vereinz.: *Dankbarkeit is boi vagessn* O'audf RO; *erhalten wir von euch keine Eier, Butter, Schmalz, oder was sonst eure Dankbarkeit bezeuge* CHRIST Werke 35 (Erinnerungen); *dasz er sollicher gab in danckparkayt vnd götlich vorcht nymmer vergesz* JOHANNESvI Fürstenlehren 10,216f.

Etym.: Mhd. *dancbærkeit* stf., Abl. von →*Dank*; WBÖ IV,582.

WBÖ IV,582.

Komp.: [**Un**]**d.** Fehlen eines Gefühls, Ausdrucks des Dankes, OB, NB, OP vereinz.: *Undånkboakait* Stadlern OVI; *KEin Laster hat jetziger Zeit so grob eingerissen/ als die verfluchte Undanckbarkeit* SELHAMER Tuba Rustica II,10.

WBÖ IV,582. E.F.

†dankbarlich

Adj., dankbar, dankerfüllt: *Daran ain Erberer Rath vnd verorndte dannkhperlichen wol zefriden* 1566 Stadtarch. Rosenheim GRE 10, 131 (Rechnung); *Jacob Hueber von Hochenpeissenberg* [SOG], *gibt danckbarlich an zu verzeichnen* Gnadenblum 158.

Etym.: Mhd. *dancbærlich*, Abl. von →*Dank*; WBÖ IV, 582.

WBÖ IV,582. E.F.

-danke, -en

M., nur in: [**Ge**]**d. 1** Gedanke, Vorstellung, Überlegung, °OB, NB vereinz.: °*Gedaancha* Erling STA; *Mit dem Gedanka leg i mi Olltägle af mei Bett'l hii* SCHUEGRAF Wäldler 101; *enti kidancho* Rgbg 9.Jh. SKD 309,3 (Altbayr. Beichte); *Sît daz man mit gedanken unmůtes můt kan weren* HADAMARvL 94,378; *gedancken seyen zollfrey* SCHÖNSLEDER Prompt. L2ʳ.– Phras.: °*Gedanga gfaßt* „gebetet" VIB.– *Koa Gedanga* „keinesfalls" Mengkfn DGF, ähnlich BRAUN Gr.Wb. 169.– †: *Du bist gràd ə˜ Gedankə˜ von ə˜n Menschn* „nur ein Schatten, nur erst eine Idee ... von einem Menschen" SCHMELLER I,522.– *In G.n* u.ä. gedankenverloren, NB vereinz.: *es is in Gedangern gschehn* „wenn man mit seinen Gedanken wo anders ist" Bayerbach GRI; „im Plur. der Deutlichkeit wegen Umlaut ... *ėn Gedankən*" SCHWÄBL altbayer.Mda. 55; *tieff inn gedancken* SCHÖNSLEDER ebd.;– erweitert: *dea is in Gedanggn weis Schauf in da Wool* „zerstreut" KONRAD nördl.Opf. 59;– *in Gedanken sein wöi da Hund in Flöihan* „unruhig über etwas nachsinnen, unruhig hin- und herfahren" WINKLER Heimatspr. 91, ähnlich Bruck ROD.– **2** Einfall, Idee, OB, NB vereinz.: *bitt gar schäh, wia kanst nur auf söchernö Gedangana kema?* Passau; *unsre meistn Literatn ... stibitzn ananader die bestn Gedankn weg* Bayer. Dorf-Ztg 1 (1834) Nr.72,282; *der vorgeund gedankch des zimermans ... da er das zimer nach stelt* KONRAD v.MEGENBERG, Von der Sel, hg. von G. STEER, München 1966, 77,287f.– Phras.: †: *Dər Schuss ist mər à'gangə˜ wiə Gedankng* „wie ich's gewünscht" M'nwd GAP SCHMELLER I,522.– *Die guten Gedanken kommen allerweil zu Letzt* Wdmünchn.Heimatbote 20 (1989) 67, ähnlich Baier.Sprw. II,86;– *De guàdn Gedangà ... und de hingàdn Schoof (Roos) kemànd ... ǫiwài hindd-nǫ* „Die guten Einfälle kommen immer zu spät" KAPS Welt d.Bauern 106, ähnlich OB, NB vereinz.– **3** Nichtigkeit, Geringfügigkeit: *ümaran Gedånk'n weita rechts* „ein wenig nach rechts" BRAUN Gr.Wb. 169; *der Hosenknopf ... mein Faust war g'rad ein Gedanken dagegen – wie ein Batzenlaib so groß* BUCHER Jagdlust

67.– Ahd. *gidanc*, mhd. *gedanc* stm., Abl. von →*denken*; KLUGE-SEEBOLD 338.

SCHMELLER I,522.– WBÖ IV,582f.

Komp.: [**Heirats-ge**]**d.** Heiratsgedanke, NB, OP vereinz.: *da gäit mit Heiratsgedankng* Wildenrth NEW; *zwanzig Avemaria … damit dir deine dummen Heiratsgedanken … vergehen* RUEDERER Wallfahrergesch. 58. E.F.

Dankel

M., nur in Phras.: *so åjd wia da Dånkl* „scherzhaft uralt" Reisbach DGF.

Etym.: Herkunft unklar. E.F.

Dankelmankel

M.: *taŋkl-maŋkl* „Durcheinander, Techtelmechtel, auch Stänkerei, Streit" SCHWEIZER Dießner Wb. 197.

Etym.: Wohl Spielform von →*Tandelmandel* 'Spielerei'. E.F.

dankeln, dengeln, schwankend gehen, →*dangeln*[1].

danken

Vb. **1** danken.– **1a** Dank, Anerkennung aussprechen, °OB, °NB, °OP, SCH vereinz.: °*unsan Heargot muas ma fiar älles dånkn* Aicha PA; *s'Grüßen is Höflichkeit, s'danka is Schuldigkeit* Wdmünchn.Heimatbote 20 (1989) 66; *Der vogel danchet vater vnd m°uter der arbait, die sie mit im heten* KONRADvM BdN 229,25; *ich hab ihm wol drum zu dancken/ daß er mirs' leben erhalten* SCHÖNSLEDER Prompt. K4v.– Dankformel (*ich*) *danke* (*dir*) (*schön*) u.ä. °OB, °NB, OP, SCH vereinz.: *dea sogt nit åmoi dank schöa* Hohenpeißenbg SOG; *dankschäi, gleichfalls!* SINGER Arzbg.Wb. 49;– auch ironisch, °OB, NB vereinz.: °*so a Auto weia am Sepp des seine? Dank sche, da fahr i liaber mitn Radl* Wettstetten IN;– als M., N., °OB, °NB vereinz.: °*über a Dankschön tät i mi scho freun* Kreuth MB; *Gibt ma so viel Geld aus … und kriagt net amal an Dankschö' dafür!* CHRIST Werke 194 (Erinnerungen).– *Nichts zu d.* Antwort auf einen Dank, OB, NB, OP vereinz.: *nix zu dankn, is gean gschechn* O'audf RO.– †Phras.: *In dankə˜d mècht ə' scho˜ bàl' kemə˜* „wie ich denke, konnte er schon bald kommen" SCHMELLER I,522.– **1b** bei Hochzeit od. Begräbnis den Dank aussprechen, °OB, °NB, °OP vereinz.: „nach dem Abendessen folgt das *Danga*" Allkfn MAL; „dann beginnt das *Danken* und *Ehren*, das Haupt- und Mittelstück der Zeremonien" AIBLINGER bayer.Leben 145.

2 bei der Hochzeit schenken, NB vereinz.: „die Ceremonien bei der Schenkung, beim *Dånga*" Schönau EG.

3 †rühmen, loben: *Benedicentes … danchoten* Rgbg 12.Jh. StSG. I,433,3f.

4 †sich freundlich zeigen, Wohlwollen erweisen: *dancha* Benediktbeuern TÖL 12.Jh. ebd. 421,12.

5 Dank schulden, verdanken, in heutiger Mda. nur im Komp.: *Dees danka mia 'm Landtog nua, Dea hebt ja unsa Landkultua* SCHUEGRAF Wäldler 9; *Debebit dancchŏn* Rgbg 11.Jh. StSG. II,469,36; *Poitislier seiner schnelhait wol mocht danncken* FÜETRER Poytislier 86,279.

Etym.: Ahd. *dankôn*, mhd. *danken*, Abl. von →*Dank*; WBÖ IV,584.

SCHMELLER I,522.– WBÖ IV,584f.

Komp.: [**ab**]**d. 1** danken, Abschied nehmen.– **1a** wie →*d.*1b, °OB vielf., °Restgeb. vereinz.: °„den Hochzeitsgast *hot da Ehrvoda zünfti odankt*" Reichersbeuern TÖL; °*ådanga* „Dank des Vorbeters an den Gastgeber nach einem Leichenmahl" Fürstenstein PA; „Schnaderhüpferl mit treffenden Anspielungen auf die Person, die gerade *abgedankt* wird" FUNK Irgertshm 12; „Auch … nach Leichenbegängnissen, wird feyerlich *abgedankt*" SCHMELLER I, 522.– Auch in Phras.: „Eine besondere Zeremonie … ist das *Leichabdanken* des offiziellen Leichenbitters" BAUERNFEIND Nordopf. 105.– Gstanzl: *Oba tanzt is net g'sprunga beim O'danka werd g'sunga dös g'hört dazua gwiß wei's a oita Brauch is!* A. GRAF, Die Hallertau u. ihr Hopfenbau, Diss.masch. München 1975, 83.– **1b** refl.: *håwa me odankt* „bei der Hochzeit bedankt und gleichzeitig verabschiedet" O'nrd CHA.– **1c** Abschied nehmen von einem Verstorbenen: „Die Nachbarn kamen, die Bauern *dankten* dem Verstorbenen *ab*" WEISS Bauernjahr Kirchdf.Ld 72.– **2** wie →*d.*2, OB, °NB vereinz.: °*abdanken* „Übergabe der Geschenke an das Brautpaar" Eining KEH; „so wartet schon alles … auf das *Abdanken. Schenken* sagen sie im Vilstal" LETTL Brauch 151; „Er legte, beim sogenannten *Abdanken*, auch sein Geschenk … in die Ehrenschüssel" SCHLICHT Altbayernld 200.– **3** entlassen, scheiden, sterben.– **3a** aus einem Dienst- od. Liebesverhältnis entlassen, abweisen, °OB vielf., °Restgeb. mehrf.: *s Madl* *hotn beim Fönschtala odankt* Peiting SOG; °*de Mari hat den Wastl adankt, dö hat se was Bessers gfundn* Schönbrunn LA; °*mein Knecht hob i odankt, der war ma z langsam* Wiefelsdf BUL; *Leit, iich mou(ß enk* [euch] *oodånk'n, 's Gschäft gäiht nimma!* Braun Gr.Wb. 432; *weillen er wögen ölters den dienst nit mehr verrichten hat Mögen ist ihme ehrlich. abgedanckht worden* 1637 Haidenbucher Geschichtb. 123.– **3b** aus einem Amt, Dienst- od. Liebesverhältnis scheiden, zurücktreten, °OB mehrf., °Restgeb. vereinz.: °*der hot's schö abdankn lossn* „das Mädchen sitzen lassen" Kötzting; °*da Voaschtand hout odankt* „sein Amt aufgegeben" Schönwd REH; *Der Kini is nimma Kini! ... Er hat odankt!* H. Noë, Baier. Seebuch, München 1865, 196.– **3c** übertr. sterben, NB, °OP vereinz.: °*der hat odankt* Schwandf.– **4** aussondern, ausmustern, °OB, °NB, °OP vereinz.: °*dein oidn Huat derfst a amoi ådanga!* Mchn; *daß er doch endlich einmal die alte Stärkeschachtel abdanken könnt* Christ Werke 711 (Madam Bäurin).

Schmeller I,522.– WBÖ IV,585f.

[**an**]**d.** **1** bei der Hochzeit den Dank aussprechen: *åndanka* „Abenddank, vom Hochzeitslader gesprochen" Gallenbach AIC.– **2** †N., Andenken, Gedenken: „die das *Andanken* desselben bei dessen Leichenbegängniß ... ehrten" Landshuter Ztg 17 (1865) 602.

[**aus**]**d.** wie →*[an]d.*1: *bein Ausdanga is d Houzad umme* Erding; „Nach der Morgensuppe wird die Braut *ausgedankt*, d.h. ... der Abschied derselben aus dem väterlichen Hause und der Dank für alle von den Eltern ... erfahrnen Wohlthaten ... erklärt" OB Bavaria I,395.

Schmeller I,522.

[**be**]**d.** refl., sich bedanken, seinen Dank aussprechen, °OB, NB, °OP, SCH vereinz.: *dea bedankt si nit åmoi* Hohenpeißenbg SOG; *I bidank mi rechtanehr* [nachdrücklich] Chiemgau HuV 9 (1931) 358.

WBÖ IV,586.

[**ver**]**d.** wie →*d.*5, °OB, °NB, OP, SCH vereinz.: *den howös zon fodånka* Stadlern OVI; *Mei, Afra, dir verdank is, daß i heit no leb!* Altb.Heimatp. 53 (2001) Nr.2,27.

WBÖ IV,586.

[**un**]**ge-dankt** **1** in Phras.: °*wer ungladen in d'Hochzeit geht, geht undanktö draus* „ohne einen Dank zu bekommen" Ruhmannsdf VIT, ähnlich °OB, °NB, °OP vereinz.– **2**: °*der is ungedankt daherkömma* „unverhofft, unerwartet" Neukchn KÖZ. E.F.

tanken

Vb. **1** Treibstoff tanken: °*daankn deama aa bal wieda* Windischeschenbach NEW; *I hob ... glei tankt* Tochtermann Oiß wos Recht is 194.

2 viel trinken, saufen, °OB, °NB, °SCH vereinz.: °*dea tankt gean* Fahlenbach PAF; *Alle drei homs ganz schöi tankt* KEM Wir am Steinwald 12 (2004) 31.

Etym.: Abl. von →*Tank*; Kluge-Seebold 906.

WBÖ IV,586. E.F.

-danker

M., nur im Komp.: [**Ab**]**d.** Mann, der bei der Hochzeit den Dank ausspricht, °OB, °NB, °OP vereinz.: °„der Hochzeitsführer macht abends bei Abschluß des Mahles auch den *Abdanker*" Burggen SOG; *„Es lebe der Abdanker! ...* rufen die Gäste" Leoprechting Lechrain 248. E.F.

-danket

N., nur im Komp.: [**Ab**]**d.** Dankrede bei der Hochzeit: °*Abdanket* Walleshsn LL. E.F.

danks

Adv., ä.Spr., in heutiger Mda. nur in Komp. **1** unentgeltlich: *Gratuito ... danchis* Windbg BOG 12.Jh. StSG. I,664,5-7.

2 absichtlich: *swie ich gesuntet han ... danches oder undanches* 12.Jh. SKD 358,51f. (Benediktbeurer Beichte III).

3 ohne Grund, grundlos: *Gratis ... danchis* Windbg BOG 12.Jh. StSG. I,492,48-50.

Etym.: Ahd., mhd. *dankes*, Gen. von →*Dank*; [2]DWB VI,213.

WBÖ IV,579.

Komp.: [**un-ver**]**d.** **1** unabsichtlich, aus Versehen, gedankenverloren: °*is mir unverdangs passiert* Ruhmannsdf VIT.– **2** unversehens, plötzlich: „einen vierblättrigen Klee *unverdanks* finden, bringt Glück" Wdmünchen; „Wenn man einen Hufnagel *unverdanks* gefunden ... hat" Fronau ROD Schönwerth Opf. I,128.

WBÖ IV,579.

[in-ge]d. wie →*[un-ver]d.*1: °*Dös howe ingedanks gmacht* SINGER Arzbg.Wb. 112.

[un-ge]d. 1 dass., °OP, °OF mehrf., °OB, °NB vereinz.: °*i håb ungedanks Salz statt Zucker gnomma* „irrtümlich" Breitenbg WEG; °*i bin a so ungedanks dahiganga, aaf oamol fall e üba an Stoa* Nittenau ROD; *a Zeahnerl ... in d'Kuttntaschn eirutschn laoua, wöi wenns ganz ungedanks mitaran Huasaknuapf gscheah waa* SCHEMM Stoagaß 26; *„ungédanks* (ohne daß ich's dachte, wollte) *is ·s mər aussə' g·rump·lt*" Bay.Wald SCHMELLER I,522.– **2** wie →*[un-ver]d.*2, °NB, °OP vereinz.: °*dea is ungedanks daherkema* „unerwarteter Besuch" Fronau ROD; „Wer ... auf dem Felde oder im Walde *ungedanks* einen Knochen ... findet" Neuenhammer VOH SCHÖNWERTH Opf. III,235.

SCHMELLER I,522.– WBÖ IV,583.

[über]d.: °*der Hans macht alles iwadånks* „über das Maß hinaus" Tirschenrth.

WBÖ IV,581.

[un]d. I Adv.– **1** ohne Dank, Anerkennung, °OB, °OP vereinz.: °*da kumst bloß undanks weg von dem!* „erntest keinen Dank, nur Scherereien" Neumarkt; *Ingratus ... yndcnchgs* [*undanches*] Tegernsee MB 11.Jh. StSG. II,752,23.– Phras.: °*wer unglodn in d'Hochzat geht, geht undanks davo* Wiesenfdn BOG.– **2** wie →*[un-ver]d.*1, °OB, °NB, °OP, °SCH vereinz.: °*in die ganze Sach bin i undanks einikemma* Bodenmais REG; *Nachbar, mir is da Holzstaus eingfalln, undanks* Falkenstein TIR SCHÖNWERTH Opf. I,163; *swie ... ich die sunte ie kefrumete* [ausübte], *danchs oder undanchs, sclafente oder wachente* 11./12.Jh. SKD 336,9f. (Benediktbeurer Beichte II); *bereden* [beweisen], *daz er ez undanches hab getan* 1340 Stadtr.Mchn (DIRR) 354,29f.– **3** wie →*[un-ver]d.*2: °*undangs* plötzlich Lohbg KÖZ; *udåŋks* „unverhofft" Unterer Bay.Wald nach KOLLMER II,364.– **II** Adj.: *undanks sei* „unbescheiden" Geiersthal VIT.– **III** Subst., Undankbarkeit, °NB vereinz.: °*man hat hier nur Undanks* Klingenbrunn GRA.

SCHMELLER I,521.– WBÖ IV,581. E.F.

-dankung

F., nur im Komp.: [**Ab**]**d.** Dankrede: „Zieht am anderen Morgen der Geselle wieder ab, so hat er die *Abdankung* zu sprechen" LENTNER Bavaria Almen 143.– Ahd. *dankunga*, mhd. *dankunge* stf., Abl. von →*Dank*; PFEIFER Et.Wb. 202.

WBÖ IV,587. E.F.

†-tanlei

Adj., im Komp.: [**so**]**t., söttlenlei** solcherlei: *Will oy ... mit söttlen loyen scheishändlen so bold nimer khomen* Landshut um 1650 Jb.Schmellerges. 2012, 40,82f.– Abl. von →*[so(-ge)]tan*².

A.R.R.

Dänlein, Reh, Hirsch, →*Dam*.

dann

I Adv. **1** temporal.– **1a** damals, °OB, OP vereinz.: °*don* „damals" Brannenburg RO; *Don is s um an Hunga ganga, heint um d Line* HEINRICH Stiftlanda Gschichtla 23; *zu den füssen des künigs, der noch dann nicht wesst die verprachten misstat* FÜETRER Chron. 62,3f.– **1b** danach, nachher, °OB, NB vereinz.: *dan khemant dö haign Dreikhinö* Mittich GRI; *Und dann sans af Kirwa grennt* MORGENSCHWEIS mei Schloch 26; *der mâne ... nimet abe unde nimet danne aber wider zuo* BERTHOLDvR I,553,19f.; *nw chum dann mit mir* FÜETRER Persibein 7,25.– **1c** zu jenem späteren Zeitpunkt: *Bis donhi laafft nu vl Wassa getool* HEINRICH Gschichtla u.Gedichtla 84; *in demo iungesten taga ... ih gloube daz danne aller menisclih fure sih selben gote reda geben scol* 11.Jh. SKD 139,15-20 (Wessobrunner Glauben); *swenn diser lip ent nem, daz wir dann diu genade besitzen diu nimmer ent genimmet* O'altaicher Pred. 27,16f.– **1d** in Phras. *d. und wann* manchmal, OB, NB vereinz.: *dann und wann* Traunstein.

2 †außerdem, überdies: *und hat dann aber 50 gulden ... leibting* [Leibrente] *auf aym brif* 1395 Runtingerb. III,39.

3 †in Phras. *noch d.* dennoch: *noch dann ist dem allen gar wenig volg beschehn* Landshut 1497 LERCHENFELD Freibr. ccxcviiif.

II †Konj.– **1** Vergleichspartikel.– **1a** als, beim Kompar.: *daz ih minemo lichnamin mera intliez dan ih scolte* 10./11.Jh. SKD 315,18f. (Jüngere bayr. Beichte); *arbaitten nicht mehr dann drei daran* Frsg 1487 Sammelbl.HV.Frsg 11 (1918) 24.– **1b** mit Ausnahme von, zur Einschränkung von Gleichsetzungen: *aller mass gleich dann alain in der umbschrift* 16./17.Jh. LERCHENFELD Freibr. 13.

2 zuzüglich, und, in Zahlw.: *vier dan dreizzig meil von der Stat* 14.Jh. WESTENRIEDER Beytr. VI,112; *¾ dann 1 Elle* NICOLAI Reise VI,97.
3 denn: *mir haben vnß nit vnndterschreiben dirffen than es hat nuer dem Conuent zuegehert* 1609 HAIDENBUCHER Geschichtb. 7.– Auch weil, mit Endstellung des finiten Vb.: *Die mit dem stern sollen nit mer umbgeen ... dann nichts guets darauss ervolgt* Ingolstadt 1551 MOSER Volksbr. 60.
4 ausgenommen, es sei denn, nebenordnend nach Vb. im Konj. in Konditionalsätzen: *der hat nicht zeschaffen bi den burgern ... ez ensei dann daz si in zů biten* Mchn 1294 Corp.Urk. III,229,2-5; *sol ... dhein wachhanten* [Vaganten] ... *hy halden er wöll dann zur Lerung vnd straff ... sitzen* Nabburg 1448 Heimat Nabburg 3 (1982) 50 (Schulmeisterordnung).
III Partikel, denn, verstärkend in Fragesätzen, ä.Spr., in heutiger Mda. nur in Phras.: *mocht dann got ... nit gemachen disen chnollen grösser* Rottenbuch SOG um 1464 FISCHER Mären 419,10-12; *Wie kanst du dan ... Dein ... treue schaar verlassen* ROSNER Passionssp. 8.– Phras. →*um[weu] d.* 'warum'.

Etym.: Ahd. *danna*, *danne*, mhd. *dan(ne)*, westgerm. Bildung idg. Herkunft; vgl. Et.Wb.Ahd. II,528-530.

SCHMELLER I,512.– WBÖ IV,588-591.

Komp.: [**alə**]**d.** **I** Adv., sodann, darauf: *Alsdann fang' i o' und lass' die groß' Sintfluat kemma* FRANZ Lustivogelbach 51; *wan ein ... Underthonn ... pfendt würdet, mues alsdan ... ein Pfandzetl genommen werden* 1608 Schrobenhsn. Stadtrechtsb. 38.– **II** Partikel.– **1** Modalpartikel, also, OB, NB, OP vereinz.: *oistan trogst du dö Zeitung umö?* Traunstein; *na aösdann greif zua!* Mittich GRI; *Alsdann ... die Stund is um* KOBELL-WILHELM Brandner Kaspar 196.– **2**: °*ooisdann* „Abschiedsformel" Wasserburg.

WBÖ IV,591f.

[**her**]**d.** hierher, hier daneben, →*-dan*[1].

[**hin**]**d.** weg, drüben, →*-dan*[1].

†[**immer**]**d.**: *immə'dā~* „immerzu" OB SCHMELLER I,512.

SCHMELLER I,512. A.R.R.

Tann

M. **1** Wald, Forst: *„Tann ...* weitflächiger Wald, nicht unbedingt Tannenwald" ILMBERGER Fibel 42; *Zw hanndt er nam dy richte all twerches durch ein tan* FÜETRER Poytislier 31,98.– Häufig als u. in ON.
2 †Boden, Erdboden: *Sy hetten die ain mauer schon gworffen in den than* Ingolstadt 1562 SCHMELLER I,607.

Etym.: Mhd. *tan* stm., weitere Herkunft unklar; KLUGE-SEEBOLD 906.

SCHMELLER I,607.– WBÖ IV,587f. E.F.

Tannach, -et

N., Tannengehölz, OB, NB vereinz.: *s Dånat* Mittich GRI; *Hamd's Tannert durchputzt* HALLER Dismas 100.– Vereinz. als Fln. u. ON.

Etym.: Mhd. *tannach* stn., Abl. von →*Tanne*; WBÖ IV,593.

SCHMELLER I,607.– WBÖ IV,592f. E.F.

Tanne, -e-, -ä-

F. **1** Weißtanne (Abies alba), °OB vielf., °Restgeb. mehrf.: °*Donna baißn* „in die richtig Lage bringen zum Entasten" Schneizlrth BGD; °*Denna* „Tanne" Neukchn KÖZ; *Unter der sell Tann hob i' oft gschlaffa* Altb.Heimatp. 46 (1994) Nr.36,11; *Heillige Susana steht unter der Danner* Wernbg NAB um 1850/1860 CH.N. OBERMEIER, Abdeckersleut' als Volksmediziner, Ponholz 2012, 40; *Abies ... tanna* Rgbg 10.Jh. StSG. III,466,30; *Aber sie sprechent, daz die reht tanne vnder den drein aller edelst sey* KONRADvM BdN 344,5f.; *Er hat viele ... Holzwachs von ... Zügen* [Föhren], *Fichten und Tännen* Rgbg 1780 Oberpfalz 92 (2004) 8.– Phras.: *weiße T.* dass., °OB, °OP vereinz.: °*weiße Tann* Feichten AÖ.– *Wie eine T.* gut gewachsen, groß u. stark, OB, NB vereinz.: *grod wia a Dan* Hohenlinden EBE; *vor mir g'stand'n ... so frisch und g'sund, wie a Tanna im Holz* MEIER Werke I,55 (Elend).
2 Fichte (Picea abies), °OB, °SCH vielf., °NB, °OP, °MF vereinz.: °*dös ischt a groaße Tann* Garmisch-Partenkchn; °*Tanne* „nur Fichte als Christbaum" Sulzkchn BEI; *dā̄na* Metten DEG nach SNiB VI,192.– Auch in Phras.: °*roate Tann* Feichten AÖ.
3 Nadelbaum allg., v.a. Tanne u. Fichte, °OB, °OP, °SCH vereinz.: °*Tann* „zu Fichten und Tannen" Pöttmes AIC; „auch Douglasfichten werden *Tannen* genannt" Aicha SUL; *D' Berg stehent da, als wie im Schlaf, Die Tanna san im Traam* STIELER Ged. 43; *daz die maister in der natur voͤrhen holtz vnd viechten holtz alles tannen haizzend* KONRADvM BdN 344,4f.

4 Tannenzweig: *Tannala* „daraus macht man Kränze für Fronleichnam“ Nabburg.
5 Pl., Tannen- od. Fichtennadeln, °NB vereinz.: *Denn* Landau.

Etym.: Ahd. *tanna*, mhd. *tanne* st/swf., Herkunft unklar; KLUGE-SEEBOLD 906.

Ltg: *dån(a)*, *-å̄-* u.ä., ferner mit Uml.,vgl.WBÖ IV,594, *-e-*, *-ē-* sw./östl.NB (dazu NEW), *-ạ-* (AÖ).

SCHMELLER I,607.– WBÖ IV,593-595.

Abl.: *Tannach*, *-tanneln*, *tannen*, *-tännen*, *Tänn(er)ling*, *tännig*.

Komp.: [**Blau**]**t.** Blaufichte (Picea pungens), °OB, °NB, °OP vereinz.: °„*Blautån* heute, *Blǭbtån* früher“ Kreuth MB.

[**Blitz**]**t.** Tanne od. Fichte, in die der Blitz geschlagen hat, °OB mehrf., °Restgeb. vereinz.: °*Blihzdahna* Hzhsn WOR; „Der Schwarzspecht ... wirft sich in die *Blitztanne*“ Mchn Jugend 28 (1923) 528.

[**Ant-laß**]**t.**: °*Antlaßtanan* „an Fronleichnam an den Häusern aufgestellte kleine Bäumchen“ Frasdf RO.– Zu →[*Ant*]*laß* ‘Fronleichnam’.

[**March**]**t.** Tanne, die eine Grenze markiert: °*Marchdanna* O'ammergau GAP.– Als Fln. °LF.

WBÖ IV,596 (Mark-).

[**Rot**]**t.** wie →*T.*2, °OB, °NB, °OP mehrf., °SCH vereinz.: °„früher *Routtanna*, heute *Fichtn*“ M'rfels BOG; „*Weißtanne* ... vs. ... *Rottanne*“ LL, SOG SBS XIII,12.

WBÖ IV,596.

[**Schwarz**]**t.** dass.: *Schwarztanna* Haag WS.

WBÖ IV,596.

[**Silber**]**t.** wie →*T.*1: °*Silbertanna* „Weißtanne“ Geiselhöring MAL.

WBÖ IV,596.

[**Hebe-wein**]**t.** Richtbaum: *Hebeidandl* Erling STA.– Zu →[*Hebe*]*wein* ‘Richtfest’.

[**Weiß**]**t.** **1** wie →*T.*1, °OB, °NB mehrf., °OP, °MF, °SCH vereinz.: °„die Fichte heißt einfach *Tanna*, die eigentliche Tanne *a Weißtanna*“ M'rfels BOG; „die *Fichte* ... welche ... die *Weißtanne* nach und nach ganz vertreibt“ Neue Bürger- u. Bauern-Ztg 5 (1838) 180; *waisdena* Künzing VOF nach SNiB VI,190.– **2** wie →[*Blau*]*t.*: °„*Blau-* oder *Weißtanna*“ Landsham EBE.

WBÖ IV,596.

[**Wetter**]**t.** wie →[*Blitz*]*t.*, °Gesamtgeb. vereinz.: °*Wedadanna* Nabburg.

WBÖ IV,596. E.F.

-tanneln, -ä-

Vb., nur im Komp.: [**ab**]**t.** nadeln, °OB, °OP vereinz.: °*odånln* Hahnbach AM. E.F.

dannen, von dort weg, →*dan*[1].

tannen, -e-, -ä-

Adj. **1** von der Tanne stammend, aus Tannenholz, °Gesamtgeb. vereinz.: °*dö dännan Nösd dama aaf an exdrönga Haaffa* Grafenau; „So steckten wir *a paar tennane Daxn* [Zweige] hinter das Kreuz“ HALTMAIR G'rad mit Fleiß 65; *einen dännen Danzapfen ... auf 4 Theile zerschnieten und etwas Honig* Neukchn KÖZ 1.H.19.Jh. SCHLAPPINGER Wurzelholz 102; *Abiegnis tenninen* Tegernsee MB 11.Jh. StSG. I,433,50; *gůt pődem an sőlchen dingen auz tænneim holtz* KONRADvM BdN 344,16f.; *sol ein ... Denner oder Veichtener Tragfloß vber zwaintzig Tragbäum nicht haben* Landr.1616 764.– Als M., Weißtanne (Abies alba): *a Denana* Moosach M; *Wensdn guad zoiadsd ... na griagadsd aa an Deenan* MM 19./20.12.1992, 3.– Als N., Tannenholz, °OB, °NB vereinz.: °*a Deenas* Eitting ED; *Das Pannholtz am Durrach hat maystayl nur Feychtes, vnd wenig Thännes* Tegernsee MB um 1500 MHStA KL Tegernsee 154,fol.103[r].
2 von der Fichte stammend, aus Fichtenholz: °*dennane Est* „Fichtenäste“ Langdf REG.– Als M., Fichte (Picea abies): °*a Denana* Brandten REG; *a dẹ̄nana* Parkstetten BOG nach SNiB VI,192.– Als N., Fichtenholz: °*Dennas* Langdf REG; *a tennas* MOSER Staudengeb. 18.

Etym.: Ahd., mhd. *tennîn*, mhd. *tennen*, Abl. von →*Tanne*; WBÖ IV,596.

WBÖ IV,596f.

Komp.: [**rot**]**t.** aus Fichtenholz, °NB vereinz.: °*rottännerne Bretter* Straubing.– Als M., F., Fichte (Picea abies): °*a Routtenane* Forsthart VOF; *rọutẹ̄nana* Parkstetten SR nach SNiB VI,192.

[**weiß**]**t.** aus Tannenholz, OB, °NB vereinz.: *weißdönnas Dox* „Zweige einer Weißtanne“

Hohenpeißenbg SOG; *A weißtännana Baam taat halt do' vui länga hebn* BAUER Oldinger Jahr 22.– Als M., Weißtanne (Abies alba): *a waisdęnanə* Forsthart VOF nach SNiB VI,190.

E.F.

-tännen, -e-
Vb., nur im Komp.: [**ab**]**t.** nadeln: °„in der warmen Stube fängt *da Christbam s ådena a*" Malching GRI. E.F.

Tänn(er)ling, -e-
M. **1** Nadelbaum.– **1a** Weißtanne (Abies alba), °NB, °OP, °OF vereinz.: *Tanndlin* O'neurth WEG; *Hast du die zwölf Tännlinge verkauft, Gottfried?* MEIER Werke I,48 (Elend).– Phras.: †*weißer T.* dass.: *bis zu dem öden See oder zum weißen Tändl* Eisenstein REG 1570 Bayerwald 25 (1927) 10.– *Pfaigrad wiara Denleng* gerade wie eine Tanne Mittich GRI.– †Auch Kiefer (Pinus sylvestris): *Tännling* „(hie und da) die Föhre" SCHMELLER I,1492.– **1b** junge Tanne, vereinz. auch junge Fichte, Tannensetzling, °Gesamtgeb. mehrf.: °*da Denlen* Neukchn KÖZ; °*Tannling* Hahnbach AM.– **1c** einzeln stehende Tanne od. Fichte, °OB vereinz.: °*Tännling* Weilhm.– **1d** im Wachstum zurückgebliebene od. dürre Tanne, °OB, °OP vereinz.: °*Dannling* „unterstandige, zurückgebliebene Tanne" O'ammergau GAP.
2 Pilz.– **2a** Rötling (Entoloma): *Tannerling* Rattenkchn MÜ.– **2b** Echter Reizker (Lactarius deliciosus): °*Tännling* Teisendf LF; *Tännling* SCHRANK Flora II,595.
SCHMELLER I,1492.– WBÖ IV,1530.

Komp.: [**Rot**]**t.** wie →*T.*2a: *Rottannerling* Deggendf. E.F.

tännig, -icht, -e-
Adj., von der Tanne stammend, aus Tannenholz, °OB, SCH vereinz.: *a dennis Beech* Tannenharz Friedbg; *Jerlich vier Schober denig Porzen* Landsbg LURZ Mittelschulgesch. II, 134.– Als M., F., Weißtanne (Abies alba), °OB, °NB vereinz.: °*a Dänaga* Aresing SOB; *Denaga* „Tannen" GÖTTLER Dachauerisch 22.– Als N., Tannenholz: °*Danigs* Bayersoien SOG.

Komp.: [**rot**]**t.** von der Fichte stammend: °*rottännigs Holz* Straubing.– Als N.: °*Rottennats* „Fichtenholz" Mariaposching BOG.

[**weiß**]**t.** wie →*t.*: °*weißtennarts Holz* Reut PAN.

E.F.

Dansen, Scheide der Kuh, →*Ansen*.

dant
I Adv.– **1** im Spiel.– **1a** im Kartenspiel.– **1aα** ohne Trumpf, v.a. beim Watten, °OB, °NB vielf., °OP, °SCH mehrf., °MF vereinz.: °*den nemma dant* O'bibg WOR; °*den tuar i dant* „mit der gleichen Farbe" Langquaid ROL; °*den stich i dant* O'viechtach; *Den pack i dant, hab i denkt* KOBELL-WILHELM Brandner Kaspar 116.– Als M., Stich ohne Trumpf: °*mit döm billign Dant håma iats dös Gschpui gwonna* Wimm PAN.– **1aβ**: °*i hab die Herzsau dant ghabt* „ohne weitere Herzkarte" Straubing.– **1aγ**: °„beim Schafkopfen mit dem Wort *dant* auf den Tisch schlagen bedeutet weiterspielen" Bruckmühl AIB.– **1b** volley, im Ballspiel, °OB, °NB, °OP vereinz.: °*er hat den Ball dant gschlagn* „in der Luft weitergegeben" Simbach EG; „*dànt* ... *nehmen* ... den Ball direkt abnehmen, ohne ihn zu stoppen" [4]ZEHETNER Bair.Dt. 344.– Auch ohne Effet, beim Kegeln: °*den Kegl kriagst net dant, den moußt scho schari* (mit Effet) *nehma* Kötzting.
2 direkt.– **2a** von vorne, frontal: °*den pack ma dant* Tegernsee MB; *tant verräumt* „frontal gerammt (Auto)" KILGERT Gloss.Ratisbonense 162.– Auch übertr.: „Streibl habe Gauweiler *gscheit dant genommen* [scharf gemaßregelt]" MM 4.2.1992, 3.– **2b** geradewegs, ohne Zögern, energisch, °OB, °NB, °OP, °MF vereinz.: °*dös pack ma dant* „erledigen wir sofort" Rdnburg; *Ejtz wenn a Langsamer* [Tanz] *kimmt* ... *de mitn weißn Overall, na packes dant!* LAUERER I glaub, i spinn 21.
3 mühelos, ohne Schwierigkeit, °OB, °NB, °OP, °MF vereinz.: °*den Zug dawisch i dant* Wasserburg; °*Hans geh auf d'Seitn, den bagg i dånt* „mit Leichtigkeit" Grafenau; *des dǫu e dạnt* KOLLMER II,396.
4 zufriedenstellend, ausgewogen, °OB vereinz.: °*dö Übergåb habts dant gmacht* Inzell TS.
5: °*red ma net ollawei dant!* „widersprich mir nicht dauernd" Rosenhm.
6 vermutlich, wohl, °NB, °OP vereinz.: °*dös wird der dant net gwißt habn* Schaufling DEG.
II Adj.– **1** geschickt, patent, °OB, °NB vereinz.: °*a danter Bursch* Heilbrunn TÖL.
2 adrett, hübsch, °OB, °SCH vereinz.: °*die is vielleicht dant* „nett, jugendlich gekleidet" Monhm DON.

3: °*jetz hama dant* „quitt" Simbach EG.
4: °*a danter Adara* „ein unfruchtbarer Enterich" Wegscheid.

Etym.: Aus ladinisch *dánt* 'vorne, vor' (M. PFISTER, Lessico Etimologico italiano, Wiesbaden 1984, I,17)? Anders [4]ZEHETNER Bair.Dt. 344.

Abl.: *danten*. E.F.

Tante
F., Tante, OP, OF, MF mehrf., °Restgeb. vereinz.: *unsre Tantn* Haag WS; *Pfrau Tant* Passau; *I hob mei Tanterl narrisch gern* Altb. Heimatp. 64 (2012) Nr.4,9.– Phras.: *d rot Tant* „Regelblutung" Neustadt KEH.

Etym.: Aus frz. *tante*; KLUGE-SEEBOLD 906.

WBÖ IV,597f.

Komp.: [**Bäslein**]**t.**: *Basldant* „entfernte Verwandte" JUDENMANN Opf.Wb. 21.

[**Groß**]**t.** Großtante: *Großtantö* Hengersbg DEG; *Groas:dand* „Schwester von Großmutter oder Großvater" CHRISTL Aichacher Wb. 46.
WBÖ IV,598.

[**Kindlein**]**t.** Hebamme: °*Kindltanti* Weiherhammer NEW.

[**Storchen**]**t.** dass.: °*Storchntanti* ebd. E.F.

danten
Vb., ohne Trumpf stechen, beim Watten: °*daandn* Wolfratshsn; *dàntn* „einen Billigstich beim Watten machen" KILGERT Gloss.Ratisbonense 162. E.F.

Dantes, †-les, -us
M. **1** Spielmünze, Spielmarke, °NB, °OP vereinz.: *Dantas* „wertlose Spielmünze" Stadlern OVI; *Dantes* BAUERNFEIND Nordopf. 142; „von den Goldstücken ... welche sie aber für *Dantes* hielten" SCHÖNWERTH Opf.Sagen 394.– Phras. (*k*)*ein D.* nichts, °OB, °NB, °OP, °MF vereinz.: °*da gi i koan Danddes her!* Neukchn KÖZ; *kan Dantäs wērt sā* BERTHOLD Fürther Wb. 36.– Auch Schmuckmünze: °*Dantes* „an Maskenkleidern" Frsg; „*der Tandes* ... eine falsche, nur als Schmuck gebrauchte Messingmünze" OP Bayerld 13 (1902) 249.
2 †Münze allg.: „da hörte er Geld klingen und fand unten noch drey *Dantes* von Gold" Rötz WÜM SCHÖNWERTH Opf. II,401.

3 Nichtigkeit, Geringfügigkeit, OB, °NB, °OF vereinz.: *a Dantas* Kleinigkeit Ingolstadt; *Tandas* BRAUN Gr.Wb. 641.

Etym.: Aus spanisch *tantos*, Pl. zu *tanto* 'Zahl, Menge'; DUDEN Wb. 749.

DELLING I,114; SCHMELLER I,610.– WBÖ IV,599f. E.F.

Täntsch, -e-, -en, †-a-
M. **1** Schmarren, Mehlspeise: „der *Dentschen* ... Schmarrengattung" SUL Bavaria II,327; „kochte sich einen *Dentschen*" Ambg BzbV 3 (1914) 13; *so sol er auff das Schloß zu Freising geben zwo tantschen vnnd den Burgern auff das Haus auch zwo* 1479 MHStA HL Freising 487,fol.34[r]; *Dentsche* „ein Gebäk von Meel, Schmalz, Eyern und Milch" HÄSSLEIN Nürnbg. Id. 56.
2 Dim., v.a. von Menschen.– **2a** auch †F., niedlicher, adretter Mensch, OB, °OP vereinz.: *a Dandschai* Achbg TS; *a Dantscherl* „eine Putzige" HÄRING Gäuboden 133; *Wo geht's Mariandl, die Dantschi, Allweil hin mit'n Mehl?* Neues Bay. Volksbl. Stadtamhof (1872) Nr.233, 922.– Auch: *dantʃal* „nettes Lebewesen ... kleiner Hund" nach KOLLMER II,81;– als Tiern. bei Hunden (DEG).– **2b** gewandter, stolzer Mensch, °NB vereinz.: *a Dantscherl* Haselbach BOG.
3: *dantʃal* „schmackhafte Apfelsorte" nach KOLLMER ebd.

Etym.: Wohl Spielform von → *Tatsch*; vgl. DWB II, 750.

HÄSSLEIN Nürnbg.Id. 56; SCHMELLER I,527.– WBÖ IV,600.

Abl.: *täntscheln*, *-täntscher*, *Täntschgerei*, *-täntschgern*, *täntschig*. E.F.

täntscheln
Vb. **1** †Leckeres zubereiten: *dántschln* „sich mit dem Backen, Kochen von Leckereyen abgeben, köcheln" Bay.Wald SCHMELLER I,527; *Dentscheln* „Genäsch bachen" HÄSSLEIN Nürnbg.Id. 56.
2: *dànšln* „sich wichtig machen, aufspielen, zu schlau daherreden" KILGERT Gloss.Ratisbonense 54.

HÄSSLEIN Nürnbg.Id. 56; SCHMELLER I,527.

Komp.: [**auf**]**t.**: °*aufdanschein* sich aufputzen Rechtmehring WS.

[**da-her**]**t.** aufgeputzt daherkommen: °*aufm Abschlußball wea ma schee daheadandschän* G'holzhsn RO. E.F.

-täntscher

nur im Komp.: [**Buben**]**t.** M.: °*Buamadantscher, Deandldantscher* „Mädchen, das lieber mit Buben, Bub, der lieber mit Mädchen spielt“ Bruckbg FS. E.F.

Täntschgerei

F., Zubereitung von Leckerem: *host oiwei a so a Dantschkarei, sads frouh, wanns Brout gnua habts!* Hengersbg DEG. E.F.

-täntschgern

Vb., nur im Komp.: [**ver**]**t.**: *dö vodanschkat ois* „verpraßt alles mit Schleckereien“ Hengersbg DEG. E.F.

täntschig, -icht

Adj. **1** gefällig in Aussehen od. Benehmen, niedlich, herausgeputzt, keck, °OB, °NB, °OP, °SCH vielf., °MF vereinz.: °*d'Rosl geht aba heut dantschig dahea, dö hod wos im Sinn!* Ismaning M; °*dantschig* „braves Pferd“ Altenbuch LAN; °*gearn schaut ma ra zou, wals sua dantsche is, wenns ihran Puppnwogn spaziarn foart* Tirschenrth; *so danschi san s'* [Gänslein], *Ma' mächat s' grod o'datschln* SCHWÄGERL Dalust 55; *daß das Johanneßl … Leckerl gefressen hat, daß er aber gar so tantschig gewesen ist* BUCHER Charfreytagsprocession 98.– Phras. *sich d. machen* sich einschmeicheln, °OB, °NB, °OP vereinz.: °*der will si beim Chef immer dantschig machn* Frauenau REG.– Schnaderhüpfel: °*wos kloa is, is dantschö, wos kloa is, is liab, wos grouß is, is ungschickt, hon's selba scho gspürt* Lalling DEG.

2 von kleiner Gestalt, OB vereinz.: *a dandschiga Kerl* Aspertsham MÜ.

3 rundlich, mollig, °OB, NB, °SCH vereinz.: °*dees isa dantschigs Maadl* O'ammergau GAP; „die Bäuerin, ein rundes, *dantschiges Weiblein*“ FRANZ Schnurren 18.

4 empfindlich, zimperlich, °NB, °OP vereinz.: °*dantschig* Weiden.

5 dumm, einfältig, °OP vereinz.: °*dantschig* Tirschenrth.

6 geschickt, aufgeweckt, flink, °NB mehrf., °OB, °OP vereinz.: °*a dantschigs Madl* „flink wie ein Wiesel“ Polling WM; °*dö stellt si recht dantschi* Schaufling DEG; *a Dantschige* „leichtfüßig und geschickt und jederzeit schnell und unauffällig zur Hand“ SCHILLING Paargauer Wb. 36; *Dös is a langsamö Gänsbauangans … nix für di … kriagn ma scho a Dantschigö!* SCHLICHT Dorftheater 54.– Auch als Interj., in Wiederholung: °*dantschidantschi* „schnell, schnell“ Langquaid ROL.

7 großtuerisch, prahlerisch, vorlaut, °OB, °NB, °OP vielf., °MF, °SCH vereinz.: °*wia dea dantschi duad, dea aublåsane Uhu* Dachau; °*d'Marie is a ganz dantschigs Madl, a richtige Gschaftlhuberin* Wiefelsdf BUL; *grad dantschi rennt's oiwei umananda* Mchn.Stadtanz. 17 (1961) Nr.5,5.– Phras. *sich d. machen* großtun, °OB, °NB, °OP vereinz.: °*mach de net goar so dantschi* Winklarn OVI;– sich auflehnen, aufbegehren: °„der Dienstbote muß entlassen werden, *er macht sich ständig dantschig!*“ Steinhögl BGD.

8: °*dantschig* „unsittlich, von einem Mädchen“ Neustadt.

9 in kleinen Schritten, humpelnd, OB vereinz.: *danschat gẽ* Rieden WS; *da kimmt er* [Rehbock] *a scho ganz dantschi daher, äst schö langsam zum Bichi hin* Altb.Heimatp. 40 (1956) Nr.8,7.

DELLING I,114; SCHMELLER I,527; WESTENRIEDER Gloss. 578; ZAUPSER 21.– WBÖ IV,601. E.F.

Tanz

M. **1** Tanz, Tanzen, °Gesamtgeb. vereinz.: *di bayrischn Tänz: Schottisch, Polka, Hirtenmadl* Neustadt KEH; °*an nächstn Dånz dånzn mia, gell!* Neuhs NEW; *Heads mit eigan … Daunz au* Edelshsn SOB BÖCK Sagen Neuburg-Schrobenhsn 43; *er … kund aber den trettenden Tancz … nicht* 1429 V.D. LATURELL, Volkskultur in München, München 1997, 329; *der den Haanen will gewinnen, der muß den Dantz biß ans End hinaußsetzen* Mchn 1667 BJV 1958,88.– Phras.: †: „die sogenannten *drei Tanz* d.h. drei Extratouren … diese Gelegenheit zum Großthun“ westl.OB LENTNER Bavaria Voralpenld 87.– „Beim *Steyrertanz* ist nur ein einziges Paar … auf dem Plan; ein Locken und Fliehen wird angedeutet“ STEMPLINGER Altbayern 86.– °*Iatz gehts noch an andan Tanz* jetzt werden andere Saiten aufgezogen Metten DEG, ähnlich Deggendf.– †: *An den Tanz gên* „an's Werk, besonders in Kampf und Streit“ SCHMELLER I,611.– *jetzt is da Tanz aus* [jetzt ist Schluß] Altb. Heimatp. 63 (2011) Nr.15,10.– *Das ist der alte T.* u.ä. es ändert sich nichts: °*des is da alte Tanz* Weiden; *Das ist ein Tanz* „es kommt auf das gleiche hinaus“ SCHLAPPINGER Niederbayer II,37; *Mir ist's ain Tanz* „mir ist es gleich“ SCHMELLER ebd.– *Tanz, Kartnspiel und Wein reißn die größten Häuser ein!* KIEM Kreuther Tal 137.– Spruch: *A Hochzeit ohne Tanz, is wie*

a Supp'n ohne Salz Wdmünchn.Heimatbote 20 (1989) 65.
2 Tanzrunde, Abfolge von Tänzen, °OB, NB, OP, MF, SCH vereinz.: *oa Tanz* Friedbg; *dànzal* „Tanzrunde" KILGERT Gloss.Ratisbonense 162.
3 Tanzveranstaltung, OB, NB, °OP, MF, SCH vereinz.: *mia gengan zuan Danz* Dasing FDB; „In der Adventszeit ist kein *Tanzerl* erlaubt gewesen" TREMMEL Bruckschlitten 15; *auff den Kirchtägn, auch bey anndern gemainen feuertäglichen Tänntzn* nach 1553 BREIT Verbrechen u.Strafe 83; *daß sie ... bey denen Tänzen in Wirthshäusern ohne Scheühe sich einfindig gemacht haben* Wdkchn WOS 1782 HARTINGER Ordnungen III,152.– Kinderv.: *s Danzl is aus, iaz gehma nåch Haus* Tann PAN.
4 Musik.– **4a** Musikstück, zu dem getanzt werden kann: *der mit der pfeiffen einn dantz auffmacht* SCHÖNSLEDER Prompt. K5r.– Gstanzl: °*Täträtä is aa-r a Tanz, niat near bloß a Taanzl; unsa Katz hot aa-r an Schwanz, niat near bloß a Schwaanzl* Ambg.– **4b** †Tanzmusik: *Statpfeiffer vnd organisst alhie zaigen durch ain Zetl an. das sy ... 6. vndterschiedtlich mall mit Tanzmachen aufgewart haben* 1584 MHStA Kurbayern Hofkammer Nr.59,fol.194v.– **4c** Dim., Gstanzl, NB vereinz.: *Danzl singa* Mittich GRI; *Dandslsinga* HELM Mda.Bgdn.Ld 50.
5 übertr.– **5a** Getue, viel Aufhebens, Umstände, Trubel, v.a. in der Fügung *einen T. / Tänze machen / aufführen* u.ä. °Gesamtgeb. vielf.: °*geh weida, mach koane Tanz, sag endlich ja* Wettstetten IN; °*Schluß mit dem Tanz!* Simbach EG; °*döi hamda an Tanz afgföiat* Schönwd REH; *Da macht ma koane Tänz* „nicht viel Umstände" Schlehdf WM HuV 15 (1937) 318.– **5b** Ausflucht, Täuschung, °OB, °NB, °OP vereinz.: *da gibts koane Dahntz* „keine Ausrede" Passau; *A was, Annei, mach ma koan Tanz für* Isarwinkel Bayerld 4 (1893) 62.– **5c** Possen, Unfug, °OB, °OP vereinz.: °*den treib i seine Danz aus!* Halfing RO; *Mǫch kõãne Dànzz!* „Sei vernünftig, mache keine Geschichten!" KAPS Welt d.Bauern 44.– **5d** Absonderlichkeit, °OB, °OP vereinz.: °*Danz* „unbillige Extrawünsche, Vorhaben, Ideen, Extravaganzen" Rottendf NAB; *Der hat seine extrigen Tänz* „Eigenheiten" SCHMELLER I,611.– **5e** Streit, Schlägerei, °OB, °NB, °OP vereinz.: °*beim Nachbarn hats gestern an schön Tanz gem* Schönbrunn LA; *an Tånz aafföiha(r)n* „sich laut streiten" BRAUN Gr.Wb. 642.– Reim: °*da Untaki'l* (Unterrock) *und da Owaki'l* (Oberrock), *de ham mitanand an Tanz, sogt da Owaki'l zon Untaki'l: Geh weg, du gstingata Schwanz!* Mchn.

Etym.: Mhd. *tanz* stm., aus afrz. *danse*; KLUGE-SEEBOLD 906.

SCHMELLER I,611.– WBÖ IV,601-625.

Komp.: [**Ab**]**t.** letzter Tanz, Auszug mit Tanz: *von da ganz'n Feier kimmt D' Hauptsach, da „Abtanz" jetzt no'* MAYER Bertlsgad'n 75; *daz ist ... etleichen ain abtantz in di ewigen marter* KONRADvM BdN 521,3f.

[**Achter**]**t.** best. Reigen, °OB (v.a. S) mehrf., °NB, °OP vereinz.: *Achtertanz* „Hochzeitstanz" Ruhpolding TS; *„Achtertanz* ... auch *Tölzer Achter* oder *Isarwinkler Flößertanz* genannt" Altb.Heimatp. 9 (1957) Nr.50,8.– Sachl.: Tanz mit Figuren in Form von Achtern (MB), mit Folgen von acht Tanzschritten (DGF), der mit acht Paaren (RO, ObG 15 (1926) 250), mit sieben Burschen u. einem Mädchen (SOB) getanzt wird.

WBÖ IV,625f.

[**Alm**]**t.**, †[**Alben**]- Tanzveranstaltung, urspr. auf der Alm stattfindend: *Oimdanz* Staudach (Achental) TS; „Der *Almtanz* ... erinnert daran, daß es früher üblich war, am Tag vor dem Abtrieb auf der Alm zu tanzen" AIBLINGER bayer.Leben 125; *„Albentanz*, besonders der auf der *Alben-Wisen*" SCHMELLER I,64; *die gantz ergerlichen abscheichlichen Albm Tänntz* nach 1553 BREIT Verbrechen u.Strafe 83.

SCHMELLER I,64.– WBÖ IV,626f.

[**Auf**]**t.** Eröffnungsreigen: °*an Auftanz* Piesenhsn TS; „Beim *Auftanz* begegnen sich die verschiedenen Paare ... *zu schauen, wer alles da ist*" Altb.Heimatp. 66 (2014) Nr.8,14.

WBÖ IV,628.

[**Lang-aus**]**t.**: *laŋaus-tantz* „bayrischer Langtanz" SCHWEIZER Dießner Wb. 108.– Zu →[*lang*]*aus* 'dass.'.

[**Band**]**t.**, [**Bändlein**]- Bändertanz, °OB, °NB vereinz.: „der Maitanz um den Maibaum beginnt mit dem sogenannten *Bandltanz*" Tittmoning LF; *„Bandl:daunds* ... von Männern und Frauen, die an einem Stab befestigte Bänder ... halten und durch Tanzfiguren ... ineinander verflechten" CHRISTL Aichacher Wb. 80.

WBÖ IV,628f.

[**Bauern**]**t.** Bauerntanz, OB, °NB vereinz.: °*Bauantanz* „Zwiefacher" Grafenau; *Bauantånz* „Volkstanz" BRAUN Gr.Wb. 42.

WBÖ IV,630f.

[Berchten]t. Umzug vermummter springender u. lärmender Gestalten (→*Bercht*) vor dem Dreikönigstag: „*Berchtenlaufen* und *Berchtentanz*" Engedey BGD BRONNER Sitt' 22.

SCHMELLER I,272.– WBÖ IV,631f.

[Besen]t.: *Besntanz* „Hochzeitstanz: ein Mädchen mit einem Besen wählt einen von zwei Tänzern aus, der andere muß mit dem Besen tanzen" Lam KÖZ.

WBÖ IV,633f.

[Bettel]t. 1 Tanz(runde), v.a. bei der Hochzeit.– **1a** Tanz(runde) zum Geldsammeln, °OB, °NB, °OP vereinz.: °*Bettltanz* „anschließend sammelt die Köchin Geld" Eining KEH.– **1b**: °*Bettltanz* „der Brautführer tanzt mit einer Brautjungfer einen Ländler für einen Kuß" O'viechtach.– **1c** Tanz(runde) mit Damenwahl, °OB, °NB, °SCH vereinz.: °*Bettltanz* Ried FDB; „*Betteltanz* im Ampergrund ... zuerst [wählen] die Burschen, dann die Mädchen einen Partner" Bavaria I,380.– **1d** Tanzrunde der unverheirateten jungen Frauen, °OB vereinz.: *Beldånz* „auch *Jungferntanz*, weil er von den Mädchen bezahlt wird" Frsg.– **1e** Tanz(runde) vor der Suppe am Morgen od. vor dem Mahl, °OB vereinz.: °*Bettltanz* „Polka vor dem Mahl" Hzkchn MB.– Auch: °*Bettltanz* „erster Tanz bei der Hochzeit" Ziegelbg RO.– **1f** best. Tanzart, °OB, °OP, °SCH vereinz.: °„*Beddltanz* und *Hennadanz* am Polterabend" Taching LF.– **2** Tanzveranstaltung am Kirchweihmontag, °OB (v.a. W), °SCH mehrf.: °*Beltanz* „die Frauen bezahlen die Zeche, mit ständiger Damenwahl" G'berghfn DAH; „*Betteltanz*, wobei die Weiberleut zum Tanz einladen" OB BzAnthr. 13 (1899) 109; „Am Nachmittag fand der *Bejldanz* statt ... nur Paare wurden zu diesem Ereignis zugelassen" WÖLZMÜLLER Lechrainer 46.

[Pfingstel]t. Tanz, Tanzveranstaltung im Pfingstbrauch: °*Pfingstltanz* „symbolische Vermählung in der Pfingsthochzeit" Kötzting; *einen sogenannten Pfüngstl Danz zugestatten* Neunburg 1717 W. HARTINGER, Volkstanz, Volksmusikanten u. Volksmusikinstrumente der Oberpfalz zur Zeit Herders, Regensburg 1980, 76.– Zu →*Pfingstel* 'Brauchtumsgestalt an Pfingsten'.

[Polster(lein)]t., [Pölsterlein]- Tanzspiel mit einem Kissen, °OB, NB, OP vereinz.: *Boischtadanz* „ein Mann legt einer Frau ein Kissen zu Füßen, darauf knieend küssen sie sich" Tölz; *allerhand Tänz ... zwiefache und abdrahte, Hirtentänz und der Polsterltanz* CHRIST Werke 358 (Mathias Bichler).– Sachl. vgl. ebd., WBÖ IV, 635f.

WBÖ IV,635-637.

[Braut]t., [Bräute]- Ehrentanz von od. mit dem Brautpaar, °OB, °NB, OP, °MF, SCH vereinz.: *Brauddanz* „sofort nach Ankunft im Gasthaus" Landshut; *dea is n Brauttånz schuldö blim* „wenn der Bräutigam nicht tanzen kann" Herrnthann R; „*Brauttanz* ... das Brautpaar, der Brautführer und die Kranzljungfrau, der Hochzeitlader und die Näherin" BRONNER Sitt' 301.

SCHMELLER I,126.– WBÖ IV,638-640.

[Brech(el)]t. Tanzveranstaltung am Ende des Flachsbrechens, OB, NB vereinz.: *Brechidonz* Staudach (Achental) TS; *Brechtanz* MEIER Werke I,20.

WBÖ IV,640f.

[Brezen]t. Tanzveranstaltung der Bäcker um Sebastian (20. Januar): „wo die Innungen ihren Sitz hatten, fand alljährlich ... der sog. *Bretzentanz* statt" TS Dt.Gaue 14 (1913) 146.– Sachl. vgl. ebd.

[Bruck]t. Tanzveranstaltung auf einem Podium im Freien, °OP, °OF vereinz.: °*Brucktanz* Schönwd REH; *Brucktånz* BRAUN Gr.Wb. 642.

†**[Buben]t.** unsittlicher Tanz: *Nachdem ... Bueben-Täntz ... angestelt worden/ wöllen wir/ daß solche ... abgestelt werden* Landr.1616 571.

SCHMELLER I,191f.– WBÖ IV,641f.

[Buckel]t. „*Kirta* ... Bald schwingt sich das junge Volk zum Tanz, der nach dem unebenen Terrain *Buckeltanz* hieß" O'zolling FS Frigisinga 6 (1929) 148.

WBÖ IV,642.

†**[Büschel]t.** öffentliche Tanzveranstaltung der Metzger: „*Büscheltanz* ... von den Blumensträußchen, welche die Metzgerknechte ... von ihren Mädchen erhalten" FENTSCH Bavaria Mchn 237.

WBÖ IV,642.

[Kirch-tag]t. Tanzveranstaltung an Kirchweih, OB, NB, OP, SCH vereinz.: *Kiadadants* Roding; *wenn da Kirta is … do gibts a Kirtagans und aa an Kirtatanz* Grafenau REIMEIER Wetzstoa 81; *'s Deandl beim Kirdatanz* STIELER Ged. 47.– Übertr.: °*da gibts an Kirtatanz* „da gibt es Streit, geht es wild her“ Aidenbach VOF.

WBÖ IV,642f.

[**Tatschen**]**t.** traditionelle Tanzveranstaltung in München: „dieses morgendliche Tanzvergnügen … *Kocherlball* oder – weniger charmant – *Dotschentanz*“ V.D. LATURELL, Volkskultur in München, München 1997, 373.– Sachl. vgl. ebd.– Zu →*Tatsch* od. →*Tatsche* ‘dummer, ungeschickter Mensch’.

[**Dreh**]**t.** Veitstanz: *Draahtanz* Burglengenfd.

[**Drei**]**t.** Runde von drei Tänzen, die ein Paar alleine tanzt, °OP vereinz.: °*Dreitanz* „zugesprochene oder bezahlte Runde, meist ein *Landler*, ein *Bairischer* und ein *Dreher*“ Sulzbach-Rosenbg.

WBÖ IV,644.

[**Drescher**]**t.** Tanzveranstaltung am Ende des Dreschens: *Afd letzt hamds am Stich-Hof an Drescher-Dånz ghoitn* KREUZER Rinchnachmündt 45.

WBÖ IV,645.

[**Ab-drisch**]**t.** dass.: *Odrischdands* HELM Mda. Bgdn.Ld 9.

WBÖ IV,645.

[**Trümmer**]**t.** Tanzveranstaltung im Freien, bei der jeweils ein Paar allein tanzt: *Trümmertanz* „unter der Dorflinde“ NB; „der … noch jetzt in Niederbayern an Kirchweihfesten altherkömmliche *Trümmertanz*“ Zs. für dt. Kulturgesch. 1 (1856) 458.

SCHMELLER I,664.

[**Ehe**]**t.** wie →*[Braut]t.*, OB vereinz.: „beim *Ehtanz* spielen die Musikanten zuerst absichtlich schlecht, damit sie ein Trinkgeld bekommen“ Starnbg; „*Ehtanz*. Der Ehrenvater eröffnet ihn mit der Hochzeiterin“ STA 1861 OA 121 (1997) 111.

WBÖ IV,645f.

[**Ehr(en)**]**t. 1** dass., °OB mehrf., °NB, °OP, SCH vereinz.: *wenns Weisn und Earn umme is, nocha kimmt da Eatanz* Erding; *Ejandanz* „von Brautführer und Braut“ Beilngries; „Der erste *Ehrentanz* steht dem Brautführer zu“ Mühldorfer Nachrichten 14 (1958) Nr.217,4; „Der *Êrtanz* … am Schluß des Hochzeitmahles vom Bräutigam mit der Braut eröffnet“ OB SCHMELLER I,126.– **2** Ehrentanz(runde) allg., °OB, °NB, °OP vereinz.: °*Ehrentanz* „wenn ein Paar oder eine Gruppe allein tanzen dürfen“ Straubing; *ein Ehrentänzl* BUCHER Kinderlehre 62.

SCHMELLER I,126.– WBÖ IV,646-649.

[**Ernte**]**t.** Tanzveranstaltung zum Erntefest, °OB, SCH vereinz.: *Aretdånz* „öffentlich in einer Wirtschaft“ Derching FDB; „Das stille … Mädchen … tanzte mit beim *Ernte-*, *Rüben-* und *Brechtanz*“ MEIER Werke I,20.

SCHMELLER I,146.

[**Extra**]**t. 1** wie →*[Braut]t.*, °OB, °OP, °SCH vereinz.: °*Extradanz* „für die Brautleute allein oder besonders zu ehrende Gäste“ Hohenburg AM.– **2** wie →*[Ehr(en)]t.*2, °OB, °OP, °MF, °SCH vereinz.: °*Extratanz* „muß eigens bezahlt werden, oft Anlaß zu Raufereien“ Gundelshm DON; „am allerwenigsten einen *Extratanz* mit Einem Burschen allein“ H. SCHMID, Das Schwalberl, München 1861, 158.– **3** übertr. bevorzugte Behandlung: *Für die macht ma aa koane Extratanz!* CHRIST Unsere Bayern III,93.

WBÖ IV,649.

[**Ge-vatter**]**t.** Tanz der Paten bei der Hochzeit: „Der erste Tanz… für das Brautpaar … anschließend folgte der *Gfaderdanz*“ WÖLZMÜLLER Lechrainer 61.

[**(Sankt-)Veit(s)**]**t.**, [**Veichtelein**]- **1** wie →*[Dreh]-t.*, OB, MF vielf., Restgeb. mehrf.: *da Feidsdånz is iablö* Mittich GRI; *Veigelätanz* Simmelsdf LAU; *I leid an Veitstanz, Herr Dokta* CHRIST Unsere Bayern III,85; *S. Veitstanz* WESTENRIEDER Gloss. 613.– Übertr. geistiger Defekt, OB vereinz.: *der hot an Veitstanz* Epfenhsn LL.– **2** Drehkrankheit der Schafe, OB, NB, OP vereinz.: *Vaitsdanz* Arrach KÖZ.– **3** übertr. wie →*T.*5a: *Mach koan so an Veitsdanz!* „Mach keinen Zirkus!“ BINDER Bayr. 230.

WESTENRIEDER Gloss. 613.– WBÖ IV,651f.

†[**Firl**]**t.** best. Tanz: *allerlai tänz … lernen … fierltanz und raien* AVENTIN IV,118,17f. (Chron.).– Bestimmungsw. gekürzt aus →*Firlefanz*; DWB III,1672f.

SCHMELLER I,844.

[Fletz]t. Tanz im Fletz, v.a. am Ende der Hochzeit, °OB, °NB, °OP vereinz.: °„wenn unsere Blaskapelle von Haus zu Haus geht, wird im Hausgang der *Flötztanz* getanzt“ Pöcking STA; °*Fletztanz* „letzter Tanz der Hochzeit“ Dingolfing; „die Ehre dieses *Fletztanzes* darf keinem Wirthspaare verweigert werden“ BGD Bavaria I,405; „tanzt ... das junge Ehepaar mit dem Wirt und der Frau Wirtin den *Flötztanz*“ HAGER-HEYN Liab 61.

[Pfannen-flicker]t. Tanz der Spengler (→*[Pfannen]flicker*): °*Pfannenflickertanz* „im Fasching“ Siegsdf TS; „seit längerer Zeit wird in Bad Reichenhall wieder der *Pfannenflickertanz* gezeigt“ SZ 16 (1960) Nr.8,15.

[Vor]t. 1 Polterabend, Tanzveranstaltung dabei, °OB, °NB, °MF, °SCH vereinz.: *da Voadanz* „im Elternhaus der Braut“ K'philippsrt WOS; *Warum kimmst denn net zum Vortanz?* MEIER Werke I,22.– **2** †wohl wie →*[Braut]t.*: *vnbenommen, einem züchtiger weiß einen vortantz zugeben* Neuburg 1606 WÜST Policey 670.

WBÖ IV,653.

[Jung-frau(en)]t., [Jungfern]- wie →*[Bettel]t.*1d, °OB, NB vereinz.: „beim *Jungferntanz* läßt sich jede ihren Lieblingstanz aufspielen“ NB; „der *Jungfrauentanz* ... bei dem die Hochzeiterin und sämtlich anwesende Jungfrauen ... unter sich tanzen“ OB, NB Bayerld 4 (1893) 57.

WBÖ IV,653f.

[Frei]t. 1 Ehrentanz(runde), °OB, °NB, °OP, °SCH vielf., °MF mehrf.: °*Freitanz* „Ehrentanz eines einzelnen Paares oder einer bestimmten Gruppe“ Straubing; °*Freitanz* „Solotanz, den das Paar extra bezahlt“ Laaber PAR.– **2** kostenloser Tanz, kostenlose Tanzrunde, °OB, °NB mehrf., °OP, °MF vereinz.: °„früher wurde nach jedem Tanz gesammelt, beim *Freitanz* nicht“ Griesbach DGF.– **3** öffentliche, meist eintrittsfreie Tanzveranstaltung, °OB, °OP mehrf., °NB, °OF, °MF vereinz.: °*Freitanz* „am Abend nach der Hochzeitsfeier kostenloses Tanzen für nichtgeladene Gäste“ Reichersbeuern TÖL; °*Freitanz* „polizeilich nicht genehmigt“ H'schmiding WOS; *Freitanz* „kostenloser Tanz in den Wirtshäusern (vor allem zu Kirchweih)“ LENTNER Bavaria Almen 277; *die gemain Freytentz in den Tafern ... besuecht* nach 1553 BREIT Verbrechen u.Strafe 84.– **4** wie →*[Braut]t.*, °OB, °NB, OP, °MF, °SCH vereinz.: °*Freitanz* „der erste Tanz der Brautleute“ Neunburg.– **5** wie →*[Bettel]t.*1c, °OB, °OP vereinz.: °*Freitanz* „Tanz mit Damenwahl“ Lenggries TÖL.

WBÖ IV,654f.

†**[Trümmer-gang]t.** wie →*[Trümmer]t.*: „der großartige *Trümmergangtanz* draußen vor dem Dorf auf einer Wiese“ SCHLICHT Bayer.Ld 464.

[Dar-auf-geher]t. öffentliche Tanzveranstaltung am Ende der Hochzeit: „mit ... Brautentführung und abendlichem *Draufgehertanz*“ AIBLINGER bayer.Leben 144.

[Gickelein]t. best. Volkstanz, OB vereinz.: *Gikkaltanz* Burgkchn AÖ; „der *Kikeriki*, der in Oberneukirchen *Gickerltanz* hieß. Zu dem Tanz wurde ... gesungen: *Da Gickerl is auf d' Henn aufgsessn, Kikeriki, oba geht a nimma, der Himmesapperadi*“ Mühlrad 24 (1982) 12.

†**[Gockel]t.** Tanz, bei dem ein Hahn zu gewinnen ist: „*Gockeltanz*, wobei ein ... ausländischer Hahn ausgetanzt wird“ Ingolstädter Wochenbl. 60 (1861) 219.– Phras.: „*Sie machen den Gogkeltanz* ... von zwei sich balgenden Weibspersonen“ OP SCHMELLER I,885.

SCHMELLER, I,885.

[Haar]t. wie →*[Brech(el)]t.*: *Haartanz* „beim Mahl nach dem Brechen“ NB; „Zuguterletzt ... der *Haartanz*, abwechselnd mit lustigen *G'sangln*“ EBE Obb.Heimatbl. 6 (1928) Nr.9 [,2].– Zu →*Haar* 'Flachs'.

WBÖ IV,658.

[Holz-hacker]t. best. Reigen: „*Holzhackertanz*, bei dem die *Madeln* ganz fehlen; allerhand Derbheiten beleben die rhythmischen Bewegungen“ STEMPLINGER Altbayern 86.

WBÖ IV,657f.

[Hahnen]t. 1 best. Tanzveranstaltung: *Hahnentanz* „Tanz am *Saathahnen*, nach der Feldbestellung im Herbst“ Etterzhsn R; „*Hahnentanz* ... Volksbelustigung mit Tanz“ Cham ObG 15 (1926) 250.– Sachl.: „Burschen, denen die Augen verbunden waren, oblag es ... den Hahn zu töten“ ebd.– **2** wie →*[Gockel]t.*: „einen Tanz [im Erntebrauchtum], um einen lebenden Hahn zu gewinnen, den *Hahnentanz*“ FEICHTENBEINER Bauernbr. 56; *sollen alle Hannen-*

und andere unerbare Winckhel Dentz … verbotten sein Hahnbach AM 1559 Hartinger Ordnungen II,564.– **3** †Mahl eine Woche nach Kirchweih: „an der Sulz und Altmühl … *Hahnentanz* … vorzugsweise aus den Resten des Kirchweihmahles … gleichzeitig eine Art Familiengericht, ein Bauernting“ Bavaria II,317.

[**Hasel**]**t.** Girlande, °OB vereinz.: *Håsldånts* „gebunden“ Kochel TÖL; „Mädchen umwanden ihn … mit einer durchgehenden Fichten-Girlande, dem *Haseltanz*“ Ried TÖL Chiemgau-Bl. 2009 Nr.17,4.

[**Hennen**]**t. 1** best. Tanz bei der Hochzeit, OB, NB vereinz.: *Henadans* „damit die Bäuerin mit den Hennen Glück hat“ Höhenstadt PA.– **2** wie →[*Vor*]*t.*1, °sö.OB vielf.: °*Henadånz* Tanzveranstaltung am Polterabend Reit i.W. TS; *werd' ghalt'n a Dahoam da „Hennatanz“* Mayer Bertlsgad'n 77.

WBÖ IV,660.

[**Jung-herren**]**t.** Tanzrunde der unverheirateten Burschen bei der Hochzeit, OB, NB vereinz.: „beim *Jungherrntånz* steht die *Kranzljungfrau* in der Mitte und leuchtet mit einer Kerze“ NB; „Die gewöhnlichen Tänze sind … *Jungfrauentanz, Jungherrentanz* und *Männertanz*“ Kriss Sitte 139.

WBÖ IV,665 (Junker-).

[**Hexen**]**t. 1** †Tanz mit Hexen: *Wie oft der Teifel im Jahr ausser den hexen Tänzen mit ihr vnzucht getrieben* 1487 Der Kelheimer Hexenhammer, bearb. von J. Mundigl, München [1967], 55; *wie der Teuffl jede Hexenpersohn, so das erste mal auf den Hexentanz erschienen aufs Neue getaufft* 1690 VHO 65 (1915) 97.– **2** Trubel, Hexentanz, NB, °OP vereinz.: *„Muckn,* auch *Kinder, fiant an Hexndåns auf“* Mittich GRI.– **3** wie →[*Dreh*]*t.*: *Hexntanz* Veitstanz Burglengenfd.– **4** †: „die … grasfreien, kreisförmigen Streifen auf Wiesen … nach dortiger Volkssprache *Hexentänze*“ OB Zs. für Ethnologie 21 (1889) 352.– **5** †: *Hechsentanz* „Irrlicht“ Schmeller I,1047.

Schmeller I,1047.– WBÖ IV,660f.

†[**Hirten**]**t.**: „am St.-Martin-Tage … gingen dann die Hirten … nach Ilsenbach zum fröhlichen Essen u. Tanze, der ausschließlich der *Hirtentanz* war“ O'wildenau NEW 2.H.19.Jh. Heimatkalender für die Oberpfalz 22 (1998) 139.

WBÖ IV,661.

[**Hühner**]**t.** wie →[*Vor*]*t.*1, °OB vereinz.: °*Hühnertanz* „am letzten Sonntag vor der Hochzeit im Hause der Braut“ Zeiling MÜ; „acht Tage vor der Hochzeit, der *Hühnertanz*, der Tag des Abschiedes der Braut von Freundinnen und Mädchenfreuden“ Chiemgau Altb.Heimatp. 10 (1958) Nr.24,6f.

WBÖ IV,662.

[**Hunger**]**t.** Tanz(runde) vor dem Hochzeitsmahl, °OB mehrf., °NB, OP, °MF, °SCH vereinz.: *da Hungadanz* „der erste Tanz, ein Walzer vor dem Zwölfuhrläuten“ Erding; „Ehe noch das Mahl beginnt, dreht sich schon die ganze Hochzeitsgesellschaft im *Hungertanz*“ Hager-Heyn Liab 48; „Bei der Ankunft im Wirthshaus, beginnt der sogenannte *Hungertanz*“ VIT Hazzi Aufschl. IV,1,263.

Schmeller I,1132.– WBÖ IV,662.

[**Hut**]**t.**[1] Tanz, bei dem ein Hut zu gewinnen ist: *„Huttanz* … beliebter Tanz an den Kirmsen“ ObG 15 (1926) 250.– Sachl. vgl. Bavaria I,997, Schmeller I,1190.

Schmeller I,1190.– WBÖ IV,663f.

†[**Hut**]**t.**[2]: *Huettanz* „Tanz an dem Tage, an welchem mit einem Hirten für den kommenden Sommer ein Vertrag im Wirthshaus geschlossen wird“ Schmeller ebd.

Schmeller I,1190.

[**Jungfern**]**t.** →[*Jung-frau*(*en*)]*t.*

[**Kathrein**]**t.** Tanzveranstaltung um das Fest der hl. Katharina (25. November): °*Kathreintanz* Mchn; „Der *Kathreintanz* war schon immer wahnsinnig beliebt“ G. Ferraro, In München steht ein Hofbräuhaus, München 2016, 109; *Katrei-Tanz* „der letzte Tanztag im Jahre vor dem Advent“ Schmeller I,1309.

Schmeller I,1309.– WBÖ IV,665f.

[**Kerzen**]**t.**, [**Kerzlein**]- Tanz um eine Person, die eine brennende Kerze trägt, °NB vereinz.: °*Kerzntanz umd Kranzljungfrau* Griesbach DGF.

WBÖ IV,666.

[**Holz-knecht**]**t.** wie →[*Holz-hacker*]*t.*: °*Holzknechttanz* „Figurentanz“ Rottach-Egern MB; *Holzknechttanz* Altb.Heimatp. 9 (1957) Nr.50,8.

WBÖ IV,668.

[Kranz]t., **[Kränzlein]- 1** Reigen der Kranzljungfern, z.T. aller Mädchen, bei der Hochzeit, OB, °NB, OP vereinz.: °*Kranzltanz* „unmittelbar nach dem Schenken, nur Brautpaar, Eltern, Geschwister, Kranzljungfern" Fürstenstein PA; „Bei diesem *Kranztanz*, den die Kranzljungfrauen miteinander tanzen, leuchtet der ... Brautführer mit einer Kerze" HAGER-HEYN Liab 60.– **2** (letzter) Hochzeitstanz mit der Abnahme des Brautkranzes u. -schleiers, OB, °OP, OF vereinz.: °*Kranzltanz* „tanzt das Hochzeitspaar vor Mitternacht" Haselbach BUL.

SCHMELLER I,1377.– WBÖ IV,669-671.

[Kraut]t. 1 best. Tanz bei der Hochzeit, °OB, NB, OP, SCH vereinz.: °„wer beim *Krauttanz* keine Tänzerin findet, *der muß das Kraut hüten*" G'berghfn DAH; „wenn das Sauerkraut gegessen war, durften die anderen Gäste zum *Krauddanz* antreten" WÖLZMÜLLER Lechrainer 61.– **2** wie →[*Bettel*]*t*.2: °„am Kirchweihmontag gab es den *Krauttanz*, wohl weil da die Zeit des Krauteinmachens begann" Edelshsn SOB.

WBÖ IV,671.

[Kronen]t. mit Bögen getanzter Reigen, °OB vereinz.: °*Kronentanz* „mit rund gebundenen Girlanden" Arzbach TÖL; „Bei diesen älteren *Kronentänzen* handelte es sich ... um geruhsame Reihentänze" Altb.Heimatp. 9 (1957) Nr.50,8.

[Kuchel]t. Tanz des Küchenpersonals bei der Hochzeit, NB vereinz.: *Kuchldans* „wenn fertig gekocht ist" Höhenstadt PA.

WBÖ IV,673.

†**[Kunkel]t.** Bändertanz mit einem Spinnrocken bei der Hochzeit: *Kunkltanz* Wasserburg; *Kunkeltanz* Lechr. Bavaria I,404.

WBÖ IV,657.

[Ver-laub]t. wie →[*Frei*]*t*.1, °OB vereinz.: °*Verlaubtanz* Schongau; „Auf dem Rekrutenball ... den *Verlaubtanz*, die Ehrenrunde ... nur für die Rekruten" HAGER-HEYN Dorf 283.

[Drisch-lege]t. wie →[*Drescher*]*t*.: *Drischlegtanz* „Tanz am Ende der Drescharbeit" Spr.Rupertiwinkel 24.– Zu →[*Drisch*]*lege* 'Mahl am Ende des Dreschens'.

[Mai(en)]t. Maitanz, °OB, OP, °SCH vereinz.: *Moadånz* Derching FDB; *An Suntta draf is da Maydanz, sinst um an Maybam, aitz in Wirthshaus* Bärnau TIR SCHÖNWERTH Leseb. 133.

WBÖ IV,679.

[Kuchel-menscher]t. wie →[*Kuchel*]*t*.: „ist das Mahl beendet, dann ist der *Kuchlmenschatanz*" sö.OB.– Zu →[*Kuchel*]*mensch* 'Köchin'.

[Fas-nacht(s)]t. Tanzveranstaltung im Fasching, °OP vereinz.: °*Fosnttanz* „am Sonntag beim Dorfwirt" Kchnthumbach ESB; *vaschnacht tancz* Indersdf DAH 15.Jh. Clm 7755, fol.230[v].

SCHMELLER I,764.– WBÖ IV,680.

[Neger]t. scherzh. moderner Tanz, OB, NB, OP, MF vereinz.: *Negadans* „Spottausdruck" Hallbergmoos FS.

†**[Neidhart]t.** best. Tanz in der Tradition Neidharts von Reuental: *It. den knappen daselbs* [Eichstätt] *mit dem Neidhart tantz, ex jussu dñ i gld Rh xl dn* 1475 MHStA Fürstensachen 1340,fol.35[v].

[Rauh-nudel]t. Tanz in einer Rauhnacht, um Schmalznudeln zu bekommen: „*Rauhnudeltanz* ... Da ziehen Maskierte von Haus zu Haus" um Wdkchn WOS AIBLINGER bayer.Leben 72.

[Spinn-rädlein]t. best. Tanz, bei dem sich die Tänzerin im Kreis dreht, OB, NB vereinz.: *Spinnradltanz* „das Mädchen dreht sich, den Zeigefinger des Burschen haltend, im Kreis" Burghsn AÖ; „Außer den ... Schuhplattlertänzen (u. a. ... *der Spinnradltanz* ...)" QUERI Kraftbayr. 163.

WBÖ IV,681.

†**[Reif(lein)]t.** Schäfflertanz: „der sogenannte *Schäfflertanz*, an anderen Orten auch *Binder-* und *Reifleintanz* geheißen" LENTNER Bavaria Almen 135; *raiffDantz* SCHÖNSLEDER Prompt. K5[r].

SCHMELLER II,64f.– WBÖ IV,682-686.

[Sau]t. 1 best. Reigen, OB, NB vereinz.: „beim *Sautanz* klatscht man in die Hände" Traunstein; „der *Sautanz*, bei dem Männlein und Weiblein entgegengesetzt im Kreise marschieren" BERGMAIER Ruhpolding 239.– **2** †: *Sautanz* „Mahl, wobey meist Schweinefleisch aufgetragen wird" SCHMELLER I,611.

SCHMELLER I,611.– WBÖ IV,689f.

[Schäffler]t. wie →*[Reif(lein)]t.*, °OB, °NB, °OP vereinz.: °*Schäfflertanz* „alle sieben Jahre nach Münchner Vorbild“ Pleinting VOF; *Koan Lohengrin und koan Schafflertanz!* KREIS Münchner 139; „Der *Schäflertanz* wird alle 3 oder 7 Jahre gehalten“ Mchn HAZZI Aufschl. III,342; *das die gesöllen ... den Schäfflertanz (wi es von alters her gebreichig gewesen) miteinander halten* Mchn 1702 G. KAPFHAMMER u.a., Der Münchner Schäfflertanz, München 1976, 18.– Sachl. vgl. ebd.

SCHMELLER II,376f.

†**[Schar]t.** bezahlte Tanzrunde für best. Paare: „An die Stelle der *Schartänze* sind *Extratouren* getreten“ LENTNER Bavaria Voralpenld 50.– Sachl. vgl. SCHMELLER II,443.

WBÖ IV,690.

[Schleier]t. wie →*[Kranz]t.*2: °*Schleiertanz* „das Mädchen, das dabei den Schleier erhält, wird die nächste Braut“ Neusorg KEM.

[Schlenkel]t. Tanzveranstaltung um Mariä Lichtmeß, wann die Dienstboten den Dienst wechseln (→*schlenkeln*): *Schlenkltanz und a gweichts Liacht* MM 7.2.1996[, 20]; *hat sich vndter dem Schlinggltanz mit etlichmal ausgossnen Gottslössterungen verlauthen lassen* 1638 Stadtarch. Rosenheim PRO 582,fol.15v.

[Schluß]t. 1 letzter Tanz der Hochzeit, NB, SCH vereinz.: „den *Schlußtanz* muß der Wirt mit der Hochzeiterin im Hausgang tanzen“ Derching FDB.– **2** †Tanzveranstaltung bei der Hochzeitsnachfeier: „Darnach geht man ins Wirtshaus zum *Schlußtanz*“ Roding SCHÖNWERTH Opf. I,112.

WBÖ IV,693.

†**[Schnecken]t.** wie →*T.*5c: „Possen, Schwänke. *Mach mir kaine Schnèckə˜tänz!*“ SCHMELLER II, 567.

SCHMELLER II,567.

[Holz-schuh]t. Kinderspiel mit Holzschuhen: *Holzschuhtanz* Altenthann R Oberpfalz 63 (1975) 255.

[Schürzlein]t.: *Schürzltanz* „von zwei Mädchen und vier Burschen; die zwei Burschen, die sich am schnellsten eine Küchenschürze umbinden, tanzen mit den Mädchen, die anderen miteinander“ Lam KÖZ.

[Schuster]t. best. Volkstanz, OB, NB, SCH vereinz.: *Schuaschdrdånz* Derching FDB; „*Schustertanz* ... bei welchem die Tanzenden anfangs viermal langsam vorschreiten und sich darauf in schnellem Tempo rückwärts bewegen. Sodann folgt ein flotter Dreher“ Hallertau ObG 15 (1926) 248.

WBÖ IV,693f.

[Schwert(er)]t. von Männern mit Schwertern getanzter Reigen: *Schwertertanz* „Fasenachtsbrauch“ Berchtesgaden; „Der schönste Osterritt, verbunden mit einem *Schwertertanz*, spielt sich in Traunstein ab“ FEICHTENBEINER Bauernbr. 37; „der *Schwertertanz* der Waffenschmiede ... unter künstlichen Schwingungen und taktmäßigem Klirren mit den Schwertern“ LENTNER Bavaria Almen 140; *den jungen gesellen so zu vaßnachtszeiten den Swerttantz uffen Hauß getantzt zu vertrinkhen geben 2ß 3dn* Weiden 1526 Altb.Heimatp. 52 (2000) Nr.10,21.– Sachl. vgl. SEPP Brunnensprung 16-21.

SCHMELLER II,648.– WBÖ IV,695-702.

[Solo]t. Tanz eines einzigen Paares, OB, OP vereinz.: *Solotanz 3 Mark* Döllnitz VOH; „Der *Siebensprung* ... war *Solotanz* (ein Paar)“ ObG 15 (1926) 250.

WBÖ IV,704f.

[Span]t. Tanz auf Spänen bei der Hochzeit: *Spåhtanz* „nach der Hochzeit zu Hause“ Altmannstein RID; „wirft die Mutter der Braut eine Hand voll Späne mitten auf den Stubenboden hin und da wird dann darauf herumgetanzt ... der sogen. *Spantanz*“ BRONNER Sitt’ 301.

WBÖ IV,705.

[Spiri]t. Dim., Kinderkreisel, °OP (R, ROD) mehrf.: °*Schbiaritanzl* Schillertswiesen ROD; *Sbiridanzal* Lambertsneukchn R DWA I,26.– Wohl mit volksetym. Anlehnung an →*[Spiri]-fänkelein* ‘Teufel’.

[Suppen]t. Tanz(runde) bei der Hochzeit vor od. nach dem Auftragen der (Morgen-)Suppe od. des Mahls, °OB vereinz.: °der *Suppentanz* findet in der Früh vor der Hochzeit statt“ Rottau TS; *Suppen-tanz* „gleich nach dem Eintritt ins Wirthshaus und vor dem Auftragen der Suppe“ SCHMELLER II,319.

SCHMELLER II,319.– WBÖ IV,708.

[Watschen]t. Schuhplattler, bei dem sich die Tänzer im Takt zum Schein watschen: *Watschn-*

tanz Hzkchn MB; „Sie schnalzen … und jodeln und machen *Watschentanz* – direkt zum Erbarmen“ LACHNER Bayr. 40.

WBÖ IV,708f.

[**Weiber**]**t.** Tanz der verheirateten Frauen bei der Hochzeit, °OB, NB vereinz.: *Weibatånz* „verheiratete Frauen tanzen unter sich, dabei leuchtet der Prokurator“ NB; „das Signal zum *Weibertanz* … ein Hieb auf die jungen Burschen“ KRISS Sitte 139.

WBÖ IV,709.

[**Kirch-weih**]**t.** wie →[*Kirch-tag*]*t.*, °OP mehrf., MF vereinz.: °*Kirwatanz aufn Plotz* Aicha SUL; „mit dem *Kirwatanz* um den *Kirwabaum* die *Kirwa* eröffnet“ SAD Oberpfalz 65 (1977) 281; *nun ein Kirchweyh … tänzl* BUCHER Kinderlehre 62.

WBÖ IV,709.

[**Winkel**]**t.** unerlaubte private Tanzunterhaltung: *Winkeltänz im Hoangartn* Hfkchn VOF; *daz aus söllichen winkhltänzen sich allerley leichtverttigkait … zutragen* Sachrang RO 1558 PEETZ Volkswiss.Stud. 372f.

WBÖ IV,710f.

[**Buben-witzel**]**t.**, [**Fam-**]- Tanz um die Weihnachtskrippe in der Kirche: *Famwitzltanz* NB; *Pommwitzel-Tanz* Wunsiedel Arch. für Bayreuthische Gesch. u. Alterthumskunde Bd I,2 Bayreuth 1828, 90.– Zweites Glied des Bestimmungsw. wohl Spielform von →*fetzeln* ‘mit einer Gerte u.ä. leichte Streiche austeilen’; vgl. L. KRAUSSOLD, Gesch. der evangelischen Kirche im ehem. Fürstenthum Bayreuth, Erlangen 1860, 12.

[**Zehnerlein**]**t.**: °*Zehnerltanz* „die Musikanten unterbrechen ihr Spiel und sammeln Geld, meist gibt man ein Zehnerl“ Obing TS.

[**Hoch-zeit(s)**]**t. 1** wie →[*Braut*]*t.*, OB, NB, OP vereinz.: *Hoazatdanz* „erste Tanzrunde, von den Brautleuten allein getanzt“ Gallenbach AIC.– **2** Tanzveranstaltung bei der Hochzeit, OB, NB, OP vereinz.: *da Håudzettoanz* Naabdemenrth NEW; *Daß zu den HochzeitTäntzen das vngeladne Bawrsvolck nit zulauffen sol* Landr.1616 566.– **3** Musikstück, das bei der Hochzeit gespielt wird: *Håugsadsdanz* Beilngries.

WBÖ IV,712f. E.F.

Danze, Gabeldeichsel, →*Änze*[1].

tänzeln

Vb., tänzeln, OB, NB, OP vereinz.: *tänzln* „sich leicht beschwingt herumbewegen“ Mchn; *danzln* Gangart der Pferde Mittich GRI.

WBÖ IV,714. E.F.

tanzen

Vb. **1** tanzen, einen Tanz ausführen, °NB, °OP, °MF vielf., °Restgeb. mehrf.: *jeaz muas i schaugn, daß i d Hochzaidarin ge zdånzn griag* Ettal GAP; *a tanzatö Hochzeit* „Hochzeit mit Tanz“ O'nzell WEG; *kumm, tanz ma-r-oin!* Stadlern OVI; *Was mir heit danzn, des woiß ich no net* Thalhsn AIC SZ Dachau 58 (2002) Nr.164,R4; *von tanzen und von singen* Kaiserchr. 82,182; *daß die knecht … pfeyffen, tanzen oder unbeschaidlich singen* Indersdf DAH 1493 BJV 1993,10; *sich unter solchen Zeiten des Spillens, Tanzens und andere Übermueths enthalten* Beratzhsn PAR 1780 HARTINGER Ordnungen II,459.– Phras.: *sich (an)stellen wie die Kuh / der Ochs / Bär / Hund / Elefant zum / beim T.* u.ä. sich ungeschickt anstellen, °OB, °NB, °OP vielf., °SCH mehrf., OF, °MF vereinz.: °*dea schtellt si å wia a Ox zum Frasädanzn* „Française“ Moosach EBE; °*der stellt si wia d'Peterskuah zum Tanzn* Fürstenstein PA; *du stellst di ja so dumm, wöi d'Kouh zum Tanzn* Ambg; *Deà schdejd se ã wià k Kuà zon Danzzn* KAPS Welt d.Bauern 84;– °*de stellt si an wia a alte Kuah, wenn sie schlecht tanzt* Ried FDB;– °*man lernt leichter an Bärn s Tanzn als dir s Holzhacken* Eckersmühlen SC, ähnlich °OB vereinz.– *Dera kummts wia da-r-ditn Kuu s Tånzn* „sie hat sonderbare Einfälle“ Fürstenfeldbruck.– *Den hob i richtig tanzn lassn* „zum Narren gehalten“ Tyrlaching LF.– †: *Herzog Dieth lies sich liederlich* [leicht] *überreden (dan wer gern tanzt dem ist guet zu pfeifen* [wer etwas gern tut, ist leicht dazu zu bewegen]*)* AVENTIN V,11,27f. (Chron.), ähnlich Baier.Sprw. II,201.– Schnaderhüpfel: *såkst ålawail vom Dantsn, vom Dantsn en Bet, du narischa Bua, en Bet dantst ma net* Bruck ROD.
2 übertr. sich wie im Tanz bewegen, °OB, NB, °SCH vereinz.: *s tanzet Troad* „wogendes Kornfeld“ Chieming TS; *voa dö Aung auf und a tanz'n* „flimmern“ Simbach PAN; *Soviel als Mucken in der Sunnen tanzen* STEMPLINGER Ovid 34.

Etym.: Mhd. *tanzen*, aus afrz. *danser*; PFEIFER Et. Wb. 1412.

SCHMELLER I,611.– WBÖ IV,714-723.

Abl.: *tänzeln, Tänzer(er), Tanzerei, Tänzerin, tänzerisch, tanzern, Tanzet(s), tänzig.*

Komp.: [**ab**]**t. 1** durch Tanzen abringen: *mit der Hochzeiterin a Schar* [Runde] *tanzn und ihr das Kranzl abtanzn* Tölz.– **2**: *ootånz'n* „ohne Gruß fortgehen (abziehen)" BRAUN Gr.Wb. 444.– Übertr. sterben: *Mei Bruada … hat gar nix gsuffa und is mit 53 Jahr scho abtanzt* WEISS Mchn 84.

WBÖ IV,723-725.

[**an**]**t. 1**: °*ebban oudantsn* „beim allgemeinen Tanz absichtlich anrempeln" Garmisch.– **2** in Phras. *den (Mai-)Baum a.* um den Maibaum tanzen: °*der Maibaum wird odanzt* Wolfratshsn; „das *Baumantanzen* … im ganzen nordgauischen Sprachgebiete" LASSLEBEN Heimatzauber 48.– **3** durch Tanzen beginnen lassen: *d Ejh atanzn* „Bräutigam mit weinender Braut" Nabburg.– **4** herbeikommen, erscheinen: *oa(n'tånzt komma* „überraschend erscheinen" BRAUN Gr.Wb. 444.

WBÖ IV,725.

[**aus**]**t. 1** unausgesetzt tanzen, in heutiger Mda. nur in Phras.: „Das sogen. *Austanzen* der Mädchen mußte … 1846 vom Landgericht Rosenheim aus Gesundheitsrücksichten verboten werden" OB Bavaria I,381.– Phras.: °*d'Houzad asdanzn* „bei der Hochzeit bis zum Schluß tanzen" Schwandf.– **2** †zu Ende tanzen: *nach dem man das liedlein hat außgedantzt* SCHÖNSLEDER Prompt. K5r.– **3** in Phras. *den (Kirchweih-)Baum a.* um den Kirchweihbaum tanzen: °*vüll Spaß beim Baum-Ausdanzn* Nittendf R; „*Schnodahüpflmelodie*, wie sie auch auf den *Kirwan* zum *Baumaustanzen* gesungen wird" Etzelwang SUL Heimatkalender für die Oberpfalz 22 (1998) 64.– **4** um einen Preis, Gewinn tanzen: *Kränzl asdånzn* „bei der Hochzeit" Leupoldsdf WUN; „Für die Dirnen wird häufig ein Halstuch … *ausgetanzt*" OP Bavaria II,317; *Bey der Hochzeit wird ein Goggelhaan außgedantzt* Mchn 1667 BJV 1958,88.– **5** durch Tanzen verabschieden: „dann *wird die Braut ausgetanzt* … aus dem elterlichen Haus … unter Musik und Böllerschüssen … ins Hochzeitsdorf geleitet" STOLL Leben 20f.– **6** †durch Tanzen verletzen: *einn fueß außDantzt* „crus fregit saltando" SCHÖNSLEDER ebd.

WBÖ IV,726f.

[**aushin**]**t.** wie →[*aus*]*t.*5: *d Braut aussitanzn* „der Wirt tanzt mit der Braut durchs Vorhaus bis zur Haustür" Tittling PA; *dann hob i … gfrogt … obs recht g'ehrt und obs guad aussidanzt worn is* Altb.Heimatp. 54 (2002) Nr.48,25.

WBÖ IV,728.

[**durch**]**t.** durch Tanzen die Sohle beschädigen: *Durchtanzt seynds meine Schuh, daß ich auf den Socken hupfe* BUCHER Jagdlust 63.

WBÖ IV,727.

[**ein**]**t. 1** wie →[*an*]*t.*3: *d Braut tanzt an Ehstand ei* Wasserburg; *Der Fasching mou' richti' ajtanzt wer'n* SIEBZEHNRIEBL Grenzwaldheimat 189.– **2** †sich in eine Gruppe Tanzender einreihen: *einDantzen* „intercedere saltantibus" SCHÖNSLEDER Prompt. K5r.

Mehrfachkomp.: [**hin-ein**]**t.** in eine Falle tappen: *So, jetzt san mir richtig neitanzt* VALENTIN Werke III,111.

†[**er**]**t.** durch Tanzen erringen, gewinnen: *Die pischof, pfaffen … wolten den hanen ertanzen* AVENTIN IV,814,13-15 (Chron.).

[**ver**]**t. 1** mit Tanzvergnügen durchbringen, vergeuden: *all mei Göld ho i vatanzt!* Sulzbach-Rosenbg Wirtshauslieder Opf. 208; *Swer sîne zît … vertanzet* BERTHOLDvR I,20,5.– **2** mit Trauertanz verabschieden: „daß ihm [dem Toten] auch gar nichts mehr fehle, wurde er … noch mit einem Trauertanz *vertanzt*" HAGER-HEYN Liab 146.

†[**Hammel**]**t.** N., Tanz um den →[*Kirch-weih*]*baum*, bei dem ein Tier zu gewinnen ist: „oben war eine Pistole … Bey welchem Paare … der Schuß sich entlud, das bekam einen … Hammel oder einen Hasen oder eine Gans. Dieses hieß *Hammeltanzen*" SCHÖNWERTH Leseb. 153.

[**nach**]**t.**: °*nåchtanzn* weitertanzen, nachdem die Hochzeitsgäste gegangen sind Viechtach.

WBÖ IV,729.

[**seil**]**t.** seiltanzen, OB, NB, OP vereinz.: *såldanzn* Fürnrd SUL.– Phras.: °*der stellt si o wia dö Kuah zum Seiltanzn!* „umständlich und dumm" Rosenhm, ähnlich °M.

WBÖ IV,729f.

[**zuher**]**t.** wie →[*an*]*t.*4: °*wos dantst do fr oa zuara?* „was kommt denn da für einer daher?" Garmisch. E.F.

Tänzer(er), -a-
M. **1** Mann, der tanzt, Gesamtgeb. vielf.: *a schneidiga Dentsa* Kochel TÖL; *a guater Dånzer* Klinglbach BOG; *guata Danzara* Ursulapoppenricht AM; *Coraula ... tanzâre* Aldersbach VOF 12.Jh. StSG. III,140,25; *Bist dû ein tanzer oder ein turneiesman* BERTHOLDvR I,240,6f.; *als er der aller pest tanczer wár* 1456/1467 HARTLIEB Dial. 292,10.
2 Tanzpartner: °*Maila wenns* [ihr] *koin Danza kröigts, gäihts ham und legts enk* [euch] *nieda* Weiden; *Aba naa, mein Tanza herleicha, dös konn i heit net toa* GREINSBERGER Liederb. [28].

Etym.: Ahd. *tanzâri*, mhd. *tanzer*, *-e-* stm., Abl. von →*tanzen*; WBÖ IV,730.

WBÖ IV,730f.

Komp.: [**Bären**]**t.** Kinderkreisel, NB, °OP vereinz.: °*Beandånza* Heinrichskchn OVI; *Bärntanzer* Haidmühle WOS DWA I,K.31.

WBÖ IV,731.

[**Ehr(en)**]**t.** Tänzer eines Ehrentanzes: *Eahdenza* Kochel TÖL; „dort kauften *Ehrtänzer* und *Ehrtänzerin* sich gegenseitig kleine Geschenke ein" Tutzing STA ZVkde 4 (1933) 252.

[**Veits**]**t.**: „die [an Rinderwahn] erkrankten Kühe ... die *Veitstänzer*" OB MM 12./13.4.2001, 5.

[**Vor**]**t.** Vortänzer, Anführer eines Gemeinschaftstanzes: „Voran der *Vortänzer*, springen die Burschen im gleichmäßigen Rhythmus durch die Straßen" Werdenfels FEICHTENBEINER Bauernbr. 15; *vorDantzer* „præsultor" SCHÖNSLEDER Prompt. K5ʳ.

WBÖ IV,732.

[**Seil**]**t.** Seiltänzer, OB, NB, OP, SCH vereinz.: *Såldanza* Fürnrd SUL; *Sååltanza* BRAUN Gr. Wb. 517.

WBÖ IV,733.

[**Um**]**t.** Tänzer im Faschingsbrauch: „Der *Umtänzer* geht während dieses Springens ... prüfend um seine Gruppe herum" Werdenfels FEICHTENBEINER Bauernbr. 17. E.F.

Tanzerei
F. **1** Tanzen: *Du woaßt doch, dass i mit der Tanzerei gar nix am Huat hab!* Altb.Heimatp. 66 (2014) Nr.10,14.
2 Tanzveranstaltung, OB, NB vereinz.: *Tåntsarai* Tanzunterhaltung Fürstenfeldbruck; *die ze turneien varnt und tanzerîe* BERTHOLDvR II, 143,26f.

Etym.: Mhd. *tanzerîe* stf., Abl. von →*tanzen*; WBÖ IV,733.

WBÖ IV,733. E.F.

Tänzerin
F., Tänzerin: *Pfî, tenzer unde tenzerinne!* BERTHOLDvR I,223,38; *sich ... des vmbschwingens ... der mayd/ oder tantzerin ... gentzlich enthalten* Der Churfürstlichen Stat Amberg Gesatzb., Amberg 1554, XXVI.

Etym.: Mhd. *tenzerinne* stf., Abl. von →*tanzen*; vgl. WBÖ IV,733.

WBÖ IV,733.

Komp.: [**Bettel**]**t.** Mädchen, das am →[*Bettel*]*tanz*,Bed.2 teilnimmt: „Die ledigen Burschen hatten ... wochenlang vorher nach einer geeigneten *Bejldänzerin* ausgeschaut" WÖLZMÜLLER Lechrainer 46.

[**Drähtlein**]**t.** Marionette, in Phras.: *wöi a Dräi(t)ltaanzere* „beschreibt man eine theatralisch auftretende Frauensperon" SINGER Arzbg. Wb. 53. E.F.

†tänzerisch
Adj., zum Tanzen aufgelegt: *es ist mir jetzt nicht ... tanzerisch* SCHMELLER Mda. 409.

WBÖ IV,734. E.F.

†tanzern
Vb., unpers.: *„es ... tanzert mich* ... ich habe Lust ... zu tanzen" SCHMELLER Mda. 409. E.F.

Tanzet(s)
N., Tanzveranstaltung, °OB, °OP vereinz.: °*kimmst zum Owawirdd, do håms a Dånzads* Ebersbg; °*a Tanzat* Cham.

WBÖ IV,714. E.F.

tänzig
Adj. **1**: °*danze* „selbstgefällig tänzelnd" Garching AÖ.
2 temperamentvoll: *Im Fasching soll ma' dö junga Ochs'n ei'spanna, da wer'n s' tanzi, frisch* SIEBZEHNRIEBL Grenzwaldheimat 290.

WBÖ IV,734. E.F.

Tape
F. **1** Tierpfote: °*Dopa* Peiting SOG; *Tåup·m* „Pfote“ mittl.Altmühl DMA (FROMMANN) 7 (1877) 391.
2 †: *Taupm* „verächtlich: Fuß oder Hand“ OP SCHMELLER I,613.
3 Finger: *tǫpə* Ludenhsn LL SBS XI,484.

Etym.: Mhd. *tâpe* swf., onomat.; KLUGE-SEEBOLD 907 (Tappe).

SCHMELLER I,613.– WBÖ IV,735.

Abl.: *tapen*. J.D.

tapen
Vb.: „sich im Dunkeln vorsichtig vorwärtsbewegen ... *taopm*“ Harthsn FDB nach SBS II, 450.

WBÖ IV,735. J.D.

Tapet
N., Tapet, in Phras.: *aufs T. bringen / kommen* u.ä. zur Sprache bringen / kommen: °*waart nea, des kummt scha nu aafs Daabet* Windischeschenbach NEW; *Dåu håust wieda(r woos Schäins af's Tåppeet bråächt* BRAUN Gr.Wb. 643.– *Oan aufs Tapett nehma* „zur Rede stellen“ Passau.

Etym.: Aus lat. *tapetum* ‘Teppich’, Phras. z.T. frz. Lehnübers.; PFEIFER Et.Wb. 1412.

WBÖ IV,735f. J.D.

†Tapeterei, Tapezerei
F., (Wand-)Teppich, Tapetenwerk: *ain küniglichen stuel mit künstlich gewürckter tapezerey bedeckt* SCHAIDENREISSER Odyssea 14,9f.; *Summa dieser zwelf stuckh tapeterey unnd der 3 töbich* Lichtenbg LL 1603 SbMchn 1910, 5.Abhandlung 21 (Inv.).

Etym.: Aus it. *tapezzeria*; Fremdwb. V,60.

WBÖ IV,736.

Komp.: †[**Klag**]**t.** wohl Wandteppich od. Tapetenwerk für einen Trauerfall: *16 stuckh von schwartzem* [sic] ... *clag dapetzerei* Lichtenbg LL 1603 SbMchn ebd. 6 (Inv.). J.D.

Tapezier(er)
M. **1** Handwerker, der Wände tapeziert u. verkleidet, OB, NB vereinz.: *an Dabizia mocht da Mola* Staudach (Achental) TS; „*Tapezierer* ... Ein ... Bundesgesetz ... 1965 zwingt den Bayern ... ‘Raumausstatter’ auf“ BEKH Richtiges Bayer. 87; „der *Tapezierer* Schmied“ Polling WM 1748/1749 Heimatpfleger des Bezirks Oberbayern, Reihe A, H.3, Schongau 1954, 5 (Rechnung).
2 Polsterer, °OB, NB vereinz.: *Tapezierer* „polstert Matratzen“ Passau; *Tapezierer* „Handwerker, der Polstermöbel überzieht“ [4]ZEHETNER Bair.Dt. 344.

WBÖ IV,736f. J.D.

tapezieren
Vb. **1** Wände tapezieren, OB, NB, OP vereinz.: *dabadsian* Floß NEW.
2: *tapezieren* „Polstermöbel mit Stoff überziehen“ [4]ZEHETNER Bair.Dt. 344.

Etym.: Aus it. *tapezzare*; Fremdwb. V,59.

WBÖ IV,736.

Abl.: *Tapezier(er)*.

Komp.: [**auf**]**t.** aufschreiben, notieren: *der Schandarm ... hat mih auftapliziert und ... zum Richter hingführt* QUERI Kriegsb. 100.

[**aus**]**t.** **1** wie →*t.*1, OB, NB, OP vereinz.: *ausdaabatsirn* Kochel TÖL.– **2**: °*austabuziern* ausschmücken Fronau ROD.

WBÖ IV,736. J.D.

Tapfer, Abdruck, Schlag, →*Tapper(er)*.

tapfer
Adj., Adv. **1** mutig, kühn, beherzt, °OB, °NB, °MF vereinz.: °*sich tapfer haltn* „in einer schwierigen Sache“ Julbach PAN; *Is koa dapferner gwen in derselbigen Zeit* QUERI Kolumbus [7]; *Der Sach nam er sich dapffer an* Gesangbg. 161.
2 †angesehen, ehrbar: *Dy rot rur regiret ... sturben tapffer leut hie daran* Rgbg 1532 Chron.dt. St. XV,121,14f.
3 †gewichtig, wichtig, bedeutend: *Grauido taphriu* Tegernsee MB 10./11.Jh. StSG. II,270, 70; *der kön. Maj*[estät] ... *zu der sie ihre tapfere Botschaft ordnen wollten* Landshut 1503 BLH XIV,89.
4 †beträchtlich, ansehnlich: *Wo aber solches Fueßholz ain tapfere Anzal wär* Reichenhall 1509 LORI Bergr. 135.
5 †gedrungen, fest: *Div průstel ... schůllend an den iuncfrawen chlain sein vnd tapfer* KONRADvM BdN 48,16f.

6 gut gewachsen, gebaut (vom Vieh), °OB, °OP, °SCH vereinz.: °*des isch a tapfers Kiala* O'ammergau GAP.– Als F. Kuhname °OB vereinz.

7 †in hohem Maße, sehr: *da het I zessen vnd ztrünckhen … vnd gäb mir dapfer gelt derzue* Landshut um 1650 Jb.Schmellerges. 2012, 35, 105f.

Etym.: Ahd., mhd. *tapfer*, germ. Wort unklarer Herkunft; KLUGE-SEEBOLD 907.

SCHMELLER I,614.– WBÖ IV,737f. J.D.

Tapp

M. **1** meist Dim., von Menschen.– **1a** dummer, ungeschickter Mensch, °OB, °NB, °OP mehrf., °OF, MF vereinz.: °*a rechta Dapp* Degerndf RO; °*an Nachbarn sei Bua is a Tapperl* Innernzell GRA; *Du bist a ă Dapperl, Du höitst ja niat schöi* BAUERNFEIND Nordopf. 171.– **1b** allzu gutmütiger Mensch, OB, NB, OP, MF vereinz.: *a gouda Dåpp* Pommelsbrunn HEB.

2 Dim., leichter Schlag, Ohrfeige: °*dös is a Tappl* „leichter Schlag" Lindenloh BUL; *dapai* Unterer Bay.Wald nach KOLLMER II,322.

3: °*Tapp* „Murks" Gangkfn EG.

4: *Dabberl* schwere, beim Reden unbehilfliche Zunge Irl R.

5 best. Korb, in heutiger Mda. nur im Komp.: *Der Tapp* „runder Korb aus Weidenruthen, Breitschienenkorb" SCHMELLER I,613.

Etym.: Onomat., vgl. österr. Interj. *tapp* (WBÖ IV,740). Dim. auch zu →*Täppel* od. →*Tapper(er)* möglich.

DELLING I,114; SCHMELLER I,612f.– WBÖ IV,739f.

Abl.: *Täppel, täppelhaft, täppeln, Tappen*[1], *tappen, Tapper(er), Tapperling, täpperln, tappern, Tapp(e)s, Tappian, täppicht, täppisch, Täppler, täpplicht, Täppling, Tapsch, tapsen, Tapser.*

Komp.: [**Bären**]**t.** Keulenbärlapp (Lycopodium clavatum): *Beantap* Fürstenfeldbruck.

[**Didel**]**t.**, [**Dudel**]-, [**Dodel**]-, [**Dill**]- **1** wie →*T.*1a, °OB, °NB, °OP vereinz.: °*dea Duitapp* Ü'acker FFB; °*Dolldapp* Blossersbg VIT; *Dilldapp!* „Trottel" MM 30.4./1./2.5.1999, J2; *einer Schwester … die … als ein Ditap veracht und verlacht wird* SELHAMER Tuba Rustica II,111.– **2** wie →*T.*5, °OB vereinz.: °*Dulldapp* „Korb aus Weidegeflecht" Perlach M; *Didldapp* „ein kleiner weiter Korb" STA 1861 OA 121 (1997) 142; *II Stückh Syb vnd Reyttern geflickht … Endtlich für 3 diltappen ieden .15. Kr.* Schleißhm M 1661 MHStA Rechnungen Grau 5207, fol.224[r].– **3** †: *Der Dideltapp* „Gefäß, in welches die Milch zum Rahmen gegossen wird" Schrobenhsn SCHMELLER I,613.

DELLING I,124; PRASCH 25; SCHMELLER I,490, 499f., 612f.; ZAUPSER 21.– WBÖ IV,740.

[**Hans**]**t.** wohl wie →*T.*1a: *Hansdap* Sulzbach.

[**Narren**]**t.** wie →*T.*2: °*Noandappl* Etzenricht NEW. J.D.

Tapp-einhin

M.: *du heiliga Tap-einö! was hani denn wieda angstejt!* „ruft man einen angeblich für Dummheit zuständigen Heiligen an" Passau.

Etym.: Satzwort zu →*[einhin]tappen*. J.D.

Täppel, -a-

M. **1** dummer, ungeschickter Mensch, °OB, NB, °OP vereinz.: *Dappi* Arnstorf EG; *Dappl* „Dummkopf" Wb.Krün 11.– „Spruch: *Da Dabbe mid sein Kabbe*" ILMBERGER Fibel 40.– °*Dan* (daß) *döi dumm Dabbl des deia Dischdouch duachdoaln* „Stabreim der Kinder" Kchnthumbach ESB.

2 allzu gutmütiger Mensch, °OP vereinz.: *Dapl* Neusteinrth KEM.

3: °*Dappl* „Mensch, der schwerfällig geht" Haselbach BUL.

WBÖ IV,742f. J.D.

Täppeler, Stein in einem Spiel, →*Täppler*.

täppelhaft

Adj.: *tappelhafte Zung* „aus dem Mund hängende Zunge, etwa bei einem Blödsinnigen" Partenkchn GAP. J.D.

täppeln, -a-, -b-

Vb. **1** Gliedmaßen in kleinen Bewegungen od. ungeschickt bewegen.– **1a** in eig. Bed.: *tappln* „die Glieder spielerisch, unbeholfen bewegen" Wasserburg; *táppln* „von wiederholten kleinen Bewegungen der Hände und Füße" SCHMELLER I,613.– **1b**: „jdn. mit dem Finger leise anstupfen … *dapön*" Germannsdf WEG SNiB II,300.– **1c** unsicher, unbeholfen gehen, °OB, °NB mehrf., °Restgeb. vereinz.: °*dappln* Pörnbach

PAF; °*dappln* „schlecht dahergehen" Eckersmühlen SC.– **1d** trippeln, °OB, °OP vereinz.: °*dappln* „kurze Schritte machen" Bruckbg FS; *Öd Schui ... do hama amö* [immer] *scho a Stund dabbön deafa* KERSCHER Waldlerleben 81.– **1e** hüpfen: °*dappln* „im Spiel von einem Häuschen ins andere hüpfen" Schönbrunn LA.– **1f** unbeholfen schwimmen: °*dappln* „ohne bestimmten Stil" Mintraching R; *dawln, dáwln* „wie ein Hund schwimmen" ANGRÜNER Abbach 24.
2 ein Wurfspiel spielen.– **2a**: °*dappln* „Kieselsteine auf dem Wasserspiegel hüpfen lassen" Regen.– **2b**: °*dappln* „mit Steinchen, Kieseln auf eine Art Daube werfen" Ihrlerstein KEH.– **2c** (Steine) hochwerfen u. wieder auffangen, °NB, °OP, °SCH vereinz.: °„beim *Dappln* wurden etwa fünf Steine hochgeworfen und mit dem Handrücken aufgefangen; wer verfehlte, schied aus" Gundelshm DON; *Staə˜tápp·ln* „von 5 auf den Boden hingeworfenen Steinen ... einen in die Höhe schnellen ... [die] am Boden liegenden [nacheinander] ... in die Hand fassen, mit welcher nun auch der emporgeschnellte ... wieder aufgefangen wird" Mchn SCHMELLER I,613.– **2d**: °*Dappen* „Ball fangen" N'höcking LAN.
3 reden.– **3a** undeutlich od. schwer verständlich reden, °OB, °NB, °OP, °MF vereinz.: °*wia dea dabbed, da vaschdehschd kam a Wartl* Dachau.– **3b**: °*dappln* „stottern" Rettenbach WS.– **3c** Unsinn reden, °OB vereinz.: °*der dapplt* Kay LF.

SCHMELLER I,613; WESTENRIEDER Gloss. 558; ZAUPSER Nachl. 47.– WBÖ IV,743-745.

Komp.: [**an**]**t.**: *ådappln* „tätscheln" Passau.
WBÖ IV,745.

[**ver**]**t. 1** †: „Eine Sache *və'táppln*, sie in unordentlicher Geschäftigkeit verlegen" SCHMELLER I,613.– **2**: °*den Huaba hot er vadabblt* „verhöhnt" Partenkchn GAP.
SCHMELLER I,613.– WBÖ IV,745.

[**da-her**]**t. 1** unsicher od. schleppend gehen.– **1a** wie →*t.*1c, °OB mehrf., °Restgeb. vereinz.: °*der dappöt daher wia a Bsufana* Metten DEG.– **1b** schleppend gehen, °OB, °MF, °SCH vereinz.: °*wia der daherdäppit* Schrobenhsn.– **1c** wie →*t.*1d: *dea dappld daher* O'diendf PA.– **2** wie →*t.*3a: °*was dapplt denn der wieder daher* Gangkfn EG.
WBÖ IV,745.

[**hin**]**t.**: *a bißl hidappön afs Gsicht* „aufs Gesicht hintappen, leicht ohrfeigen" Haidmühle WOS.
WBÖ IV,745.

[**über**]**t.** betrügen, übervorteilen, °OB, °NB vereinz.: °*laß di net überdappln!* Dingolfing.
WBÖ IV,745f. J.D.

Tappen[1], **Tappe**
M. **1** †: „ein Schlag, Streich, eine Ohrfeige ... *Da hast dein Dappen*" DELLING I,114.
2: „Körperfehler, Verletzung ... *Sich n Dappm huln*" SINGER Arzbg.Wb. 49.– Phras.: *Zaran Dappm kinnt ma äijara wöi zara Paar Braoutwirscht* ebd.
3 Körperteil.– **3a**: °*tua deine Tåppn weg!* „Finger" Autenzell SOB.– **3b** abwertend Hand: °*dea wead da so Dåpn ham!* Dachau.– **3c** Tierpfote: °*Dåpn* ebd.; *tapa* nach MOSER Staudengeb. 63.
4 Abdruck von Fuß od. Tierpfote: °*Dåbm* Bittenbrunn ND; *dåpm* Pl. „Sp[ur] im Schnee" Herrsching STA nach SBS XI,484.
5 Hausschuh, Pantoffel, (alter) Schuh, °OP mehrf., NB, °OF, MF vereinz.: °*laff niat allawal strumpfas* (in Strümpfen) *umanana, zöich die Dabbn å!* Weiden; *der Schouhputzraum. Daou sen aa die Tappm dringstandn* SCHEMM Internist 11.
6 auch F., best. Korb, °OB vereinz.: °*die Tappm* „Spankorb" Fürstenfeldbruck.

Etym.: Abl. von →*Tapp*, vgl. WBÖ IV,740.– Bed.3c auch zu mhd. *tâpe* (→*Tape*) möglich; Frühnhd.Wb. V,169.
WBÖ IV,739f., 746.

Komp.: [**Bären**]**t.** Keulenbärlapp (Lycopodium clavatum), °OB, °NB, °OP vereinz.: °*Bärntåpn* Mallersdf.

[**Didel**]**t.**, [**Dudel**]-, [**Dill**]- **1** dummer, ungeschickter Mensch, °OB, SCH vereinz.: *Düldåpm* „ungeschickte Mädchen" Derching FDB.– **2** auch F., wie →*T.*6, °OB, °SCH vereinz.: *Duidappn* „ziemlich flacher Korb" Schrobenhsn; *Duidappen* „flache aus Weidenruten oder Stroh geflochtene große Schüssel" [veralt.] CHRISTL Aichacher Wb. 98.
WBÖ IV,740.

[**Filz**]**t.** Filzpantoffel, OB, NB, OP vereinz.: *da Filzdappm* Hessenrth KEM.

[**Flecken**]**t.**, [**Fleck(e)lein**]- Hausschuh, Pantoffel aus Stoffstreifen, °OP vereinz.: °*Fleckerldåppm* Gunzendf ESB.

[**Katz(en)**]**t.** **1** Katzenpfote: °*a Katzdåpm, a Hundsdåpm* Dachau.– **2** Pfln.– **2a** Wundklee (Anthyllis Vulneraria), °OB, °NB, °OP vereinz.: °*Katzndapm* Kelhm.– **2b** wohl Gänserich (Potentilla anserina): °*Katzntappn* „gelbe Blüten, am Boden dahinwuchernd“ Anzing EBE.

[**Stroh**]**t.**: °*Schdroadappm* „Hausschuhe aus handgedroschenem, geflochtenem Stroh“ Kchndemenrth NEW. J.D.

Tappen[2]

M., Anteil, Vorteil: *er hat sein Tappm* Naabdemenrth NEW; *Der vo'stêit si' áf sei˜n Tappm* Bay.Wald SCHMELLER I,613.

Etym.: Wohl aus frz. *étape* 'militärische Verpflegung, Versorgung'; SCHMELLER ebd.

DELLING I,114; SCHMELLER I,613. J.D.

tappen

Vb. **1** gehen.– **1a** sich tastend vorwärtsbewegen, OB, NB, °OP vereinz.: *dappm* „unbeholfen mit Händen den Weg suchen“ Passau; *dabbn* „tolpatschiges, orientierungsloses Gehen“ FRIEDEL Grenzgedanken 48.– **1b** unsicher, unbeholfen gehen, °OB, °NB, OP, SCH vereinz.: °*dappm* Kohlgrub GAP; *dåpm* „unsicher, ungeschickt gehen“ nach KOLLMER II,82.– **1c** schwerfällig, schleppend gehen, °OB, OP vereinz.: *tappn* Gosseltshsn PAF; *dabbn* „schlurfend gehen“ KONRAD nördl.Opf. 8.– **1d** hinken: *dabbm* „von Kühen“ Friedbg.– **1e** trippeln: *tappa* Altendf ESB; *dapə* Kissing FDB nach SBS II,150.– **1f** (abwertend) gehen, laufen, °OB, °OP vereinz.: °*da schau her, tåpt dös Hundsviech durch den ganzn Hausflur* Inzell TS; „Menschen … die breitspurig über den Bürgersteig *tappten*“ RUEDERER Satiren 41.

2 treten, auftreten, °OB, °NB, °OP vereinz.: °*tappn* „hörbar auftreten (von der Katze)“ Kchndemenrth NEW; *dappa/-m* „auf etw. treten“ KILGERT Gloss.Ratisbonense 162.– Phras.: °*ich höia di scha tappn* „ich weiß schon, was du willst“ Selb.

3 nach etwas greifen, anfassen.– **3a** (unsicher) nach etwas greifen, °OB, NB, OP vereinz.: *as Kind dapt* „langt ungeschickt nach etwas“ Sulzbach; *gleich … nach dem Weyhbrunkriegl tapt* BUCHER Charfreytagsprocession 139.– Übertr.: °„beim Skat sagt der, der sich entschließt, ein Spiel anzusagen: *i tapp*“ Mchn.– **3b** berühren, betasten, plump anfassen, °OB, °NB, °OP vereinz.: °*tua die Bratzn weg, muaßt oiwei wos z dappn hom?* Reichersbeuern TÖL; *dappen* „berühren“ GÖTTLER Dachauerisch 21.– †Übertr. sich plump, ungeschickt benehmen: *Hàst scho˜ widə' 'tappt!?* SCHMELLER I, 612.

4 (eine Henne) begatten: °*dåpm* Weilhm; *tapə* Peiting SOG SBS XI,402.

5: °„eine Wunde *tappt*, pocht vor Schmerz“ Frauenau REG.

PRASCH 25; SCHMELLER I,612.– WBÖ IV,746-748.

Komp.: [**an**]**t.** wie →*t.*3b, °OB, °NB mehrf., °Restgeb. vereinz.: °*muaßt jetz du des ganze Obst otappn!* O'stimm IN; *dös Adappn mitn Fingan hanö dick* Hengersbg DEG; *odappn* „Frauen erotisch berühren“ POELT-PEUKER Wb.Pöcking 11.– Auch: °*antappn* „beim Tarock die drei zusätzlich ausgelegten Karten anschauen“ Bayrischzell MB.

DELLING I,25.– WBÖ IV,749.

[**aus**]**t.** über den Strang treten (von Zugtieren), °OB vereinz.: °„das Zugtier *hot austappat*“ Burggen SOG.

[**der**]**t.**, [**er**]**-** **1** zu fassen, greifen bekommen, OB, NB vereinz.: *eps dardapm* Mittich GRI; *an Peter hat oaner beim Mantel dertappt* vor 1807 SCHMIDKUNZ Bauernballaden 20; *der däp … än yueten zuckheten Pengl* [Holzprügel mit Zakken] Landshut um 1650 Jb.Schmellerges. 2012, 39,48.– Übertr.: *laf, damitsd an Seng dadappst* „noch vor dem Segen in der Kirche eintriffst“ Traunstein.– **2** erwischen.– **2a** ertappen, OB, °NB, OP vereinz.: *aaf frischn Fouß dadåpm* Kohlbg NEW; *dadabbt* „bei verbotenem Tun“ ILMBERGER Fibel 39; *sy heten Jne … allain das Ainmall erdapt* 1595 Stadtarch. Rosenheim PRO 139, 27.– **2b** †ergreifen, fangen: *wan sie Rauber Ihne meinen Sohn … erdapt* Wutzmühle CHA 1714 Oberpfalz 94 (2006) 228.– **3** befallen: *kürzli … da hats halt da Bauchweh dadappt* Ruhpolding TS KIEM obb.Volksl. 395.– **4** wie →*t.*3b, °OB, °NB, °MF vereinz.: °*dadabb dös net su!* Dollnstein EIH.

WBÖ IV,749f.

[**didel**]**t.**: °*dilldappn* „einen Dummen zu irgendeinem Unsinn verleiten“ Perchting STA.

[**ein**]**t.** **1** hineingehen: *aiⁿdapm* Mittich GRI; *eidabbn* KONRAD nördl.Opf. 8.– **2** (in Wasser, Schmutz) hineintreten: *in Dreck aitapm* Aicha PA; *ei) 'n'tåpp'm* BRAUN Gr.Wb. 643.– **3** herein-

fallen, getäuscht, betrogen werden, NB, °OP vereinz.: °*ejdappn* Rottendf NAB; *eidabbn* KONRAD ebd.

WBÖ IV,750.

Mehrfachkomp.: **[hin-ein]t. 1** wie →[*ein*]*t*.2, °OB, °OP vereinz.: °*muaßt jetzt da mittn neitappn!* Wettstetten IN; *nei:dab:bm* CHRISTL Aichacher Wb. 251.– Übertr. „in ein Fettnäpfchen treten" ebd.– **2** wie →[*ein*]*t*.3, OB vereinz.: *neitappn* „durch Unachtsamkeit in etwas hineinkommen" Mchn; „Anna *tappte* mit einem Schenkkellner *hinein*" AMERY Dortmals 15.

WBÖ IV,750.

[einhin]t. 1 wie→[*ein*]*t*.2, °NB, OP vereinz.: °*einetappt* „in Dreck hineingetreten" Passau.– **2** wie →[*ein*]*t*.3, OB, °NB, OP vereinz.: *er dapt eine* „fällt einem Schwindler zum Opfer" Sulzbach; *das nöt i einödapp* SCHLICHT Dorftheater 53.– **3** hineingeraten: *Wo bin i denn bloß einetappt?* EHBAUER Faust 152.– Phras.: *der is guat einitappt* „hat eine gute Partie gemacht" Rimsting RO.– **4**: *einedapm* „mit den Händen in etwas greifen, etwa im Finstern in einen Milchtopf" Sulzbach.

WBÖ IV,752.

[ver]t. 1 refl., einen Fehler machen, OB, NB, °OP vereinz.: °*öz hobi mi vertappt* „beim Kartenspiel einen Fehlgriff gemacht" Fronau ROD.– **2** †: *Du vertappst àbə' dó' àlls* „verunschickst alles, lässest die beste Gelegenheit vorübergehn" M'nwd GAP SCHMELLER I,612.

SCHMELLER I,612.– WBÖ IV,751.

[hin]t. 1 hingreifen, hinfassen, °OB, °NB vereinz.: °*tapp net überall hi!* Simbach EG.– **2** einen Schlag versetzen: *der hat hindabbt* Eurasburg FDB.

WBÖ IV,751f.

[nacht]t. einen Klaps vor dem Schlafengehen geben, °NB vereinz.: °*nåchtdåppn* „von Kindern" Aigenstadl WOS.

[da-neben]t. wie →[*ver*]*t*.1, °OB, °NB vereinz.: °*da hanö hoid wiedara möi danömdabbd* Grafenau; *Üwaroi, wo oana danemdapp'n hot kenna, hot a danemdappt* BAUER gut bayer. 168.

WBÖ IV,753.

[über]t. wie →[*aus*]*t*.: °*überdappn* aus dem Strang tappen Pöcking STA.

[umher]t., [ümher]- 1 (planlos) herumgehen: °*muaß a denn allaweil ummadappa und d'Leit störn* Ambg; *ümadappm* SINGER Arzbg.Wb. 49.– **2** †herumtasten: *ä Piebl, das gfiel mir … wies ummä Dapt än hölzln* [an Tasten der Orgel] Stubenbg PAN 1796 PH. LENGLACHNER, Gesänger B. II, München 2014, 135.

WBÖ IV,751.

[zu]t. 1: *zuadappm* „dahintrotten" Mchn.– **2**: *zuadappm* „zulangen, nach etwas greifen" ebd.– Übertr.: *der muaß natürli überall zuadappm* „sich ungeschickt an einer Handlung beteiligen" ebd.

WBÖ IV,753. J.D.

Tapper(er), -b-, -pf-

M. **1** tappende Bewegung, Griff: °*Tapper* „Greifen nach etwas" Steinhögl BGD; *und hat um dritthalm Batzn Oar aufn Dappa in da Hand* Wegscheid TÖL KIEM obb.Volksl. 138.– Übertr.: Fehlgriff, Fehler, v.a. im Kartenspiel, °Gesamtgeb. vereinz.: °*Mensch, howi dou an Tapper gmacht* Speinshart ESB;– Phras.: °*falscher Tapper* „Ausspielen einer ungünstigen Karte" Malching GRI.– Glücksfall, Treffer beim Kartenspiel, in Phras.: °*guter Tapper* „Ausspielen einer passenden Karte" ebd.– °*Tapper* „verbotenes Zeichen, z.B. beim Watten" ebd.

2 oft Dim., (leichte) Ohrfeige, (leichter) Schlag mit der Hand, °OB, °NB, °OP vielf., °Restgeb. vereinz.: °*i geb da glei a Tapperl* Jachenau TÖL; °*a Dawerl* Zell REG; *Um was wett'n mir, Sixl, daß i' dir net a Tapperl gib* MEIER Werke I,430 (Natternkrone).– Auch kosende Berührung des Gesichts, OB, NB vereinz.: *Dabba* Partenkchn GAP.

3 Schritt, Tritt: *a Tappa* O'audf RO; *mit a paar Tapperer is er wieder aus der Haustür naus* DITTRICH Kinder 127.

4 Körperteil.– **4a** (abwertend) Finger, OB, NB, OP, °MF, SCH vereinz.: °*geh weg mit deini Dapper!* „schmutzigen Fingern" Meckenhsn HIP; *Dapper* GÖTTLER Dachauerisch 21.– **4b** (abwertend) Hand u./od. Fuß, °OB, °NB, °OP, SCH vereinz.: *dritta dea mit sane Dapara af* Beratzhsn PAR; *du muasch die Dabbar eed iwarol hom* „nicht überall hineinlangen" Derching FDB; „die Füße … *Tapa*" NIEDERMAIR Glonn 272.– **4c** Hundepfote, °OB, °NB vereinz.: °*Dabba* Neufraunhfn VIB.

5 Abdruck von Hand, Finger, Fuß od. Tierpfote, °Gesamtgeb. vielf.: °*im Schnee san lauta*

frische Dappa Wettstetten IN; *üitz hob i an Tapper einegmacht* „einen Fettfleck mit dem Finger" Kchndemenrth NEW; *Solang da Bod'n feicht is, siegt'gst an jeden Dappa!* Hartpenning MB Dorfschreiberb. 65.
6 Hausschuh, Pantoffel, (schlechter od. übergroßer) Schuh, °OB mehrf., °NB, °OP, °MF vereinz.: °*geh tua ma schnell meine Tapper her* „Pantoffel" Ziegelbg RO; °*der tragt mit seine Tapper an Haufa Dreck ins Haus* Rgbg; *Tapă* „der Hausschuh" FEDERHOLZNER Wb.ndb. Mda. 220.
7: °*Dapper* „Topflappen" Riedering RO.
8 best. Korb, °OB vereinz.: °*da Dappa* „eiserner, geflochtener Korb" Dachau.– Auch: °*der Tapper* „Fanggerät zum Fischen, einem übergestülpten Korb ähnlich" Kay LF.
9 Talon, Kartenstock, °OB mehrf., °NB vereinz.: °*tua an Tappa aussi!* N'bergkchn MÜ; *t'apər* Pollenfd EIH WEBER Eichstätt 63.
10: *Tapperl* „Zielphase beim *Wascheln*, einem Spiel mit Steinen, von Mädchen gespielt [wohl Himmel u. Hölle]" Hiltersrd ROD.
11 von männlichen Personen.– **11a** jmd, der unsicher od. schwerfällig geht: *ea is a Dabba* Rechtmehring WS; *Dåppa* „einer der schlecht auf den Füßen ist" SOJER Ruhpoldinger Mda. 9.– **11b** ungeschickter od. langsamer Mensch, °NB, °OP vereinz.: °*Tapper* „einer, der beim Kartenspielen nicht vorausschauend ist" Falkenbg TIR; *Dāwara* „langsamer Mensch" RASP Bgdn.Mda. 42.– **11c** Mensch mit übergroßen Füßen: *Dapper* Hohenpolding ED.– **11d** Mann, der Frauen unsittlich anfaßt, °OB, NB, °OP vereinz.: °*dua deine Brazzl weg, oida Dabber!* Weildf LF; *Tappara* RINGSEIS 275.

Ltg, Formen: *dåpa*(*ra*), vereinz. *-ā̆w-* (BGD), *dapr* (LL, WM), *dåbva* (WUG), vgl. PFEIFER Et.Wb. 1413 (tappen).– Dim. *dåpal*, vereinz. *dapal*(*a*) (AIC, RO, TS), *dāwal* (REG), *dępal*(*a*) (LL, SOG; HIP), *dåpfal* (WM; GRI, VOF).

SCHMELLER I,612f.– WBÖ IV,754f.

Komp.: [**Bären**]**t.** **1** übergroßer Fuß: °*Bärndåpa* Tandern AIC.– **2**: °*Bärndåpa* „übergroße Holzschuhe, Schuhe" ebd.– **3** wie →*T.*11c: *Bärndaper* Gelting EBE.– **4** Pfln.– **4a** Keulenbärlapp (Lycopodium clavatum), °OB vereinz.: °*Bärntapa* Rottach-Egern MB.– **4b** Bärenklau (Heracleum sphondylium): °*Bärntapa* Zustorf ED.

[**Filz**]**t.** Filzpantoffel, °OB, NB vereinz.: *Faötztapper* Bischofsmais REG; *Und im Haus Filztapperln tragen* CHRIST Werke 453 (Mathias Bichler).

[**Finger**]**t.** Fingerabdruck, °OB, °NB, °OP vereinz.: °*a Fingadappa in da Fensterscheibn* Hohenpeißenbg SOG.

[**Fleckelein**]**t.** Hausschuh, Pantoffel aus Stoffstreifen, °NB, °OP vereinz.: °*Fleckerldåppa* Kelhm.

[**Fuchs**]**t.** Fuchsspur, °OP vereinz.: °*schau her, dou siaht ma Fuxtapper* Kchndemenrth NEW.

[**Fuß**]**t.** Fußabdruck, °OB, °NB, °OP vereinz.: °*a Fuaßdapper* Garmisch.

[**Haus**]**t.** Hausschuh, OB, NB, °OP, °MF, SCH vereinz.: °*Haustappa* „früher aus Stroh, später aus Stoff, Filz" Dietfurt RID.

[**Hennen**]**t.**: *Hennâ:dâbbâ* „Schritt, den eine Henne macht" CHRISTL Aichacher Wb. 151.– Auch „Maß beim Kinderspiel ... es mußte Fuß vor Fuß gesetzt werden" ebd.

[**Hunds**]**t.** **1**: °*Hundsdappa* „Hundepfote" Fischbachau MB.– **2** Abdruck der Hundepfote, °OB vielf., °NB, °OP mehrf., °Restgeb. vereinz.: °*in da Flez is alls voi Hundstappa* Schaufling DEG; °*i den Sand siaht ma d Hundsdabba nu* Kchnthumbach ESB.– **3** Schwimmart eines Hundes: °*da Dackl macht an Hundsdappara* Grafrath FFB; *wia a junger Hund, der im Wasser an Hundstapperer macht* VALENTIN Werke I, 53.– **4** Schwimmart wie die eines Hundes, °OB, °SCH vielf., °NB mehrf., °Restgeb. vereinz.: °*i komm mitm Hundsdappa zrecht* Kreuth MB; °*mid de Hend und Fäiß schlong, des is da Hundsdappa* Winklarn OVI; *Allwei no an Hundsdapperer ... ?* MM 2./3.12. 2000, J2.– Auch Kraulen, °OB vereinz.: °„der Kraulstil heißt bei uns *Hundsdappa*" Frasdf RO.– **5**: °*Hundstapperl* „Herrengamasche" Barbing R.

[**Katzen**]**t.** **1** Katzenpfote, OB vereinz.: *Khazadabbar* Wessobrunn WM.– **2** Abdruck der Katzenpfote, °OB, °OP, °MF vereinz.: °*Katzadabba* Regelsbach SC.– **3** Wundklee (Anthyllis Vulneraria), °OB, °NB vereinz.: °*Katzntaperl* Malching GRI; „im Kindermund ... *Katzatappa* ... Wundklee" Schwabsoien SOG Dt.Gaue 42 (1950) 90.

[**Krebs**]**t.**: °*Krebsdapperl* Gerät zum Krebsfangen N'nkchn EG.

[**Liebes**]**t.**: °*a Liabstapperl* „zärtlicher Schlag" Malching GRI.

[**Links**]**t.**: °*Linkstapper* Linkshänder Weilhm.

[**Moos**]**t. 1** wie →[*Bären*]*t*.1, °OB, °SCH vereinz.: °*Moosdappa* Rinnenthal FDB.– **2** wie →*T*.11c, OB, °SCH vereinz.: *Moostappara* Egenhfn FFB.– **3** Bewohner einer Moorgegend, in Ortsneckereien: „die Rotter [LL] sind die *Moostapper*" Reichling SOG.– „In Surberg [TS] sind die *Surberger Moostapper* daheim" HAGER-HEYN Dorf 306.– „die Leizachtaler spotten über die Feilnbacher [AIB] als *Moostapper*" STEMPLINGER Altbayern 145.

[**Nach**]**t.**: *Nachdabba* langweiliger Mensch Ingolstadt.

[**Nacht**]**t.** meist Dim., Klaps vor dem Schlafengehen, °NB vereinz.: °„*a Nachttaperl* geben sich die Kinder, wenn sie abends auseinandergehen" Breitenbg WEG.

[**Narren**]**t. 1**: *a Nårndapal göm* „einen kleinen Schlag" Mittich GRI.– **2**: °*a Narrntapperl* „Schlag, der leicht gemeint, aber stärker geraten ist" Straubing.

[**Stirn**]**t.** wohl Schnippen an die Stirn: *Stirndapferl* Penzbg WM. J.D.

Tapperdidel

M.: *dapadīl* „jemand der sich dumm anstellt" nach SCHWEIZER Dießner Wb. 198.

Etym.: Umbildung von →[*Didel*]*tapp* 'dass.'. J.D.

Tapperling

M. **1** (abwertend) Hand od. Fuß, NB vereinz.: *der hata Tappalöng ugfurmtö* „deformierte Hände" Tann PAN.

2: *Tapperling* Hausschuh Kienbg TS.

3: *Dapperling* dummer Mensch Margarethenrd FS.

WBÖ IV,756. J.D.

täpperln

Vb. **1** †: *táppə-ln* „von wiederholten kleinen Bewegungen der Hände und Füße" SCHMELLER I,613.

2 †wohl Steine hochwerfen u. wieder auffangen, Spiel: *dáppəln* Dinzling CHA BM I,75.– Sachl. s. *täppeln*,Bed.2c.

3: *dapaln* „leicht klopfen, einen leichten Schlag versetzen" Unterer Bay.Wald nach KOLLMER II, 322.

4 auf best. Art gehen.– **4a**: *dapaln* „leichtfüßig gehen, laufen" Unterer Bay.Wald nach ebd.– **4b** unsicher, unbeholfen gehen, °NB, °OP vereinz.: °*dapperln* Bayerbach GRI.– **4c** trippeln, °NB, °OP vereinz.: *dabberln* Dietldf BUL.

SCHMELLER I,613.

Komp.: [**klein**]**t.** Part.Prät.: *a Kloadapperlter* Mensch mit zu kleinen Händen Dietersburg PAN.

†[**umher**]**t.** herumtätscheln: *dèr táppə-lt nicks àls à˜ dé Weibətn ummə*' SCHMELLER I,613.

SCHMELLER I,613. J.D.

tappern, -b-

Vb. **1**: °*dappan* „ungeschickt gehen" Tandern AIC.

2: °*dabern* „herumtasten" Ramsau BGD.

WBÖ IV,756f.

Komp.: [**um-ein-ander**]**t.**: *dö Kloa dapat schå recht sche umananda* die Gliedmaßen bewegen Mittich GRI.

[**der**]**t.**: *dadáwan* „zerknüllen, übel zurichten" HELM Mda.Bgdn.Ld 47. J.D.

Tapp(e)s

M. **1** von Menschen.– **1a** dummer, ungeschickter Mensch, OB, NB vereinz.: *Daps* Grafenau; *Tapps* SCHMELLER I,612.– **1b**: *a goutwilliga Dabbas* einer, der sich alles gefallen läßt Hessenrth KEM.

2 †: „Rausch ... *er hat schon sein Daps*" DELLING I,115.

DELLING I,115; SCHMELLER I,612f.– WBÖ IV,758. J.D.

Tappian

M., dummer Mensch, OB, NB vereinz.: *bist a rechta Dabböan* Simbach PAN. J.D.

täppicht, -ig, -a-

Adj. **1** dumm, töricht, geistesgestört.– **1a** dumm, ungeschickt, °Gesamtgeb. vielf.: *dea is da Dabbigischd* Taubenbg MB; °*i hab dappate Finger* Langquaid ROL; °*wenn ma old wiad, wiad ma dappad* Kchnthumbach ESB; *Dann is halt* *der grad so dappet wie du* VALENTIN Werke III,147; *Tappicht, tappet* „der unbesonnen zugreift“ NICOLAI Reise VI,103.– Phras.: *dappi wirst als wia-r-a Kind* STEMPLINGER Horaz 35;– *dappiger als wie a Postler* Mchn.Stadtanz. 17 (1961) Nr.46,5;– *dappat wia-r-a junga Hund* Ingolstadt, ähnlich PA.– Spruch beim Dreschen mit der Drischel: *weilst halt so dappert bist!* „wenn sechs dreschen“ Pfrombach FS.– **1b** töricht, albern: *ausgrechnet dea, mit seina dappign Fragerei* BILLER Garchinger Gsch. 26.– **1c**: *tappert* „übertrieben gutmütig“ Kareth R.– **1d** überempfindlich: *dappi* Grafing EBE.– **1e** eingebildet, überspannt, OB vereinz.: *soidn dappi* Egenhfn FFB.– **1f** geistesgestört, verrückt, °OB mehrf., °NB, °OP vereinz.: *der is dappi, den hot's* Walkertshfn DAH; °*mit der Rechnung werd i no ganz dappi* Malching GRI; *I glaab … bei eich … in da Firma hams … de Dappign alle zammgfangt!* BINDER Saggradi 37.– Übertr. über das erträgliche Maß hinaus, °OB, °NB, °OP vereinz.: °*dabbe oawatn deafaz de* Garching AÖ; *dou kennd i mi dabberd essn* MAAS Nürnbg.Wb. 95.

2 unverschämt, grob, OB, NB vereinz.: *dappö* rabiat Dfbach PA; *Er hods … dabbi … ogredt* O'arnbach SOB BÖCK Neuburg-Schrobenhsn 133.

3 furchtsam: *dappiger Has* Mchn.

4 von best. körperlichen Zustand.– **4a** benommen, betäubt, schwindlig, °OB, NB, OP vereinz.: *ganz dappe bin i woarn* Gartelsrd AIC; *dạpi šlong* „betäuben, besonders ein Schwein vor dem Abstechen mit Schlägen auf das Hirn“ nach LECHNER Rohling 171.– Phras.: *t. schlagen / hauen* heimlich auf die Seite schaffen, stehlen, °OB mehrf., °NB, °MF vereinz.: °*i moan oiweil, du host dös dappi ghaut* Mammendf FFB.– °*Des hab i eahm dappi gschlang* „unterschlagen“ Taching LF.– *Über d'Ohrn ghaut, dappe ghaut* „betrogen“ U'schleißhm M.– **4b** an Drehkrankheit leidend, nw.OB, SCH (FDB) mehrf.: *die Pfinzdakaiblan* [am Donnerstag geborene Kälber] *wern meist dappi* Paar FDB; „*dappi* ist ein Rind, das mit dem Gehirnblasenwurm behaftet ist“ STA 1861 OA 121 (1997) 151.

5 verblüfft, verlegen.– **5a** verblüfft, erstaunt, NB vereinz.: *der schaut ganz dapat* Außernzell DEG.– **5b**: *dappig* verlegen Perlesrt WOS.

6 verzwickt, unangenehm, unerfreulich, °OB vielf., °NB, °OP vereinz.: °*dös is scho so dappe ganga* Senkenschlag DAH; *dös is jetz a ganz a dappate Gschicht* Pfarrkchn.

DELLING I,114f.; SCHMELLER I,612; WESTENRIEDER Gloss. 578.– WBÖ IV,742, 757.

Komp.: [**an**]**t.** **1** wie →*t.*1a, °OB, °NB mehrf., °OP, °MF vereinz.: °*der is a wenig odappi* Aidenbach VOF.– **2** wie →*t.*1e: °*a so a adappigs Drumm* „eingebildete Frau“ Garching AÖ.– **3** †alles anfassend, nach allem greifend: *er is gar andappi* DELLING I,26.

DELLING I,26; SCHMELLER I,612.– WBÖ IV,757.

[**traum**]**t.**: *tramdapert* langsam Haarbach GRI.

[**heirats**]**t.**: *heiradsdape* „aufs Heiraten versessen“ Erding.

[**hirn**]**t.** **1** wie →*t.*1a, °OB mehrf., NB, OP vereinz.: *a hiandappats Mannsbüid* Ingolstadt; *hiandāpe* „dumm, blöd“ FEDERHOLZNER Wb. ndb.Mda. 115.– **2** wie →*t.*1f, OB, NB, OP, SCH vereinz.: *hiandabbö* „idiotenhaft“ Schwaibach PAN; *Vielleicht is dös von dem Schuß kemma, daß i a weng hirndappet war* THOMA Werke VII,323 (Jagerloisl).– **3** †wie →*t.*4b: *hirntäppig* „vom Schafe: mit der Drehkrankheit behaftet“ SCHMELLER I,1163.

SCHMELLER I,1163.– WBÖ IV,742, 757.

[**leber**]**t.**: °*der is lewadappi* „hat eine geschwollene Leber“ Wettstetten IN.– Auch °„er trinkt gern“ ebd.

[**rappel**]**t.**, [**rapfer**]- **1** wie →*t.*1f, °NB vereinz.: °*dös Weiwaleit is rapfadapö* „sie spinnt“ Ruhstorf GRI.– **2** jähzornig, streitsüchtig, °OB, °NB vereinz.: °*rapödapö* Attenhsn LA.– **3** wie →*t.*4a: °*i bi heid ganz rabbe-dabbe* „durcheinander“ Simbach PAN.

[**roß**]**t.** in Pferde vernarrt, °OB vereinz.: °*roßdappi* Schönbichl FS.

[**schlaf**]**t.** schlaftrunken, °OB vereinz.: °*schlafdappi* Weilhm.

[**schlau**]**t.** schlau, durchtrieben: *er is schlauchdappi* U'schleißhm M; *Schlauchdappe* ILMBERGER Fibel 40.

[**stock**]**t.** sehr dumm, ungeschickt, OB vereinz.: *stockdabbi* Germering FFB.

†[**zu**]**t.** **1** wie →[*an*]*t.*3: *zuətáppi'* „der, die, das sich gerne an jede Person, an jede Sache macht“ SCHMELLER I,612.– **2** schmeichlerisch: *zuətáppi'* ebd.

SCHMELLER I,612.

[**zungen**]**t.**: *zungadabat* „stotternd“ Beilngries. J.D.

täppisch

Adj. **1** dumm, töricht, geistesgestört.– **1a** dumm, ungeschickt, °OB, NB, °OP vereinz.: *dapösch* Simbach PAN; *dábbisch* Dinzling CHA BM I,77; *Täppisch* „einfältig“ PRASCH 25.– **1b** töricht, albern: °*der redt dappisch daher* Heilbrunn TÖL; *sein täppisches Lachen* RUEDERER Wallfahrergesch. 55.– **1c** geistesgestört, verrückt, NB, OP vereinz.: *du bist ja dapisch* Emhf BUL; *demisch, deppisch* AVENTIN I,394,15 (Gramm.); *ihrer Däppischen weis halber* StA Mchn Hofmark Amerang Pr.18 (16.11.1753).
2 in heutiger Mda. nur in Phras.: *táppisch* „taumelig, schwindlich“ SCHMELLER I,612.– Phras.: *tappisch schlogn* stehlen Wiesau TIR.
3: °*des gäiht owa dappisch* „verzwickt“ Enzenrieth NEW.

PRASCH 25; SCHMELLER I,612.– WBÖ IV,757.

Komp.: [**an**]**t.** wie →*t.*1a: °*atappisch* Ramsau BGD.

[**hirn**]**t.** wie →*t.*1c: *hirndappisch* „verrückt“ Ambg.

[**rappel**]**t.**, [**-pf-**]**-**, [**rapper**]**-** **1** wie →*t.*1c, °NB, °OP vereinz.: °*der macht mi no ganz rabadapisch* „verrückt“ Kelhm.– **2** jähzornig, streitsüchtig, °OB, °NB, °OP vereinz.: °*rapidapisch* Neukchn SUL.– **3**: °*rapfedabbisch* „störrisch, widerspenstig“ Dachau.

WBÖ IV,757.

[**roß**]**t.**: °*roßdapisch* in Pferde vernarrt Sulzbach-Rosenbg.

[**zu**]**t.** **1** plump anfassend, betastend, zudringlich: *A sechana zuadappischa Kerl kriagt nia an Schotz!* MM 29./30.8.1998, J2; *zuetæppisch* „der, die, das sich gerne an jede Person, an jede Sache macht“ SCHMELLER I,612.– **2** †schmeichlerisch: *zuetæppisch* ebd.; *Zutäppisch* PRASCH 26.– **3**: *zuadappisch* „wer übertrieben anhänglich ist“ AMAN Schimpfwb. 147.

PRASCH 26; SCHMELLER I,612.– WBÖ IV,757. J.D.

Täppler

M. **1**: °*dös is so a Täppler* „der kurze ungeschickte Schritte macht“ Endlhsn WOR.
2 †(best.) Stein im Spiel →*täppeln*,Bed.2c: „wirft einen andern Stein, welchen man *Tappler* nennt, in die Höhe“ WESTENRIEDER Gloss. 558.

SCHMELLER I,613.

Komp.: [**Hunds**]**t.** **1** Schwimmart wie die eines Hundes, °NB, °OP vereinz.: °*Hundsdabbla* Simbach PAN.– **2**: *Hundsdabbler* „schlechter Schwimmer“ Rgbg.

[**Wasser**]**t.**: *Wasserdappler* Möwe Kareth R. J.D.

täpplicht

Adj.: °*täpplert* „dumm, unbeholfen“ Polling WM.

WBÖ IV,757f. J.D.

Täppling

M., (ein wenig) dummer, ungeschickter Mensch, °OB, °OP vereinz.: °*des werd scho so a Dabblen* Siglfing ED; „Einen *Dappigen* geringfügigen Ausmaßes nennt man: *Dapling*“ BAUER gut bayer. 83. J.D.

Tapp-nachher

M.: *Tapnacha* langweiliger Mensch Stadtamhf R.

Etym.: Satzwort zu *nachhertappen*. J.D.

Tapp-nachhin

M. **1** jmd, der nicht gut zu Fuß ist: *i bin halt a oita Tappnachi* Haag WS; *Tappnachhi(n)* „jmd, der immer hintennach tappt, nicht mitkommt“ [4]ZEHETNER Bair.Dt. 344.– Auch jmd, der (immer) zu spät kommt, OB, NB vereinz.: *dös is a so a Tappnachö* O'audf RO; *Tappnachi* LUSTICUS Mchn.Fremdw. 30;– *heilöga Dåppnåchö!* „scherzhafter Ausruf, wenn jemand sich verspätet“ Reisbach DGF.
2 langsamer, unbeholfener, geistig schwerfälliger Mensch, auch *heiliger T.*, OB, NB vereinz.: *der ålte Tåpnåchi* „der infolge von Unbehilflichkeit langsam ist“ Wasserburg; *Tappnache* „Begriffsstutziger“ SCHNEIDER Bair.gschimpft 56.– *O heiliger Tappnachhi …!* „Ausruf, wenn jemand begriffsstutzig ist“ MM 6./7.5.2000, J2.
3 Langweiler, auch *Pater T.*, OB vereinz.: *Dappnachi* Steinebach STA; *P*[*ater*] *Tappnachhi(n)* „langweiliger Mensch“ [4]ZEHETNER Bair.Dt. 266.

Etym.: Satzwort zu *nachhintappen*.

WBÖ IV,753. J.D.

Tapps, dummer Mensch, →*Tapp(e)s*.

Tapsch
M.: °*Tapsch* sich kindisch benehmender Erwachsener Wollomoos AIC. J.D.

tapsen
Vb. **1** gehen.– **1a** sich tastend vorwärtsbewegen, °OP vereinz.: °*höiastas tapsn n Gang hinte?* Tirschenrth.– **1b** hörbar gehen: °*er tapst durch die Stube* Peiting SOG.– **1c**: °*tapsn* „tolpatschig gehen" Pielenhfn R.– **1d** schwerfällig, schleppend gehen, OB, °OF, °MF vereinz.: °*tapsn* Abenbg SC.
2 (in etwas) treten, °OB, °OP vereinz.: „in eine Pfütze *tapsn*" Steinhögl BGD; *tapsn* „ungeschickt in etwas ... treten" Gebhardt Nürnbg 185.
3 (plump) anfassen, berühren, OB, °NB, °OP vereinz.: *tapsn* „anrühren, alles anfassen" Mchn; *tapsn* „plump zugreifen" Gebhardt ebd.
4 stehlen, °OB, °NB, °OP vereinz.: °*wos tapst denn do scho wieda* Mittich GRI; *tapsən* Sappenfd EIH Weber Eichstätt 63.

Komp.: [**umher**]**t.** **1**: °*umatapsn* „langsam gehen, schleichen" Traidendf BUL.– **2**: °*im Finstern umatapsn* „unsicher um sich greifen" Weiden. J.D.

Tapser
M. **1**: „Schritt ... *Dabb:sâ*" Christl Aichacher Wb. 154.
2: *Tapser* „Finger" Mchn.
3: *Tapser* „Pantoffeln" ebd. J.D.

dar-
I Präf., lokal, hin, bei Vb. der Bewegung: *-pflastern, -tun, -geben, -gehen, -reichen*, wobei die lokale Bed. in den Hintergrund treten kann: *-legen, -stellen*.
II Bestimmungsw. von Komp. bei Adv. u. Präp., in heutiger Mda. nur vor vok. Anl., →*da*[1].

Etym.: Ahd. *dara*, mhd. *dar(e)*, germ. Bildung zur Wz. von →*da*[1]; Etym.Wb.Ahd. II,535f.

Schmeller I,530.– WBÖ IV,758-760. A.R.R.

darben
Vb. **1** darben: *darm* Passau; *darbm* Schmeller I,534.
2 †entbehren, ermangeln: *Aber der spårwår darbt der sånftichait* KonradvM BdN 192,7.
3 †refl., sich enthalten: *daz si sich darbete der kirchen vierzech tage* Spec.Eccl. 33.

Etym.: Ahd. *darbên*, mhd. *darben*, germ. Herkunft; Kluge-Seebold 181.

Schmeller I,534.– WBÖ IV,761f. J.D.

daren →*donnern*.

Tarif
M.: °*kloana Tarif* „geringer Einsatz im Kartenspiel" Heilbrunn TÖL.

Etym.: Aus frz. *tarif*; Kluge-Seebold 907.

WBÖ IV,767. J.D.

Tärkel, Te-
M., Pampf, breiige Masse, °OB, °OP vereinz.: °*iatz muae ma no aso an Dargl oorian zon Gurggndunga* „einen Brei aus Mist und Wasser" G'holzhsn RO; *was hast du da wieder für ein Darkel gemacht* Delling I,115.

Etym.: Herkunft unklar; WBÖ IV,1759.

Delling I,115; Schmeller I,539; Westenrieder Gloss. 578.– WBÖ IV,1759.

Abl.: *tärkeln*. J.D.

tarkeln →*torkeln*.

†tärkeln
Vb.: „schmieren, mengen ... *Wàs dárkelst schaə~ widər?*" M'nwd GAP Schmeller I,540.

Schmeller I,539f. J.D.

Darm
M. **1** Darm, Gedärm, Gesamtgeb. vielf.: *er hats im Darm* Wasserburg; „für Leberwürste die *Darm* des Schweins" Prackenbach VIT; *Därmer hobn si vaschlinglt* Rothenstadt NEW; *vom Wasser kröigt ma' bloue Daarma* Oberpfalz 80 (1992) 145; *intestinis ... indarmum* 8./9.Jh. StSG. I,154,32; *Dez chrebs dærmlein streket sich ... vntz* [bis] *an daz end seins swantzes* KonradvM BdN 276,1f.; *in stechen, daß im die därm heraus sollen geen* Hankfn SR 1550 Helm Obrigkeit 171.– Phras.: *dö dickn Da(r)m* Dickdärme Mengkfn DGF.– *Dünner D.* Dünndarm, NB vereinz.: *dö dina Da(r)m* Mittich GRI.– *Kleiner D.* Blinddarm, °OB vereinz.: *kloana Darm* Edelshsn SOB;– °*toter Darm* Söldenau VOF.– °*Wöi a Doam* „lang und dünn" Brennbg

R.– *dẹị siaht wẹị a asgschdrafda Doarm* „sie ist sehr mager“ Konrad nördl.Opf. 63, ähnlich Kaps Welt d.Bauern 61;– *dea schat hea wia wen a grad an Doam het dua und dua* „ist bleich und mager“ Iggensbach DEG, ähnlich SR.– *'Darm schmatzn* [reden] „einer hat Blähungen“ Haarbach GRI.– °*Mia kracht scha da Doam* „ich habe großen Hunger“ Vilshfn, ähnlich GRI;– *jmdm dürren die Därme* u.ä. jmd hungert, °OB, °NB vereinz.: *do ham mir oft d'Darm dirrt* (Ef.) Brannenburg RO.– *Bloß einen D. haben* u.ä. viel essen, °NB, °OP vereinz.: °*der hat blos oan Darm* „ein Vielfraß“ Schönbrunn LA.– „Falschheit ... *Bey ihm geht's kalt und warm aus einem Darm*“ Baier.Sprw. I,109.– *Jmdm die Därme auslassen* u.ä. einen lebensgefährlichen Stich in den Bauch versetzen (wobei die Gedärme austreten), v.a. als Drohung, °OB, °NB, °OP mehrf., °SCH vereinz.: °*dir los i sämtliche Darm aus, du Sauhund!* Finsing ED; °*beim Raffa hot da Schleiffar s Messa zogn und eahm alle Derma asloun* Pertolzhfn OVI; *daß Eahna der Hirsch die stadtischen Darm net auslassen hat!* Ganghofer Damian Zagg 85f.;– erweitert: °*den hat er de Darm auslassn, daß er sie im Schwinge dahertragn ko* Kiefering AÖ;– *Lou eahm d' Darm aus, daß er draftritt!* „drohte man z. B. ... auf Fußballspielen“ Judenmann Opf.Wb. 20;– übertr.: jmdn übel behandeln, sich an jmdm rächen, °OB, °NB, °OP vereinz.: °*dem laß i Darm no aus* „zahle ich es noch heim“ Sauerlach WOR;– keinerlei Skrupel kennen, NB vereinz.: *der reißat oan Darm a no aussa* Galgweis VOF.– *Oan af Darm trödn* bis aufs Blut verfolgen Piegendf ROL;– auch: *wenn eahm d'Darm aushänga tatn, na tretat eahm der a no afe* O'miethnach R, ähnlich °VIT.– *Heint hockst am Bodn und morng hänga da wieda Därm as* „bist du krank, erkältet“ Mimbach AM.– *Lieber einen leeren Darm, Als einen müden Mann!* Werdenfels nach 1858 Sauber! Hygiene früher in Oberbayern, hg. von F. Lobenhofer-Hirschbold u. A. Weidlich, Großweil 1995, 27, ähnlich DEG.– *Liaba an Darm varrengt wia an Wiad wås gschenkt!* „auch das schlechteste Bier wird ausgetrunken“ Passau, ähnlich DGF.– Ausrufe: °*ja, Darm vo da Henn, hat der a groß Loch im Fuaß!* „wenn man unangenehm überrascht ist“ Uttenhfn PAF.– *Dààm vo dà Ànddn!* „Ärgerlicher Ausruf“ Kaps Welt d.Bauern 72.

2 aus Tierdarm Bestehendes.– **2a** Wursthaut, MF vielf., °NB, OP mehrf., Restgeb. vereinz.: *Darm, Saitling* O'alting STA; °*i hed no an Badzn Gwuaschdad* (Wursteig) *då, bringsdas no ei öd Darm?* Grafenau; *Er füllt die Darm mit Braat und Bluat* Dingler Handwerksleut 48.– Phras.: °*mia get da Doam aus* „zum Weiterschreiben eines Briefs fehlen mir Platz und Stoff“ Ingolstadt.– **2b** Darmsaite, NB, OP, MF vereinz.: *Soatn, Darm* „auf Streichinstrumenten“ Rgbg.

3 lange schmale Fläche, schmaler Raum, °OB vielf., °Restgeb. mehrf.: °*grod a so a schmoicha Darm* „sehr schmales Feld“ Frasdf RO; *Darm* „schmale Gänge, auch schmale Zimmer“ Reisbach DGF; *Simpl* [Münchner Künstlerlokal] ... *das war so ein langer, schmaler Darm* Halbinger Jahrgang 1900 67.– Auch: °*des is a Darm* „langer mühseliger Weg“ Halfing RO, ähnlich °KEH.– °*Darm* „etwas Enges, z.B. enger Pullover“ Arzbg WUN.

4 von Menschen.– **4a** (lange) magere Person, in heutiger Mda. nur in Phras.: *Der Darm* Schmeller I,540; *A Darm* Zaupser 21.– Auch in Phras. *ausgestreifter / ausgesutzelter D.* OB, NB vereinz.: *an ausgsutzltar Darm* Aubing M.– **4b** neidische od. geizige Person, °NB, °OP vereinz.: °*a foudiger Darm* „Neidhammel“ Aidenbach VOF; *dǫam* „neidischer, geiziger Mensch“ nach Kollmer II,88.– **4c**: °*Darm* „ungezogenes Kind“ Garmisch-Partenkchn.

Etym.: Ahd., mhd. *darm* stm., germ. Wort idg. Herkunft; Kluge-Seebold 181.

Ltg, Formen: *dårm, då̄m* u.ä., auch *dǫam* u.ä. NB, OP, OF (dazu DAH, IN, M, WM; EIH, HEB, HIP, N, WUG), *dāram* (LL), daneben mit Vok. des Pl., vgl. WBÖ IV,770, *dạrm, dạ̄m* u.ä. OB, NB, OP, SCH (dazu EIH), *dęrm* (SC).– Pl. *dạrm, dạ̄m* OB, NB, OP, SCH (dazu EIH, HEB, WUG), daneben *-ma* OP, OF (dazu N), *dęrm, dęam* u.ä. OB, OP, MF (dazu KEH; BT, PEG; FDB), *-ma* u.ä. OP, MF (dazu FFB; REH; FDB), *diam* (NM, PAR; BT), *-ma* u.ä. (NM, SUL; FO; HEB, LAU, N, SC), *dęram* (PA), *dēram* (LL), auch *dǫam* (M; KEH, WEG; ESB, SUL; EIH).– Dat.Pl. vereinz. *dęawan* (ESB).

Delling I,115; Schmeller I,540; Zaupser 21.– WBÖ IV, 769-774.

Abl.: *Därm, -darmach, därmen, därmig.*

Komp.: [**Arsch**]**d.** **1** Mastdarm, °NB, °OP vereinz.: °*Oschdam* Neurandsbg BOG; *Arschdarm* OB BzAnthr. 8 (1889) 163; *groz arsdarma* Schäftlarn WOR 12.Jh. StSG. IV,59,45; *arstarm* Seemannshsn EG 15.Jh. Lib.ord.rer. I,344,25.– Phras.: °*der is so wehleidi, so knickerisch, daß eahm da Oschdam hint aussahängt* Tittmoning LF.– *Wenn eam da dea Oschdam außahängt, dann trit eam dea no drauf* der geht über Leichen Willing AIB.– **2** Dickdarm, °OP vereinz.: °*Oaschdoam* „vom Schwein zum Einfüllen von Wurstmasse“ Rottendf NAB; *Arsch-Darm* „Enddarm“ HÖFLER Krankheitsn. 90.– **3**: *Åschdoám* „derb für ... After“ ANGRÜNER Abbach 8.– **4** wer an Pfingsten zuletzt aufsteht, °NB, °OP vereinz.: *Oarschdoarm* Weiden.– Reim: *Arschdarm, bist im Bett verdarbm* Ahrain POLLINGER Landshut 214.– Auch †: *Arschdarm* „der Letzte; namentlich ... derjenige [Hirtenjunge] ... der am Pfingstsonntag ... zuletzt auf die Weide kommt“ SCHMELLER I,148.

SCHMELLER I,148, 540.– WBÖ IV,774.

Mehrfachkomp.: **[Pfingst(el)-arsch]d.** wie → [*Arsch*]*d.*4, NB vereinz.: *Pfingstlarschdarm* Sossau SR.– Reime: *Pfingståschdoarm, bist ön Böt vodoarm* Iggensbach DEG, ähnlich NB, OP vereinz.– *Pfingstårschdoarm is ön Bett vodoarm, kimt da Schinda mid Ros und Koarn holtn Pfingstårschdoarm* Herrnthann R.

WBÖ IV,774.

[Bach]d. Kleine Wasserlinse (Lemna minor): *Bo(ch)darm* „hilft im Badewasser bei Kindern gegen Winde“ Loitzendf BOG.

[Bändlein]d. Dünndarm: *Bandldoam* „für Bratwürste verwendet“ Burglengenfd.

WBÖ IV,775.

[Papier]d. Wursthaut aus Papier, °OB, °NB, °OP vereinz.: °*Rindsdarm, Papierdarm* Breitenrd WÜM.

[Blind]d. 1 Blinddarm, °OB mehrf., °Restgeb. vereinz.: °*dea is da Blinddarm durchbrocha* O'schleißhm M; *Wenn der Blinddarm wurmt* M. EHBAUER, Doktor-B., München 1994, 100.– **2** Blinddarmentzündung, °OB, °OP vereinz.: °*dean homs gestan min Blinddoam ins Krankn-haus bråcht* Windischeschenbach NEW.

WBÖ IV,775.

[Boden]d. wie →[*Arsch*]*d.*2: *Bodndoam* „für Blutwürste verwendet“ Burglengenfd.

WBÖ IV,775.

[Dick]d. dass., Gesamtgeb. vereinz.: *da Dickdå*ʳ*m* Mittich GRI; *glei hinter eahm der Dickdarm* M. EHBAUER ebd.

WBÖ IV,775.

[Dreck]d. Gendarm: *Dröckdarm* Weihmichl LA.– Scherzh. Bildung zu →*Gendarm*.

[Dünn]d. wie →[*Bändlein*]*d.*, Gesamtgeb. vereinz.: *dr Dindarm* Derching FDB; *Wia lang kannt jetz der Dünndarm sei* M. EHBAUER ebd. 98.

WBÖ IV,775.

[Fod]d. wie →*D.*4b, °NB, °OP vereinz.: °*a Foud-darm* „Geiziger“ Straubing.– Zu →*Fod* 'Neid, Geiz'.

[Vogel]d. Vogelmiere (Stellaria media): *Vogldarm* „weil den Kanarienvögeln gefüttert“ Schaufling DEG.

[Gans]d., [Gänse]- 1 Darm der Gans, in Phras.: °*der hat an Gänsdarm* „wird nie satt“ Eslarn VOH.– **2** unersättlicher Mensch, Vielfraß: °*Gänsdarm* Wiesau TIR.– **3** wie →[*Dreck*]*d.*, °Gesamtgeb. vereinz.: *Gansdarm* Gendarm Wasserburg.

WBÖ IV,776.

[Hennen]d., [Hennlein]- 1 vereinz. nur Pl., Vogelmiere (Stellaria media), °OB, °NB vielf., °OP mehrf.: °*Hennada(r)m* Wiesenfdn BOG; °*des sen Hennadeam* Kchnthumbach ESB; *Hehnadaam* HELM Mda.Bgdn.Ld 102; *Hennadarm* ZAUPSER 38.– **2** Ackerehrenpreis (Veronica agrestis): *An Hennadarm* (Ehrenpreis) ... *Der gab an guatn Tee o* BAUER Oldinger Jahr 92.– **3** Ackergauchheil (Anagallis arvensis), OB, °NB vereinz.: *Hennadarm* Endlhsn WOR.– Auch in Phras. *roter H.* °OP vereinz.: „der *rote Hennadarm* wird den Knaben gegen *Fraiss* [Schüttelkrämpfe] in die Wiege gelegt“ Cham; „*roter Hennadarm* ... [wegen] der fleischfarbenen Blüten ... die ... der Darmöffnung eines Huhnes ähneln“ STADLBAUER Heilpflanzen Opf. 81.– **4** z.T. nur Pl., Ackerwinde (Convolvulus arvensis), °OB, °OP vereinz.: °*d'Hennadarm* „die weiß blühende Ackerwinde“ Haselbach BUL.– **5** Erdrauch (Fumaria officinalis), in Phras.: *Roter Hennadarm* Roding MARZELL Pfln. II,514.– **6** Gemeine Quecke (Agriopyrum repens), OB, NB, °OP, °SCH vereinz.: *Höldarm* Erding; *Hennerdarm* „wegen ihrer Form“ MILLER Lkr. WEG 22.– **7** Gemeines Labkraut (Galium mollugo): °*Hennadarm* „in Wiesen oder verunkrauteten Äckern“ St.Leonhard LF.– **8** Gundermann (Glechoma hederacea): *Hennadarm* Mallersdf MARZELL ebd. 710.– **9** Kleeseide (Cuscuta Epithymum): °*Hennadarm* O'högl BGD.– **10** Kriechender Hahnenfuß (Ranunculus repens), °OB, °NB, °OP vereinz.: °*Hennadarm* „gelbe Blüte, wächst an Ödung“ Frauenbg

PAR.– **11** †: *Der Hennendarm* „miswachsener Frucht-Ansatz auf Zwetschgenbäumen oder Schlehenbüschen“ Bay.Wald SCHMELLER I,1115.

DELLING I,258; SCHMELLER I,1115; ZAUPSER 38.– WBÖ IV, 776.

[**Herz**]**d.** Hauptschlagader des Hirschs: °*Hearzdarm* „man machte daraus Messerscheiden” Erling STA; „Der *Herzdarm* … soll (!) innerlich genommen den beschleunigten Puls reguliren“ V'riß TÖL HÖFLER Volksmed. 162.

[**Hühner**]**d.**, [**Hühnlein**]**-**, †[**Hühn**]**- 1** Darm des Huhns: „Der *Hühnerdarm* ‘in der *guten Milch*’ gekocht, wird kolikkranken Kindern auf den Leib gelegt“ HÖFLER Volksmed. 154.– **2** Pfln.– **2a** wie →[*Hennen*]*d.*1, °OB, °NB, °SCH vereinz.: °*Heanadarm* „von den Vögeln verzehrt“ Geiselhöring MAL; „Verhaßte Unkräuter … sind … *Hühnerdarm* (Vogelmiere)“ Oberpfalz 4 (1910) 222; *hunerdarm* Aldersbach VOF 12.Jh. StSG. III,482,2; *Hüendarm* „Gänsekraut“ ZAUPSER 38.– **2b** †wie →[*Hennen*]*d.*3: *Heanadarm* Zwiebelturm 9 (1954) 125.– **2c** wie → [*Hennen*]*d.*6: *Headarm* Weilhm.

DELLING I,265; ZAUPSER 38.– WBÖ IV,777.

[**Kalbs**]**d.** Darm des Kalbs, OB, NB vereinz.: *für Gselchte und Knackwürst di Kalbsdarm* Prackenbach VIT.

[**Lang**]**d.** wie →[*Gans*]*d.*2: °*döi is a Langdoarm* Fronau ROD.

WBÖ IV,778.

[**Laster**]**d. 1**: °*Lasterdarm* „Schimpfname für einen unmoralischen Menschen“ mittl.OP.– **2** wie →[*Arsch*]*d.*4, nur im Reim, s. [*Pfingst*]*schwanz*.

WBÖ IV,778.

[**Leer**]**d.** wie →[*Blind*]*d.*1: °*Laardarm* Kohlgrub GAP.

†[**Leib**]**d.** wie →[*Arsch*]*d.*1: *daß Kind vielmal den leibdarm aufgedrugt* Sossau SR 1713 Jber HVS 69 (1966) 73 (Votivtafel).

WBÖ IV,778.

[**Loch**]**d.** wie →[*Dreck*]*d.*: *Lochdarm* Gendarm Friedbg.

WBÖ IV,778.

[**Mast**]**d.** wie →[*Arsch*]*d.*1, Gesamtgeb. vereinz.: *da Maschtdarm* Hohenpeißenbg SOG; *So einem bferd der mastdarm ausget* HÖFLER Sindelsdf. Hausmittelb. 63; *Mast- oder Affter-Darm von Ochsen und Rind* HAGGER Kochb. III,1,25.

WBÖ IV,778.

[**Maus**]**d.**, [**Mäuse**]**- 1** wie →[*Hennen*]*d.*1, °NB, °OP vereinz.: °*Mäusedarm* „Vogelmiere“ Geiselhöring MAL.– **2** wie →[*Hennen*]*d.*3: °*Maisdoam* „Gauchheil“ Ursulapoppenricht AM.– **3** Kriechender Günsel (Ajuga reptans): °*Mäusedarm* Landshut.– **4** Seide (Cuscuta): *Mausdärme* OP MARZELL Pfln. I,1273.– **5** Vergißmeinnicht (Myosotis): °*Mäusdarm* Metten DEG.

WBÖ IV,778.

[**Neid**]**d.** wie →*D.*4b, °NB vereinz.: *Neidhamml, Neiddarm* Edenstetten DEG.– Reim: *Neiddarm, is dei Wei gstarm, hättst eam a Brout gebn, war's aa nöt tout gwen* Pfarrkchn.

WBÖ IV,778.

[**Rind(s)**]**d.**, [**Rinder**]**-** Darm des Rinds, Gesamtgeb. vereinz.: *Rinddärm* Pemfling CHA; *rindsdǫa(r)m* nach WHITE Eisenhfn 99.

[**Schaf(s)**]**d. 1** Darm des Schafs, OB, NB, OP vereinz.: *Mötzga vakaufand d Schafdarm, dös nöt zu dö Bratwürschtl brauchand* Hengersbg DEG.– **2** wie →*D.*2b: „ironisch … Saite einer Geige … *We*[a] *du*[a]*d då scho wied*[a] *Schåfdàrm kitzln?*“ BAUMGARTNER Wasserburger Ld 79.– **3** Pfln.– **3a** wie →[*Hennen*]*d.*1: °*Schafdarm* Wiesenfdn BOG.– **3b** Garbenart.– **3bα** Schafgarbe (Achillea Millefolium), °OB, °NB, °OP mehrf., °Restgeb. vereinz.: °*Schafdoarm* Neukchn KÖZ.– **3bβ** Sumpfgarbe (Achillea Ptarmica): °*Schafdarm* Pöcking STA.– **4**: °*Schafdarm* „Dummian“ Thanning WOR.

WBÖ IV,779.

[**Schand**]**d.** →*Gendarm*.

[**Schlund**]**d.** Schlund, Speiseröhre, °NB mehrf., °OB, °OP vereinz.: *šluntǫrm* Moosinning ED.

[**Schweins**]**d.** Darm des Schweins, Gesamtgeb. vereinz.: „dünner *Schweinsdarm* für Leber-, dicker für Blutwürste“ Hohengebraching R.

[**Weh**]**d.** wehleidiger Mensch, →[*Weh*]*tag*.

[**Wurst**]**d.** wie →*D.*2a, OB, NB, OP vereinz.: *Wuaschddäama* Nabburg.

WBÖ IV,779.

[**Zwie**]**d.** →*Zwitter*. J.D.

Därm, [Ge]därm
N., Gedärm, OP, OF, MF vereinz.: *s Gidirm* Naabdemenrth NEW; *das Därm* Roßtal FÜ; *tẹ̄rm* MOSER Staudengeb. 73; *intestina gedarme* Ebersbg 12.Jh. StSG. IV,265,28; *waz er ezzens in sein gedirm nimt* KONRADvM BdN 237,13f.; *entsetzliche Schmertzen an dem Gedärm* Gnadenblum 98.– Phras.: °*der hout'n 's Dirm ausloun* „verletzt, daß die Gedärme herauskamen" Trautmannshfn NM.

Etym.: Ahd. *gidermi*, mhd. *gederme* stn., Abl. von →*Darm*; DUDEN Wb. 1401.

Ltg: (*ge*)*diam* u.ä., vereinz. (*ge*)*dẹrm* u.ä. (LL; BEI; FÜ).

WBÖ IV,780. J.D.

-darmach
N., nur in: [**Ge**]**d.** Gedärm: *Gadoama* M'rlangau OVI. J.D.

därmen
Vb. **1** ausnehmen, ausschlachten: *darma* Ebnath KEM.
2 †in Phras.: *Für hüzig dermen* [wohl Darmentzündung] Roßarznei (DEINHARDT) 66.

Komp.: [**aus**]**d.** wie →*d.*1, NB, OP, MF vereinz.: *ausdärma* Biburg HIP; *daz er sich selber ... auz dærmt* KONRADvM BdN 323,18f. J.D.

därmig
Adj., lang, mager, schwächlich: °*es Veich is därmi* Regelsbach SC; *Dēs is a därmier Kärl!* „ein schlanker, schmächtiger Mensch" BERTHOLD Fürther Wb. 36; *Dermig* „ärmlich, armselig, schwächlich" HÄSSLEIN Nürnbg.Id. 56.

HÄSSLEIN Nürnbg.Id. 56; SCHMELLER I,540.– WBÖ IV,781.

Komp.: [**ein**]**d.**: „er war lang und mager ... ein richtiger *eindirmiger Hachel* [Kerl]" FRANZ Schnurren 26.

SCHMELLER I,540. J.D.

Tarock, Te-, Tu-
M., vereinz. N., Tarock, Kartenspiel, °OB, °NB, °OP vereinz.: °*mach ma aan Tarock?* Nußdf RO; °*Terock* Arnschwang CHA; „spielen die Burschen *Turak*" WÜM Bayerld 6 (1895) 551; *werden S' do' wieder amal kemma, auf a kloans Taröckerl* LUTZ Zwischenfall 35.– Phras.: *langer T.* Tarock mit 36 Karten, °OP, °MF vereinz.: °*langer Tarock* Winklarn OVI;– °*langer Tarock* „der Gewinner muß über 70 Augen haben" Kemnath.– *Kurzer / scharfer T.* Tarock ohne Sechser, meist auch Siebener u. Achter, °OB, °NB, °OP, °MF vereinz.: °*kurzer Tarock* „24 Blatt" Ruhmannsdf VIT;– °*kurzer Tarock* „der Gewinner muß über 60 Augen haben" Kemnath.– „drei ... spieln einen *keuschen Tarok* ... um Pfennig im Gegensatz zum *scharfen* um *Zehnerl* oder *Markln*" Kösching IN HuV 11 (1933) 206.– °*Eingesetzter Tarock* „mit viertem Spieler" Kohlbg NEW.– °*Zusammengesetzter Tarock* „mit Gemeinschaftskasse" Rimbach KÖZ.– Sachl. vgl. C.D. GRUPP, Kartenspiele im Familien- u. Freundeskreis, Niedernhausen 1996, 133-135, W. SIRCH, Vom Alten zum Zwanzger, Traunstein 2008, 46f.

Etym.: Aus it. *tarocco*; KLUGE-SEEBOLD 907.

WBÖ IV,781-787.

Abl.: *tarockeln, tarocken, Tarocker, tarockieren.*

Komp.: [**Block**]**t. 1** Tarock mit Spielmarken, °OB, °NB, °OP, °MF vereinz.: °*Blocktarock* „mit Zelluloidscheiben, die am Schluß mit Geld abgerechnet werden" Taching LF.– **2** Tarock um einen Spieleinsatz (→*Bloch*), °OB, °NB, °OP, °MF vereinz.: °*Blocktarock* „es wird um die im *Block* ausgesetzte Summe gespielt" Prutting RO.– **3** Tarock mit getrennter Kasse, °OB, °NB, °OP vereinz.: °*Blocktarock* „der Gewinner wird direkt von den Mitspielern bezahlt" O'wildenau NEW.– **4** Tarockspiel mit zwei Spielern u. Kartenstock (→*Bloch*), °OB, °NB, °OP, °SCH vereinz.: °*Blocktarock* „die 12 Karten für den fehlenden Mann bekommt der Solospieler und kann daraus aussuchen" Berching BEI.– **5** Tarock mit 36 Karten, °OB, °NB vereinz.: °*Blocktarock* Weilhm.

WBÖ IV,787.

[**Laus-tegel**]**t.**: *heut spieln wir einen Laustegeltarock* Tarockpartie mit billigem Einsatz Kchbg REG.– Zu →[*Laus*]*tegel* 'dass.'.

†[**Deutsch**]**t.** wie →*T.*: „verbreitet sind verschiedene Spiele mit deutschen Karten, namentlich das sogenannte *Deutsch-Tarok*" FENTSCH Bavaria Mchn 173.

[**Hafen**]**t.**, [**Häfelein**]- **1** Tarock mit geringem Spieleinsatz in einer gemeinsamen Kasse, °OB,

°NB, °OP, °SCH vielf., °OF, °MF vereinz.: °*Haferntarock* Marquartstein TS; °*dean mar an Haferltarock?* Vilshfn; °*Haferltarock* „3 Spieler setzen 1 Mark zusammen, gewinnt der Solospieler, entnimmt er den Betrag entsprechend der Augen über 60 aus dem *Haferl*, verliert er, zahlt er aus eigener Tasche“ Schwandf; *ham an' kloan' Haferltarock g'macht* FRANZ Lustivogelbach 53.– **2** Tarock um Bier als Gewinn, °OB vereinz.: °*Haferltarock* „vom Verlierer wird ein *Haferl* Bier bezahlt“ Rosenhm.

[**Hand**]**t.** wie →[*Block*]*t.*3: °*Handtarock* „Spiele werden aus der Hand bezahlt“ Cham.

[**Räuber**]**t.** Tarock mit hohem Spieleinsatz: °*Räubertarock* „mit 4 Spielern, oft verlor einer den ganzen Lohn“ Ried FDB.

[**Siebziger**]**t.** Tarock, bei dem der Gewinner über 70 Augen erreichen muß, °OP vereinz.: °*Siebzgertarock* Tirschenrth.

[**Stock**]**t.** wie →[*Block*]*t.*4, °OB, °NB vereinz.: °*Stocktarock* „bei jedem Stich wird eine Karte aus dem Stock dazugelegt, wer sticht, bekommt sie“ Landshut; *Mach ma liaber an Stocktarok* Altb.Heimatp. 59 (2007) Nr.20,25.

A.S.H.

tarockeln

Vb., tarocken: °*tarockeln* Mühldf; „Am Wochenende saß er abends beim *Tarockeln* im Wirtshaus“ Ingolstadt W. HEYNOWSKI, Der Film meines Lebens, Berlin 2007, 17. A.S.H.

tarocken, te-

Vb., tarocken, °OB vielf., °NB, °OP mehrf., °OF, °MF vereinz.: *i ho söx Oge gewonne beim Tarogge* Hfhegnenbg FFB; *Wenn einer zum Terrocken fehlt* MAYER Raindlinger Hs. 136; *Zerscht homs beim Wein a weng tarockt* MORGENSCHWEIS mei Schloch 14.– Übertr. Karten spielen allg.: °*das war schön tarockt* „nach einem Schafkopf“ Parsbg MB.

WBÖ IV,788.

Komp.: [**auf**]**t.** dass., in Phras.: °*sie habn oin auftarockt* Altenstadt NEW.

[**aus**]**t.** **1** dass., in Phras.: °*oans austarockn* Ü'see TS.– **2** aushandeln, °OB, °NB vereinz.: °*etwas austarockn* Alkfn VOF.

[**nach**]**t.** **1** nachkarten, °OB, °OP vereinz.: °*er muaß allawei no nachtarockn* „eine unangenehme Sache wieder aufwärmen“ Mchn; *Des hätt i ned von dia denkt, daß du fürs Nachtarockn bist!* BINDER Bayr. 140.– **2** nachbessern: *Oiwei muaß ma hinter eahm nachtarockn, damit de Sach Hand und Fuaß kriagt* HERRLEIN Wallfahrt 131.

[**stock**]**t.** →[*Stock*]*tarock* spielen: °*schdogtarockn* Dachau; *ein Stünderl Stocktaroken* Altb.Heimatp. 6 (1954) Nr.7,7. A.S.H.

Tarocker

M., Tarockspieler, °NB vereinz.: *Darocka måuchant nu drai Umgang* „Spielrunden“ Mittich GRI; „Darunter waren auch einige ... *Tarocker*“ Altb.Heimatp. 56 (2004) Nr.40,8.

Komp.: [**Nach**]**t.**: „Mensch, der gern eine ... abgetane Sache nochmals aufwärmt ... *daßd aa ... so aa Nachtarocka bist!*“ BINDER Saggradi 141. A.S.H.

tarockieren

Vb., tarocken: *mir hockn oft beinand beim Tarockiern* Altb.Heimatp. 9 (1957) Nr.41,7.

WBÖ IV,788. A.S.H.

†Tarraß, Tarz

M., Bollwerk, Erdwall: *Dem Caspar Lainer Herter so Darz vnnd bschit zum wög aufm moß Eingericht 6 tag* 1578 Stadtarch. Rosenheim Abt. B/A GRE 20, 105.

Etym.: Mhd. *tarraz, tërraz* stm., aus afrz. *terrace* ‘Erdwall, Plattform’; PFEIFER Et.Wb. 1425f.

SCHMELLER I,615f.– WBÖ IV,1764f.

Abl.: *-tarrassen*. A.S.H.

†-tarrassen

Vb., nur im Komp.: [**ver**]**t.** verbarrikadieren, befestigen: *Die het alle tor aus forcht der Teutschen zuegeschlagen, wol vertarrast und versperrt* AVENTIN IV,983,30f. (Chron.).

SCHMELLER I,616.– WBÖ IV,1765. A.S.H.

Darre, -ä-

F. **1** Darre, Vorrichtung, Anlage, °OB vielf., °NB, °SCH mehrf., °Restgeb. vereinz.: °*Darla* „Schuber mit Holzleisten oder Drahtsieb“

Peißenbg WM; °*da Flachs liegt aaf da Darrn* Schwandf; *Da Hopfadirra hot an Hopfa … fir Darr bereit gstejt* PINZL Bäuerin 158; *Cumera … darra* Aldersbach VOF 12.Jh. StSG. III,129, 47.– Phras.: „Bei der *Böhmischen Darre* wurde der Hopfen auf einer Plane und einem Lattenrost über einem offenen Koksfeuer getrocknet. Die … *Hallertauer Darre* hatte … einen geschlossenen Ofen" SCHWEIGER Hopfazupfa 138.
2 Darren: °*Darr* „Tätigkeit des Dörrens" Straubing; *Die … Dár* „die Dörrung" SCHMELLER I,530.
3 Krankheit.– **3a** Schwindsucht, OB, °NB vereinz.: °*die Darr* Malching GRI.– **3b**: *d Daar* Muskelschwund Naabdemenrth NEW.
4 †Taglohn ohne Kost u. Trunk: „Die Maurer und Zimmerleute arbeiten *auf də' Dár* oder *nàhh də' Dár*, wenn sie … den … Arbeitslohn blos in Gelde erhalten" Mchn, Bay.Wald SCHMELLER ebd.; *wohin ain Mayster den zu arbeytenn schickt, soll Im der willig sein … an der Statarbeyt zu der Därr* Rgbg 1514 VHO 16 (1855) 208.

Etym.: Ahd. *darra* st/swf., mhd. *darre* swf., germ. Wort idg. Herkunft; Et.Wb.Ahd. II,545f.

SCHMELLER I,530.– WBÖ IV,1765-1769.

Komp.: [**Birn**]**d.** Birnendarre, °OB vereinz.: °*Biradarrn* O'ammergau GAP.

[**Blahen**]**d.** Darre mit gespanntem Tuch: °*Blåchadarr* „für Hopfen" Fahlenbach PAF; *blǫ:hadå:r* „Darre, in der anstatt der später üblichen Metallgitter … Blahen gespannt waren" nach MEISTER Hallertauer Hopfenbauern 51.

[**Brechel**]**d.** Flachsdarre: °*Brechidarr* Reit i.W. TS.

[**Flachs**]**d.** dass., °OB, °OP, SCH vereinz.: *Flachsdar* G'höhenrain AIB.

WBÖ IV,1767.

[**Haar**]**d.** dass.: *auf da Hoardar* Taufkchn M.– Zu →*Haar* 'Flachs'.

WBÖ IV,1767f.

[**Hopfen**]**d.** Hopfendarre, °OB (v.a. NW), °westl.NB vielf., °OP, °MF vereinz.: °*Hopfadarrn* „Gebäude, unten Ofen, in jedem Stockwerk Rahmen mit Geflecht zum Auflegen des Hopfens" Hallertau; *Aufn Hof is a oglon und zur Hopfadarr naufzong oder nauftrong worn* PINZL Bäuerin 158.

WBÖ IV,1768.

[**Jalousie**]**d.**: °*Schalusidarr* „Darre mit einem Gitter aus wendbaren Bodenleisten" Fahlenbach PAF.

[**Kletzen**]**d.** Obstdarre, °OB, °NB vereinz.: °*früha ham ma Kletzndarrn ghabt* „Holzrost" Anzing EBE.

[**Malz**]**d.** Malzdarre, °OB, OP vereinz.: *Moizdarr* Valley MB; „die *Malzdarre* mit der Malzquetsche" JEHLE Bier 50.

WBÖ IV,1768.

[**Obst**]**d.** wie →[*Kletzen*]*d.*, °OB mehrf., °NB vereinz.: °*Obstdarr* „als Boden ein Weidengeflecht" Landsham EBE.

WBÖ IV,1768. A.S.H.

darren[1], **-ä-**

Vb. **1** trocken machen.– **1a** darren, °OB (v.a. S) vielf., °NB, °OP, °MF, °SCH vereinz.: *Hor daan* „Flachs im Ofen dörren" O'audf RO; *a bißl a daschts … Obst brauch i aa* Durham MB HuV 13 (1935) 23.– **1b** dürr machen, austrocknen: *dö Sun daht's Hai* Valley MB; *thárran … truchanan* Rgbg 10.Jh. StSG. II,332,49.
2: °*darn* „es bei großer Hitze aushalten" Winklsaß MAL.
3 auszehren, entkräften: °*darrn* ebd.; *Macerare magern darren* Scheyern PAF 13.Jh. StSG. III, 476,7

Etym.: Ahd., mhd. *darren*, Nebenf. von →*dörren*; WBÖ IV,1770.

SCHMELLER I,530.– WBÖ IV,789, 1770-1772.

Abl.: *Darrer*[1].

Komp.: [**ab**]**d.** **1** zu Ende, fertig darren: „Das *abgedarrte* Malz wurde in die Malzquetsche verbracht" JEHLE Bier 50.– **2** verdorren, verwelken, OB, NB, °OP vereinz.: *odarrta Ost* Falkenbg TIR; „welk … *ǭdā̜rd*" Fdolling AIB nach SOB V,294f.

WBÖ IV,789, 1772.

[**an**]**d.** ein wenig trocknen, welken: °*o*ⁿ*dard* „vom Gras" Taufkchn M; „welk … *ǭ̃dā̜rt*" Schliersee MB nach SOB ebd.

[aus]d. **1** wie →[*ab*]*d.*1: „Nach dem *Ausdarren* wurde das Malz geputzt“ NB SHmt 98 (2009) 222.– **2** ausdorren, °OB, NB vereinz.: *a ausdaschts Bamä* O'audf RO.– **3** wie →*d.*3: °*der is scho ganz ausdarrt* O'schleißhm M.

WBÖ IV,1772f.

[ver]d. wie →[*ab*]*d.*2, °OB, OP vereinz.: °*vadarrt* „verdorrt“ Fischbachau MB.

WBÖ IV,790, 1773.

[da-hin]d.: °*der daart dahin* „siecht dahin“ Rettenbach WS.

[zu-sammen]d. **1** wie →[*ab*]*d.*2: *a zamdarrta Buan* Naabdemenrth NEW.– **2** wie →*d.*3: °*den dachts a ganz zam* Tuntenhsn AIB.

WBÖ IV,1774. A.S.H.

darren[2] →*donnern.*

darren[3], wild herumrennen, →*tören.*

Darrer[1], **-ä-**

M. **1**: °*Dara* Vorrichtung zum Dörren O'viechtach.

2 Arbeiter, der Hopfen darrt: *da Darra macht sei Darr iatz zua* SCHWEIGER Hopfazupfa 139.

3: „Die Hautflechten (*Darra*) beschmiert man mit Fensterschweiß“ Wdthurn VOH Bayer. Heimatschutz 9 (1911) 89.

Etym.: Abl. von →*darren*[1]; WBÖ IV,1774.

WBÖ IV,1774.

Komp.: **[Hopfen]d.** wie →*D.*2: *wos so a Hopfadarra macht* SCHWEIGER ebd. A.S.H.

Darrer[2] →*Donner.*

Tartsche, -en, †Tarsche, -rz-

F., M. **1** †Tartsche, kleiner Rundschild: *tartschen und panner malen* Mchn 15.Jh. SbMchn 1909, 5.Abhandlung, 11; *Tartsch| schilt* SCHÖNSLEDER Prompt. Hh7[v].

2 Backwerk.– **2a** schlecht aufgegangenes, unförmiges Backwerk, °OB, °NB, °OP vereinz.: °*dem Bäcker sein Brot sind lauter Dartschn* Straubing; „*Tartschen* sind unförmliche … auseinandergeflossene Brotwecken“ SCHLAPPINGER Niederbayer II,92.– **2b**: °*Tartsche* „Speckbrot“ Eresing LL.

3 von Menschen.– **3a**: °*dös is a Dortschn* „einer, der recht breite Füße hat“ Hohenpolding ED.– **3b**: °*Doartschn* „unbeholfenes Weib“ Edelshsn SOB.

Etym.: Mhd. *tar(t)sche, tarze*, aus afrz. *targe*, germ. Herkunft; WBÖ IV,792.

SCHMELLER I,626; WESTENRIEDER Gloss. 578.– WBÖ IV, 792f.

Abl.: *tartscherln.*

Komp.: †**[Setz]t.** großer Setzschild: *xxiiij gross schillt genannt Setztarschen* 1469 MHStA Fürstensachen 180½,fol.9[v] (Inv.).

†**[Streif]t.** Tartsche zum Schutz der Oberschenkel: *ain straiff tartschen* Landshut 1471 MHStA Fürstensachen 1349,fol.24[r].

SCHMELLER II,811 (-tesche).– WBÖ IV,793. A.S.H.

tartscherln

Vb., Part.Prät.: °*dartscherlt* „schlecht aufgegangen, unförmig, vom Brot“ St.Englmar BOG. A.S.H.

Tartúffel

M.: „scheinheiliger Mensch … *Schleich di … du Tartuffe, du scheinheiliga*“ BINDER Saggradi 222.

Etym.: Zu frz. *tartuf(f)e* ‘Heuchler’, nach der Hauptperson eines Stücks von Molière; vgl. DUDEN Wb. 3857. A.S.H.

Tarz, Bollwerk, →*Tarraß.*

Tarze, große Kerze, Fackel, →*Torze.*

darzen, donnern, →*donnerzen.*

Das, Däs, Nadelbaumzweig, →*Dächse.*

das, best. Art., Pron., →*der.*

Dasche →*Dorsche.*

Tasche[1], **-ä-**

F. **1** Tasche, Tragbehälter, °OB, °MF vielf., °NB, °SCH mehrf., °OP vereinz.: *an Bostbodn* *sei Dåschn* Staudach (Achental) TS; „*Daschn*, älter *Deschn*" Friedbg; *dàššal* „häufig f. Handtasche" KILGERT Gloss.Ratisbonense 162; *Perae* … *tásco* Tegernsee MB 10./11.Jh. StSG. II,599,7; *ob dem an ende lære wirt sîn taschen* HADAMARVL 100,399; *I taschen und I gurtel* Lererb. 23.– Phras. (teilw. auch zu Bed.2 möglich): *zum Heirat'n is sie wohl z'wen'g bei der Tasch'n* [vermögend] MEIER Werke I,235 (Scheib'nhofbauer).– *In seine T. arbeiten* / *spielen* u.ä. sich bereichern, zu seinen Gunsten handeln, °OB, °NB, °OP, °MF vereinz.: *da geht nix zam, wo a niads ö sei Tåschn haust* Hengersbg DEG; °*dea arwad in sei Daschn* Regelsbach SC; *in die åig'n Tåsch'n wirtschåft'n* BRAUN Gr.Wb. 644.– *etwas in d'Tasch'n steck'n* „sich etwas unrechtmäßig aneignen; sich bereichern" ebd.– (*Tief*) *in die T. greifen* / *langen* (viel) bezahlen, OP vereinz.: *dou hoißts in Daschn langa* Sulzbach-Rosenbg; *töif in d'Tåsch'n långa* … *möin* „viel ausgeben müssen" BRAUN ebd.; *so sollen die richter paid in ir taschen greifen und in von irem gut recht vertigen* [abfinden] Prien RO 1498 BREIT Verbrechen u.Strafe 45.– *Er hat a weidö Taschn* „kann alles brauchen, ist habsüchtig" Passau.– *Dea hot sei Daschn jedazeit voll* „hat immer genügend zur Verfügung" Neukchn VOH.– *Aus seiner Taschn geht's ja net* „er muß es nicht selbst bezahlen" Lichtenhaag VIB;– *aus der T.* mit getrennter Kasse, °NB, °OP vereinz.: °*Tarock aus der Taschn* „jeder zahlt selbst" Hahnbach AM.– „*das zerreißt dir die Taschen nicht* … das bekommst du nicht" BAUERNFEIND Nordopf. 153.– *Dea schaut auf sei Descha* „auf seinen finanziellen Vorteil" Hohenpeißenbg SOG.– °*Oan auf der Taschn sitzn* „ihm Unkosten machen" Rgbg.– *Wer dös Gsicht sicht, derf d'Taschn zuahaltn* „muß sein Eigentum in Sicherheit bringen" Cham.– *Der ziagt oan s Geld nima aus da Tåschn* „nimmt es nicht mehr hinterhältig ab" östl.NB.– °*Der laoud se niat in sa Daschn schaua* „spricht nicht gerne über seine Verhältnisse" Weiden.– †: „Unter dem Nachtessen hat der N. *aus der Taschen gespült* [Taschenspielertricks gemacht]" Reichenhall 1627 nach SCHMELLER I,627.– *Sich in die T. lügen* u.ä. sich etwas vormachen, °Gesamtgeb. vielf.: °*geh, liag di doch net sejba in dei Daschn!* Geisenfd PAF; *in saa eugna Taschn löign* „sich selbst ausschmieren" SINGER Arzbg.Wb. 234f.– *Jmdm in die T. steigen* u.ä. jmdn ausnützen, übervorteilen, °OB, NB, OP vereinz.: *dö Gscheftsleut schteign oan iazt bo dera Kriagszeit fredö* [ohne zu zaudern] *öd Toschn* Hengersbg DEG;– *jmdm in die T. scheißen* OP, MF vereinz.: *der läßt sich in Daschn scheißn* Sulzbach-Rosenbg.– °*Steich halt eina, in mei Taschn, wenn i mit moch* „beteilige dich" Schnaittenbach AM.– *Jmdn in die T. stecken* jmdm weit überlegen sein, jmdn übertreffen, OB, °OP vereinz.: °*laou di niat in Daschn steckn* Weiden; *dean steck i doch leicht in d'Tåsch'n!* BRAUN Gr.Wb. 644.– *jem. in da Tåsch'n hoo(b'm* „in seiner Gewalt haben" ebd.– *(einen Auftrag) in da Tåsch'n hoo(b'm* „einen Vertragsabschluß getätigt haben" ebd.– *Das ist zum T. scheißen!* Ausdruck der Verwunderung od. Verärgerung, OP vereinz.: *des is zin Dåschn scheißn!* M'rteich TIR.– Schnaderhüpfel: *wos i sing oda pfaif, oda i's Daschal aigraif, wos i pfaif oda sing, is in Daschal niks drin* Bruck ROD.

2 Tasche eines Kleidungsstücks, Gesamtgeb. vereinz.: *kast s nöt a Doschn eischiam* Simbach PAN; *Der langt halt aa in d'Taschen 'nein* STIELER Ged. 204.– Phras.: °*lang amal an Toutn in Taschn ei!* „da ist nichts zu holen" Wdsassen TIR;– *einem Nackichten kann man nicht in die T. langen* u.ä. von einem, der nichts hat, ist nichts zu holen, °OP vereinz.: °*an Naggadn ka ma niat in Daschn langa* Weiden; *ma ko doch an Nackat'n net no in d' Tasch'n neig'langa a* Mchn.Stadtanz. 18 (1962) Nr.12,4;– °*do is's ja grod, ois wia ois wenst an Noggadn a Daschn eiglanga mochadsd* vergebliche Mühe O'neukchn MÜ, ähnlich °MAL, °R.– *In die T. mähen* u.ä. dem Vordermann beim Mähen sehr nahe kommen, °OB, °NB vereinz.: °*dir mah i scho nei in d'Daschn* Rehling AIC;– †: „Von Einem, der nicht zuruckmahen kann … *Deu mùd in d'Taschn eini*, d. h. von einer Tasche zur andern, weil die alten Röcke rechts und links eine Tasche hatten" Neuenhammer VOH SCHÖNWERTH Opf. III,249.

3 Hülle, Schlaufe, Ring.– **3a** Lederfleck od. -riemen, mit dem der Drischel am Stiel befestigt ist, °OB, °NB mehrf., °OP, °MF vereinz.: °*s Dascherl* O'nrd CHA.– Auch Bügel aus Holz od. Eisen dafür, °OB, °NB vereinz.: °*Tasche* „Eisenschlaufe am Stiel, an der der Flegel befestigt ist" Burggen SOG.– **3b** am Geschirr der Zugtiere, Fuhrwerk, Pflug.– **3bα** Lederhülse als Halterung für die Peitsche, °OB, °NB vereinz.: °*Taschn* „an Pferdefuhrwerken" Wollomoos AIC.– **3bβ** Lederhülse um den Zugstrang, °OB, °NB, °OP vereinz.: °*Taschn am Gschirr* „zum Schutz gegen Aufscheuern" Hohenpeißenbg SOG.– **3bγ** Schlaufe, Ring u.ä. zur Befestigung des Zugstrangs am Kummet od. Ortscheit,

°OB, °NB, °OP vereinz.: °*das Taschl* „wird an einer Öse des Kummets eingehängt" Zeiling MÜ; „*tęšə* ... Ringe zur Befestigung der Kettenriegel" O'schondf LL SBS XIII,305.– **3bδ** ring- od. u-förmiger Beschlag um Zug-, Ortscheit od. Deichsel, °OB, °NB, °OP, °MF, °SCH vereinz.: °*de Knebl han mit de Daschl am Zugholz befestigt* Halfing RO; °*Daschn* „mit Haken zum Einhängen des Zugseils" Altenbuch LAN; *3 Taschen an den Waagbalken* Münchenrth TIR 1886 SINGER Vkde Fichtelgeb. 123; *von der Daschen an die Wag 5 dn* O'aichbach LA 1521 HARTINGER Ordnungen I,313.– **3bε** Eisenring am Pflug als Halterung für den Stock zum Scharputzen: °*Taschn* Kottingwörth BEI.– **3bζ**: °*Taschn* „Eisentülle für die Leuchse mit einem Loch für die Radachse" Schönbichl FS.– **3bη**: °*Taschn* „Metallzylinder, der das über die Nabe hinausragende Achsenende umschließt" Atzmannsricht AM.– **3c**: °*Taschn* „Schutzhülle über der Schneide des Beils" Hohenpeißenbg SOG.– **3d**: *Daschei* „Eisenbeschlag für ein Fenster" Berchtesgaden.

4 †wohl Schöpfgefäß für einen Brunnen: *Dise wochen ain Daschl beim Prunnen gemacht* 1588 Stadtarch. Rosenheim GRE 26, 112.

5 Teigtasche, OB, NB vereinz.: *Dåschana gibts s Jår nua droimåi* „runde Mehlspeise" Mittich GRI; *Tàscherl* „mit Marmelade oder Früchten gefülltes Gebäck" [4]ZEHETNER Bair.Dt. 344.

6 Körperteil.– **6a** Vagina, meist Scheide der Kuh, °OB, °NB, °OP mehrf., °MF, °SCH vereinz.: °*Toschn laft scho o* „wenn die Kuh bald kalbt" Marchaney TIR; „Bezeichnungen für die Scham des Weibes ... *Taschn*" QUERI Kraftbayr. 63; *Die Taschen* „die weiblichen Theile, zunächst bey Thieren" SCHMELLER I,627.– **6b** (großer) Mund, °OB, °NB, °OP vereinz.: °*hoit dei Dåsch!* Degerndf RO.

7 von weiblichen Lebewesen.– **7a** (scherzh.) Mädchen, OB, °OP vereinz.: *a sauberes Dasche* „auffallend schönes Mädchen" Hzkchn MB; °*host scho wieda a Taschn gmacht* „eine Tochter" Frauenbg PAR; „*Daschn* ... zum Spott ... bei Geburt eines Mädchens ... ein Dachziegel auf dem Fahnenmast ... aufgezogen" ILMBERGER Fibel 43.– **7b** allg. abwertend od. Schimpfw., OB, NB, OP vereinz.: *habt's alleweil dreinzuspreche, ös* [ihr] *Däschech!* Hfheggenbg FFB; *Die Taschen* „im niedern Scherz: weibliche Person" SCHMELLER ebd.; *ihm Guggenberger mit ungebührlichen Hundsfot, Taschen und anderen ... schrecklichen Worten zu belästigen* 1702 BREIT Verbrechen u.Strafe 271f.– **7c** †: *Die Taschen* „weibliches Schwein" SCHMELLER ebd.

8 †: „*Tasche* ... Baumwanze oder Stinkkäfer ... von dünnem, aber ziemlich breiten, flachen Körper" Passau SbMchn 1887,2.Tl 413.

9 Pfln., Teil einer Pflanze.– **9a** Dim., Hirtentäschchen (Capsella Bursa-pastoris), OB, NB, OP vereinz.: *s Taschl* Naabdemenrth NEW; *Taschla* BRAUN Gr.Wb. 644.– **9b** Schote, Kapselfrucht, °OB, °NB vereinz.: °*da sand viel Taschn dran* „Erbsenschoten" Herrnwahlthann KEH; *Die Taschen* „Hülse von Erbsen, Linsen u. drgl." Mchn SCHMELLER ebd.– **9c** schlecht gekopftes Kraut, °OB vereinz.: *dö Dåscha* „locker gewachsener Krautkopf" O'ammergau GAP; *deʃa* „hochaufgeschossenes Kraut" nach MOSER Staudengeb. 21.– **9d** von der Taschenkrankheit befallene Zwetschge, °OP, °MF vereinz.: °*Taschn* Ambg.

10 Schwade, die beim Vor- u. Zurückmähen entsteht, °OB vereinz.: °*Doschn gmaht hod ma frihras beim Woaz* Hirnsbg RO; *ei~ d· Tasch·n má·n* „zu einem Schlage Gras, Haber u. drgl. noch einen hinzumähen" SCHMELLER ebd.; *dǫšn mą̃* „Rest beim Rückwärtsgehen mähen und umlegen" Wonnebg LF nach SOB V,209.

11 Vertiefung.– **11a** Mulde, Unebenheit, °OB, °NB, °OP, °SCH vereinz.: °*a Daschn machn* „beim Pflügen" Pipinsrd DAH.– **11b** Rille, Loch, °OB vereinz.: °*Tasche* „Einkerbung am Dreschflegel, damit der Riemen besser geschützt ist" Bayersoien SOG.

12 durch unordentliches Ackern, Mähen od. Säen unbearbeitet gebliebener Streifen, °OB, °NB vereinz.: °*wos dea füara Daschn eingmacht hod!* beim Säen übersehene Furche Dachau; „zwischen den Furchen stehen gebliebener, ungepflügter Streifen ... *dåʃn*" Lauterbach DAH nach SOB V,182f.

13 Flachziegel, (Kalkstein-)Platte, °NB vielf., °OP, MF (HIP, WUG) mehrf., °OB, °SCH vereinz.: °*dös Dachl, då feind scha a boa Dåschn* Grafenau; *Daschn* „Platten aus Solnhofer Bruch" Rothenstein WUG; „Gedächer ... im Jurakalkgebirg ... von *Taschen* ... flachen, nicht sehr regelmäßig behauenen Bruchplatten" Bavaria I,985; *wej uma 1900 de Taschn ... afkemma han, na han d' Schindln okemma* KÖZ BJV 1952,29; *mit pleien taschen und schindeln überdeckt* AVENTIN IV,95,18 (Chron.); „31 hölzerne mit *Taschen* gedeckte Hausungen" BAUMGARTNER Neustadt 62.

14 Pflugschar, °OB vereinz.: °*Taschn* Bayrischzell MB.

Etym.: Ahd. *tasca*, *zasca*, mhd. *tasche*, *tesche* st/swf., Herkunft unklar; Pfeifer Et.Wb. 1414.

Ltg, Formen: *dåʃ̌n* u.ä., daneben *-α* (HIP; FDB), *dåʃ̌* u.ä. (BGD, MB, RO, TÖL, TS; SC; DON), *då̄šn* NB (dazu AÖ, BGD, ED, WM; AM, RID; EIH, HIP), *doʃ̌n* NB (dazu AÖ, MÜ, TS; NEN, OVI, WÜM), *dōšn* (AÖ; EG, WOS), mit Sekundäruml. *dạʃ̌n* westl.OB (dazu KÖZ, SR; ESB; FDB), *dęʃ̌n* (FFB, LL, WM; FDB), *-α* (FFB, LL, SOG, WM; FDB), *dạʃ̌* (BGD, RO, TS).– Dim. *dạʃ̌(α)l* u.ä., daneben *-e*, *-i* (AÖ, MB; VIB), *-ai* (BGD, MB, WS), *-lα*, *-li* (AIC; WUN; LAU, WUG; FDB), *dęʃ̌lα* (FFB, LL, WM; FDB; FÜ, SC), *dåʃ̌αl* (TS).

Schmeller I,627.– WBÖ IV,796-803.

Abl.: *-täscheln*, *-taschen*, *Taschner*.

Komp.: [**Arsch**]**t.** Gesäßtasche, OP, OF vereinz.: *Arschdaschn* Fichtelbg BT; *an Flaschnöffner … Dean ho ich allzeit in der Arschtaschn* Schemm Die allerneistn Deas-Gsch. 19.

WBÖ IV,803.

†[**Aug**]**t.** wohl ringförmiger Beschlag um Zug- od. Ortscheit: *von einer Augtasche zu machen 5 dn* O'süßbach MAI 1763 Hartinger Ordnungen III,421.– Zu →*Auge*[1] 'Metallring'.

[**Backen**]**t.** Backentasche, OB vereinz.: *dea fuit si sainö Båckadåschn wida richdi o* Mchn.

[**Bären**]**t.** Herbstzeitlose (Colchicum autumnale), NB vereinz.: *Bärntåschn* (Ef.) Sulzbach PA.

[**Patron(en)**]**t.** Patronentasche, OB, NB, OP, SCH vereinz.: *Bådråunadaschn* Derching FDB; *Leid machts Patrondaschn auf* Kraiburg MÜ um 1870 Rattelmüller Soldatenlieder 161; *Sambt der Patrontaschen, warinnen auch 2 grosse Khugl und ain Pulferhientl voller Pulfer* 1675 Poschinger Glashüttengut Frauenau 6.– Phras.: *Batrondåschn fisidian* „in Erfahrung bringen, welche Spielkarten der andere hat" Mittich GRI.– *Heut muaß i mal wieda d'Patrontasch visitiern* „deine Manneskraft testen" OB.

WBÖ IV,803f.

[**Geld-beutel**]**t.** wie →[*Arsch*]*t.*, OP, MF vereinz.: *Göldbeidltaschn* Solnhfn WUG.

[**Pflug**]**t.**, †[**Pflugs**]- **1** ringförmiger Beschlag um das Zugscheit des Pfluges: °*Pflugtaschn* „zum Anhängen der Zugstränge" N'bergkchn MÜ; *Pfluegs Taschen … für ain neue Taschen an die Pfluegswag 1 R dn* Hadersbach MAL 1574 Hartinger Ordnungen III,349.– **2** Beschlag zur Befestigung des Streichbretts am Pflug: °*Pflugtaschn* Griesbach.– **3** wie →*T.*3bε: °*Pflugdaschl* „Halterung für den Pflugreiniger" Thanning WOR.

[**Pläppel**]**t.** Vielredner(in), Schwätzer(in): °*a Plappidaschn* Malching GRI.– Zu →*pläppeln* 'viel reden, schwätzen'.

[**Plapper**]**t.** dass., °OB, °NB vielf., °OP mehrf., °MF, °SCH vereinz.: °*paß bloß bei der Plappatasch auf, was d'sagst* Lenggries TÖL; °*des is so a Plappataschn, zu dera konnst bloß wos vom Weda song* Dietfurt RID; *Plappertasche* Schlappinger Bilder 15.

WBÖ IV,804.

[**Plauder**]**t.** dass., OB, NB, °OP vereinz.: *Blaudrdäsche* „geschwätziges Mädchen" Hfhegnenbg FFB; *Er meint, er müsse sich zu todt plaudern, die Plaudertasche* Baier.Sprw. II,106.

WBÖ IV,804.

[**Bohnen**]**t.** Bohnenschote, OB, NB vereinz.: *Banadaschn* Sandelzhsn MAI.

[**Post**]**t.** Tasche des Postboten, OB, NB, SCH vereinz.: *Boschdåschn* Kochel TÖL; *die schwaar Posttaschn umghenkt, waou nu a poar Paackla hibunddn woarn* Heinrich Gschichtla u. Gedichtla 22.

WBÖ IV,804.

[**Brief**]**t.** **1** Brieftasche, OB, OP vereinz.: *Bröifdaschl* Schloppach TIR; *Mei Briaftaschn is furt!* Altb.Heimatp. 52 (2000) Nr.24,25.– **2** Innentasche der Männerjacke, OB, MF vereinz.: *Briafdaschn* Anzing EBE.

WBÖ IV,804f.

[**Brot**]**t.** **1** Tasche für Brot, OB, NB, OP vereinz.: *Brottaschn* „zum Aufbewahren des Brotes" Mchn.– **2** wie →*T.*6b, °OB, °NB, °OP, °MF vereinz.: °*der hat a groußе Brouttaschn* Pfarrkchn; *halt dei Broudtaschn!* Weiden.

WBÖ IV,805.

[**Brust**]**t.** Brusttasche, OB, NB, OP, SCH vereinz.: *i hab s Geld in der Brusttaschn* Wasserburg; *und hod ma no an 50er ins Brusttaschl druckt* Altb.Heimatp. 62 (2010) Nr.5,4.

WBÖ IV,805.

[**Buckel**]**t.** Schulranzen: °*Buckltaschn* Schwandf.
WBÖ IV,805.

[**Dach**]**t.** wie → *T.*13, °OB, NB, OP, MF vereinz.: *Doochdaschn* Mockersdf KEM; *Leopold Schädl, Ziegler zu Immendorf, für 350 Dachtaschen 1 fl 50 kr.* Pöttmes AIC 1753/1754 Heimatpfleger des Bezirks Oberbayern, Reihe A, H.11, Schongau 1956, 19.
WBÖ IV,805.

[**Drischel**]**t.** wie → *T.*3a, °OB, MF vereinz.: °*Drischltaschn* „Schweinsleder zum Zusammenhängen von Dreschflegel und Stiel" Endlhsn WOR.

[**Eiden**]**t.**: °*Addndaschl* „Bandeisen um den Eggenbalken, damit er beim Einschlagen der Zähne nicht gesprengt wird" Thanning WOR.– Zu einer Nebenf. von → *Egge*.

[**Erbs(en)**]**t.** Erbsenschote, Erbsenschale, °OB, °SCH mehrf., °NB, °OP, °MF vereinz.: °*de Arwistaschl tuast a den Korb eine* Halfing RO; „die Erbsen ... deren Hülsen ... volksthümlich *Arbistaschen* genannt wurden" PEETZ Volkswiss.Stud. 276.– Auch: °*Orwaståschal* „die ganze Erbsenpflanze mit den Hülsen" Pittenhart TS.
SCHMELLER I,136.– WBÖ IV,803.

[**Falz**]**t.** Falzziegel, OB, NB vereinz.: *a Foezdaschn* Aspertsham MÜ; „von dem ganzen Wagen voll *Falztaschen* dürften keine hundert mehr ganz geblieben sein" Wildthurn LAN Landauer Bote u. Anzeiger 55 (1914) Nr.39,2.

[**Flegel**]**t.** wie → *T.*3a, °OP vereinz.: °*Flegltaschn* Traidendf BUL.

[**Frack**]**t.** Tasche der Männerjacke, OB, NB, OP, SCH vereinz.: *a Frackdaschn* Kchdf PAN.

[**Frauen**]**t.** wie → *T.*9a: *Frauataschal* Hirtentäschel Chieming TS.

[**Futter**]**t. 1** Futtertasche für Zugpferde: °*Futtertaschn* Selb.– **2** wie → [*Brief*]*t.*2: *Foudataschn* Innentasche der Männerjacke Hauzenstein R.

†[**Gaukel**]**t.** Tasche des Taschenspielers: *in ainer Gauggel-Taschen steckt vil Frewd* GEMINIANUS MONACENSIS, Geistlicher Weeg-Weiser gen Himmel, Bd II[,1], München 1679, 405.
SCHMELLER I,883.

[**Geißel**]**t.** wie → *T.*3bα, °OB, °NB, MF vereinz.: °„*Goaßltoschn* am Kummet zum Hineinstecken der *Goaßl* während der Ausfahrt" Steinhögl BGD.
WBÖ IV,806.

[**Geld**]**t. 1** Geldbeutel, Geldtasche, OB, NB, OP vereinz.: *Göiddaschä* „haben Frauen" Elbach MB; *obwohl ich immer mein Geldtascherl umhängen gehabt hab'* Mchn S. KRAFFT, CH. BÖCK, Zw. den Fronten, München 1995, 411.– **2** wie → [*Arsch*]*t.*, OB, NB, OP vereinz.: *Gölddaschn* hintere Hosentasche Schneebg OVI.– **3** Dim., wie → *T.*9a, OB, OP vereinz.: *Geldtascherl* Hirtentäschel Nandlstadt FS.
WBÖ IV,806f.

[**Gilet**]**t.** Dim., Westentasche, OB, NB, OP vereinz.: *d'Uhr im Schileedäschle* Hfhegnenbg FFB; *Er oan Meter neunzge und sie geht eahm grad bis zum Schilehtaschl* KREIS Münchner 39.– Phras.: °*den kannst im Schiletaschl hoamtrong* „kleiner Mensch" Tittmoning LF.
WBÖ IV,812 (Schilẹ-).

[**Glas**]**t.** Glasziegel, OB, NB, OP, MF vereinz.: *Glostoschn* Dachfenster Alletsrd NEN; „auch sind *Glastaschen* zu verkaufen" Landshuter Ztg 13 (1861) 740.

[**Goller**]**t.** wie → [*Frack*]*t.*, OP, OF vereinz.: *Golataschn* Breitenbrunn WUN; *er ... steckt sein Handschka* [Handschuh] *in die Gollertaschn* SCHEMM Neie Deas-Gsch. 116.– Zu → *Goller* 'Jacke'.

[**Haber**]**t.** wie → *T.*9a: °*Habertäschl* Hirtentäschel Fraunbg ED.

†[**Häklein**]**t.** wie → [*Aug*]*t.*: *1 hagl Thaschen derlegt 1 neis glid 1 gnebel ins wagscheidl eingemacht 42 Kr* Rotthalmünster GRI 1875 (Rechnung).
WBÖ IV,807.

[**Hamster**]**t.** Tasche für Hamsterkäufe, OB, NB, OP, MF vereinz.: *Håmstatåschn* „große Handtaschen aus Leinen für Brot, Eier, Butter" Ingolstadt.
WBÖ IV,807.

[**Hand**]**t.**, [**Hände**]- **1** Tasche zum Tragen mit der Hand.– **1a** größere Tasche, °OB, °NB, MF, SCH vereinz.: *d Handdaschn* Einkaufstasche

Aspertsham MÜ; *Handtascha* Reisetasche Merching FDB.– **1b** Damenhandtasche, OB, NB, OP, MF, SCH vereinz.: *pFrauanzima håmant a Hånddaschn* Mittich GRI; *der Frau … der hams das Handtascherl gstohlen* VALENTIN Werke II, 58.– **2**: °*Handdaschn* „handgemachte Dachziegel" Rattenbg BOG.

WBÖ IV,807.

[**Hirten**]**t.** meist Dim., wie →*T.*9a, °OB, °MF mehrf., °Restgeb. vereinz.: *Hürdntaschn* Wielenbach WM; *Hetnteschla* Gutzbg FÜ; „Auch das Gartenland hat seine ungebetenen Gäste: *Hirtentäschel*" Bavaria II,114.

WBÖ IV,807.

[**Hosen**]**t.** Hosentasche, OF, MF vielf., OB, OP, SCH mehrf., NB vereinz.: *mei Hosntaschn håt a Loch* Wasserburg; *Huasataschn* Erbendf KEM; *ma gspürt'n* [Schlüssel] *in da Hosntaschn* MM 17.8.1999[, 18]; *das ander hab ich in Hosentaschl* BUCHER Charfreytagsprocession 127.– Phras.: *i kenn enk* [euch] *do wia mei Hosntaschn* [sehr genau] Altb.Heimatp. 52 (2000) Nr.47,8.– „Der … ist strohdumm … *Deà hǫd s Hiàn à dà Hosn-dasschn*" KAPS Welt d.Bauern 94.

WBÖ IV,807.

[**Huf(en)**]**t.** Huflattich (Tussilago farfara), °NB (v.a. Bay.Wald) mehrf., °OB, °OP vereinz.: *Huafdaschn* Kreuzbg WOS.

†[**Hunds**]**t.** Scheide des Hundes, nur übertr. Schimpfw.: *uf offentlichen marckht eine … hundstaschen gehaissen* Auerbach ESB Mitte 17.Jh. HELM Konflikt 80.

[**Hüter**]**t.** Dim. **1** wie →*T.*9a, OB, NB vereinz.: *Hüatataschl* Hirtentäschel Piegendf ROL.– **2** Zittergras (Briza media): *Hirtadascherl* Rinchnach REG.

[**Jagd**]**t.** Jagdtasche, OB, NB, OP vereinz.: *d'Jågddåschn valoißn* Mittich GRI; *der Herr Baron hat si a mal a Jagdflintn … und a Jagdtaschn z'leihn gnomma* Bayer. Dorf-Ztg 1 (1834) 286.

WBÖ IV,808.

[**Janker(lein)**]**t.** wie →[*Frack*]*t.*, OB, NB, SCH vereinz.: *Jankaldoschn* U'höft EG; „Gegen *Weierzen* [Spuken] … *ein Brotmesser in der Jankertasche*" HALLER Frauenauer Sagen 225.

[**Joppen**]**t.**, [**Juppen**]- dass., OB, MF mehrf., °Restgeb. vereinz.: *Jobatescha* Türkenfd FFB; *Jubbndaschn* Solnhfn WUG; *wal a sei' Dawaksdusn as da Joppndaschn nehma will* SCHWÄGERL Dalust 176.

WBÖ IV,808.

[**Jumperlein**]**t.** dass.: *Schambbaldoschn* Gottsdf WEG.– Zu →*Jumper* 'kurze Männerjacke'.

WBÖ IV,812 (Schåmper-).

[**Kalier**]**t.** dass.: *Kaliertaschn* Höll WÜM.– Zu →*Kalier* 'dass.'.

[**Ein-kauf(s)**]**t.** Einkaufstasche, OB, NB, OP, MF, SCH vereinz.: *Eikaftaschn* Puchhsn DGF; *haout maa Frau … die Aakaafstaschn aafm Tisch gstellt* SCHEMM Dees u. Sell 204.

WBÖ IV,808.

[**Keil**]**t.**: °*Keitaschl* „mitgeführte Tasche für die Holzkeile, mit denen das Sech an den alten Holzpflügen befestigt wurde" O'högl BGD.

[**Knicker**]**t.** Hosentasche für das Messer (→*Knicker*), OP vereinz.: *Kniggadaschn* Wdsassen TIR.

[**Korb**]**t.**, [**Körblein**]- wohl aus Stroh, Bast u.ä. geflochtene Tragetasche, °OB, °NB, °OP vereinz.: °*Keawidaschn* Griesbach.

†[**Korporal**]**t.** Tasche für das Korporale: *Ain rote corperal taschen mit einem corperal* Landshut um 1450 ObG 11 (1909) 308, *Ein Kelchtüechl vnd Palla, wie auch Corporal Taschen* 1743 MHStA KL Andechs 46,fol.20[r].

WBÖ IV,808f.

[**Kühe**]**t.**: °*Kiatoschn* „Scheide der Kuh" Taching LF.

[**Kummet**]**t. 1** kleine Ledertasche am Kummet, °Gesamtgeb. vereinz.: °*d'Kammertaschn* „für Schraubstollen und Hammer im Winter" Anzing EBE; °*die Kummettaschn* „links am Sattelpferd, für die Papiere von Bierfahrern und Spediteuren" Dingolfing.– **2** Hülle, Schlaufe, Ring.– **2a** Lederhülse am Kummet als Halterung für die Peitsche, °OB, °NB, °OP, °MF, °SCH vereinz.: °*Kummettaschn* „zum Einstecken der Peitsche" Pertolzhfn OVI.– **2b** wie →*T.*3bβ, °OB, °NB vereinz.: °*die Kåmmattaschn* „Lederhülse zum Schutz des Tieres"

Marktl AÖ.– **2c** wie →*T.*3bγ, °OB, °NB, °MF vereinz.: °*Kummettaschn* „Eisenring am Kummet zur Befestigung des Strangs" Deggendf; °*Kummettasche* „Lederschlaufe zwischen Strang und Eisenhaken am Kummet" Rohr SC.– **2d** wohl Brustriemen: °*Kummettaschn* „wird dem Pferd um die Brust gelegt" O'neukchn MÜ.– **3** kissenartige Unterlage des Kummets, °NB, °OP vereinz.: °*Kammettaschn* Lam KÖZ.– **4** Stirnjoch: °*Kummertaschn* (Ef.) Dietfurt RID.– **5**: °*Kummettasche* „Mähnenkamm, Nacken des Pferdes" Spatzenhsn WM.

[**Laus**]**t.**, [**Läuse**]- **1** wie →[*Bären*]*t.*, °sw.OP, °MF (EIH, HIP) vielf., °OB (v.a. IN), NB (KEH) mehrf.: *die Laustaschn* „Herbstzeitlose im Frühjahr zur Reifezeit der Kapseln" Neuessing KEH; °*Laustaschn* „mit dem Absud der Kapseln wusch man verlauste Kälber" Dietfurt RID; *Af unsara Wiesn hod's d'Laustaschn g'sammelt und deu hod's mit Schmalz af'kocht* Wdmünchn.Heimatbote 22 (1990) 11.– **2** Fruchtkapsel (mit Blättern) ders., MF (EIH) mehrf., OP vereinz.: *Laustaschn* Mühlbach RID; *láustašn* „Frucht der Zeitlose" Walting EIH Weber Eichstätt 169.

[(**Ge-**)**Leck**]**t.** Tasche des Hirten für Lecksalz u.a., °OB (v.a. MB, RO, TS) vielf., °NB, °OP vereinz.: °*Lecktaschn* Hzkchn MB; „In der *Glecktasch'n* ist ein Gemisch von Kleie, Salz und Heublumen" Ruhpolding TS Bayerld 26 (1914/15) 269.
WBÖ IV,809.

[**Leder**]**t. 1** Tasche, Tragbehälter aus Leder, OB, NB, OP vereinz.: *Lödadåschn* Simbach PAN; *Wenn bei ra Ledataschn oder Kufa a Noht aufganga gwen is* Pinzl Bäuerin 144.– **2** Schlaufe, Hülle aus Leder.– **2a** wie →*T.*3a, °OB, °NB, °OP vereinz.: °*Ledertaschn* „Schlaufe zwischen Flegel und Stiel" Eining KEH.– **2b** wie →*T.*3bβ: *Ledertaschn* Lederscheide, durch die der Strang läuft Haag WS.
WBÖ IV,809.

[**Leiblein**]**t.** Dim., wie →[*Gilet*]*t.*, NB, OP vereinz.: *s Leiwödaschl* „Westentasche" Gottsdf WEG; *der Xaver … wuzzelt den Geldschein in sein Leibltascherl* Altb.Heimatp. 8 (1956) Nr.22,7.– Phras.: *Der Springginges* [unruhiger, lebhafter Mensch] *kennt's Revier wie seine Leibeltaschen* [sehr genau] Frietinger Lüftlmaler 67.– „Die Kleingewachsenen … *den kann man ins Leiwltaschl … schieben*" Dt.Gaue 41 (1949) 29.– *Wer seinen Acker aus dem Leibltaschl* [zu wenig] *düngt, der kann seine Ernte im Hosensack* [in geringer Menge] *heimtragen* Lettl Brauch 134.
WBÖ IV,809.

[**Mantel**]**t.** Manteltasche, °OB, NB, OP vereinz.: °*da Schlissl is in da Mantldaschn* Stammham AÖ; *wia de Frau de Sprähdosn in d'Mantltaschn gschobn hod* Tochtermann Oiß wos Recht is 127.
WBÖ IV,810.

[**Markt**]**t.** wie →[*Ein-kauf(s)*]*t.*, °OB, NB, OP, MF vereinz.: °*dei Huat is so zammadätscht* [zerdrückt] *als wira alte Markttaschn* Hzkchn MB; *die vollgepackte Markttasch'n mit den Fressalien* Mchn.Stadtanz. 7 (1951) Nr.29,5.
WBÖ IV,810.

†[**Ge-mein**]**t.** wohl Flachziegel aus dem städt. Ziegelofen: „die *Häggen* und *Preis* [gewölbte Dachziegel] abzunehmen, die Dachung … mit *Gemeintaschen* zu belegen" Rgbg 1781 VHO 37 (1883) 210.

[**Messer**]**t.** wie →[*Knicker*]*t.*, OB mehrf., NB, OP, MF, SCH vereinz.: *Mössrdäsche zum lange Mössr neistöcke* Hfhegnenbg FFB; *In mei' Werktagshos'n brauchst koa' Messertasch'n 'neinz'machen – g'raaft werd nur an de Sonntag'* Fliegende Bl. (Mchn) 98 (1893) 57.
WBÖ IV,810.

[**Miet**]**t.** wie →[(*Ge-*)*Leck*]*t.*, °sw.OB vielf.: °*Miadtaschn* „Ledertasche der Hirten und Senner für Salz und Kleie" Garmisch-Partenkchn; *Miaddaschn* Wb.Krün 34.– Zu →*Miete* 'Lecksalz'.
WBÖ IV,810.

[**Milch**]**t.** Löwenzahn (Taraxacum officinale): *muixdåſn* Aubing M nach Stör Region Mchn 958.

[**Reise**]**t.** Reisetasche, OB vielf., NB mehrf., OP, MF, SCH vereinz.: *d Roasdåschn vagößn* Erlach PAN; *Roisdaschn* Runding CHA; *so han ich noch 1½ Tukat in der raistaschen* 1383 Runtingerb. II,48.
WBÖ IV,811.

[Revolver]t. 1 Revolvertasche: *ich hole mir noch das Revolvertascherl vom Fensterbrett* H. Achternbusch, Kopf u. Herz, Weitra 2005, 49.– **2** wie →*[Arsch]t.*, OB, NB, OP vereinz.: *d'Rewoifadoschn* hintere Hosentasche Frauenau REG.

WBÖ IV,811.

[Ring(el)]t., [Ringen]- Stofftasche mit zwei Tragringen, °OB, °NB, °OP, °MF vereinz.: °*Ringadaschn* Zandt EIH; „Einmal bin ich mit einer *Ringeltasche* voller Sachen für den Haushalt heimgegangen" Haller Frauenauer Sagen 212.

[Rock]t. 1 wie →*[Frack]t.*, Gesamtgeb. mehrf.: *d Rockdåschn flickhn* Erlach PAN; *Ruagtaschn* Erbendf KEM; *wia der ... Gottseibeiuns ... blos daß er Hörndln zum Abschraubn hat und an Wedl hint' drin in der Rocktaschn* Mchn Jugend 12 (1907) [557].– Phras.: *i kann di net in der Rocktaschn mitnehma* „sagt man zu Kindern, wenn sie nicht mitgehen dürfen" Wasserburg.– **2** Tasche im Frauenrock, NB, OP, MF vereinz.: *Rucktaschn* Hshm NM.

WBÖ IV,811.

[Rotz]t.: *Ruazdaschn* „freches junges Ding" Konrad nördl.Opf. 35.

WBÖ IV,811f.

[Rumpel]t.: *Rumpeltasche* „Brett mit welligem Blech zum Reiben der Wäsche" ED Zw. Sempt u. Isen 16 (1976) 20.

WBÖ IV,812.

[Salz]t. wie →*[(Ge-)Leck]t.*, °OB vereinz.: °*das Soitstaschä* Parsbg MB; *Von früh bis spat ... muß ein Hüata da unterwegs sein mit der Salztaschen* Jachenau TÖL Altb.Heimatp. 14 (1962) Nr.17,9.

WBÖ IV,812.

[Sattel]t. Satteltasche: °*So'ldaschn* Kchnthumbach ESB; *2 par satltaschen* Rain SR 1547 Rgbg u.Ostb. 118 (Inv.).

WBÖ IV,812.

[Schalk]t., [Schälklein]- wie →*[Gilet]t.*, OB, OP, MF vereinz.: *Scholgdaschn* Söllitz NAB.– Zu →*Schalk* 'Weste'.

WBÖ IV,812.

[Schiefer]t. Schieferplatte, OB, NB, OP vereinz.: *Schifadåschn* Simbach PAN.

[Ge-schirr]t. 1: °*Gschirrtaschn* „kleine Ledertasche am Pferdehalfter für Zange, Hammer, Nägel" Hahnbach AM.– **2** wie →*[Kummet]t.*2a: °*Gschirrtaschn* „Tasche, in die der Peitschenstock gesteckt wird" Parsbg.

[Schul(er)]t. wie →*[Buckel]t.*, °OB, °NB, °OP, °MF, SCH vereinz.: *då håst dei Schuütaschn* Innviertel; „*šuiladåʃn* ... aus Stoff, für die Mädchen" Mauth WOS nach SNiB II,172.

WBÖ IV,812f.

[Schurz]t. Schürzentasche: *Schurztaschn* Mchn; *ihre Minznkugln, de hot's immer in ihrer Schurztaschn g'habt* Laaber PAR Altb.Heimatp. 64 (2012) Nr.33,21.

WBÖ IV,813 (Schürzen-).

[Schwärzer]t. Tasche eines Schmugglers: *håst a tiafö Schwüarzataschn* Innviertel.

WBÖ IV,813.

[Seich]t. 1: *Soachtasch* „kleines Mädchen, das ins Bett näßt" O'audf TS.– **2** wie →*T.*7b: *Soachdaschn* „freches Mädchen" Kochel TÖL; *Saăchtàschn* „Spottname für Weiber" Federholzner Wb.ndb.Mda. 182.

Schmeller II,212.– WBÖ IV,813.

[Seil]t. 1 wie →*T.*3bβ, °OB, °NB, °OP, °SCH vereinz.: °*Seiltaschn* „Lederschlauch, in dem sich das Zugseil bewegt" Altenbuch LAN; „Die Ueberwürfe von Leder bestehen aus Rück-, Bauch-, Schweif- und Schleppriemen ... *Seiltaschen*" Hengersbg DEG Königlich-Bayer. Intelligenz-Bl. von Niederbayern 1850, Nr.44, Beil., 203.– **2** wie →*T.*3bγ, °OB, °NB, °OP vereinz.: °*Seiltaschn* „Eisenringe am Ende des Stranges, die mit dem Zugscheit verbunden werden" Tirschenrth.– **3** Schlaufe, Ring am Kummet zur Führung des Leitseils, °OB, °NB vereinz.: °*Seidaschn* Dachau.– **4**: °*die Seiltåschn* „Kausche, Ring für Schiffstaue" Inzell TS.

WBÖ IV,813.

[Seiten]t. 1 Seitentasche eines Kleidungsstücks, OB, NB, OP, SCH vereinz.: *a Spitztüachl öns Seitntaschl* Hengersbg DEG; *Der Vater ... hat die Schlüssl allwei' in sein' Rock in 'ere Seitentaschn bein ihm 'tragn* Kobell Schnadahüpfln 124.– **2** Hülle, Ring am Geschirr des Zugtiers.–

2a wie →[*Kummet*]*t.*2a: °*Seitentasche* „am Kummet für die Peitsche“ Reichenhall.– **2b** wie → *T.*3bβ, °OB, °NB vereinz.: °*Seitntaschn* Kchmatting SR.– **2c** wie →[*Aug*]*t.*: *die Seitntåschn* „Beschlag am Ortscheit“ Wasserburg.
WBÖ IV,813.

[**Sens**]**t.**: °*Sa*^{n}*staschn* „Schutzhülle für das Sensenblatt“ Ergolding LA.

[**Spitz**]**t.** Schutzhülle aus Leder od. Blech für Spitzhacke, Eispickel, °OB, °NB, °OP, °MF, °SCH vereinz.: *d'Schpitztaschn* „aus Blech, für die Spitze des Schrampickels“ Ascholding WOR.

[**Strang**]**t. 1** wie → *T.*3bβ, °OB vielf., °NB, °OP, °SCH mehrf.: °*Strangtaschn* „60cm lange Umhüllungen der Zugseile links und rechts am Bauchgurt“ Breitenbg WEG; „Zum *Kammatg'schirr* gehörte der ... *Kammat* ... die *Strangtaschen* und die Zugstränge mit den Ringen“ Häring Gäuboden 86.– **2** wie → *T.*3bγ, °OB, °NB, °OP, °SCH vereinz.: °*Strangtaschn* „mit Ledereinlage verstärkte Strangschlaufe“ Aidenbach VOF.– **3**: °*Strangtaschn* „Ledergurt mit Riemchen auf dem Pferderücken, damit nach dem Ausschirren die Stränge gebunden“ Rgbg.

[**Stroh**]**t.** aus Stroh geflochtene Tasche, °OB, °NB, °OP, °MF vereinz.: °*Stroudaschn* „aus Roggenstroh“ Rattenbg BOG; *Stroadäscha* Thaining LL Lech-Isar-Ld 12 (1936) 56.

[**Sutzel**]**t.**: *Suzldaschn* Kleeblüten Wdmünchen.

[**Uhr**]**t.** meist Dim., Uhrtasche, OB, NB, OP, SCH vereinz.: *Uhrdäschle im Schile oder am Hosebund* Hfhegnenbg FFB; *da im Uhrtaschl steckt no so a herumvagirnda Sechser* C.T. Müller, Das Octoberfest auf der Theresien-Wiese zu München, München 1834, 15; *Uidaschl* „an der Lederhose oder am Leibl“ Rasp Bgdn.Mda. 151.– Auch: *Uhrtaschn* „kleine lederne Schutztasche, mit der goldene Uhren in die Westentasche gesteckt werden“ Mchn.
WBÖ IV,813.

[**Waag**]**t.** wie →[*Aug*]*t.*, °OB, °NB, °OP, °MF vereinz.: °„*Waouchdaschn* an der Waage, *Waouchdäschla* am Ortscheit“ Kchnthumbach ESB; „Das übliche Ziehscheit war an beiden Enden mit sogenannten *Täschlein* beschlagen ... *wōdąʃal*“ O'walting SR nach SNiB VI,167f.; *Wagtasche samt Federn 6 Kr* Furth LA 1764 Hartinger Ordnungen III,310.
WBÖ IV,813.

[**Wagen**]**t.** dass., °NB, °OP vereinz.: °*das Wagentascherl* Heilbrunn BOG.

†[**Waid**]**t.** wie →[*Jagd*]*t.*: *ein boshafter Wilddieb schoß mir ... durch den Schalck* [Weste] *und die Waiddasche* Ramsau BGD 1808 (Votivtafel); „Also hing der Vater ... Unseren kleinen Lehrjung die Flinte und *Waydtasche* selbsten um“ Wdsassen TIR Böhm Falkenbg 137f.
WBÖ IV,814.

[**Westen**]**t.** Dim., wie →[*Gilet*]*t.*, OB, OP vereinz.: *Westntaschl* Mchn; *Er zöiht oanaran Kiala* [Kettlein], *wos aasn Westntaaschla aassahänkt, an Flaschnöffner aassa* Schemm Neie Deas-Gsch. 68.
WBÖ IV,814.

[**Wickelein**]**t.**: °*Wiegeitaschn* „Wickenschote“ Rettenbach WS.

[**Ziegel**]**t.** Flachziegel, OP mehrf., OB, NB, MF vereinz.: *Ziagltaschn ös Bött ei zon Füaß wama* Hengersbg DEG; *Dös Dachl is so gscheckat zsammgflickt Aus Stroh und Blech und Ziagldaschn* Fabian Homer 34; *für Ziegeltaschen ... Fuhrlohn 55 fl.* 1708 Chron.Kiefersfdn 437.
WBÖ IV,814.

[**Zug**]**t.** wie → *T.*3bγ, °OB vereinz.: °*Zugtaschn, wo ma an Kummet einhengt* Riedering RO.
WBÖ IV,814.

[**Zwick**]**t.** passend gemachte Kalksteinplatte, °MF (v.a. EIH) mehrf., °OB, °NB vereinz.: °*Zwickdåschn* „in die Form einer Biberschwanzplatte gezwickt“ Gungolding EIH; „aus weißgrauen Kalk-Schieferplatten ... *Zwicktaschen* ... am Dachsparren angenagelt“ Altmühl Bronner Bayer.Land 347. A.S.H.

Tasche², **Tasch**(**en**), **-ä-**, **-e-**
F., M. **1** Schlag, Ohrfeige, °OB, NB, OP, MF vereinz.: °*dea hod no nia a Daschei kriagd* Rechtmehring WS; *das ... Táschl·* „klatschender Schlag“ Schmeller I,627; *er hab ihne öffters einen schelmen und dieb gehaissen, darauf er ihne ein taschen geben* Auerbach ESB 2.H.17.Jh. Helm Konflikt 136.

2 †: *Die Taschen* „Werkzeug zum Schlagen“ SCHMELLER ebd.
3 abwertend Hand u./od. Fuß, OB, °OP vereinz.: *dea hod a poar so Daschn* „übergroße Füße“ Anzing EBE.
4: °*Daschn* „alte Hausschuhe“ Nagel WUN.
5 Kuhfladen, °OB vereinz.: °*der Taschn* Fischbachau MB.
6: °*der Bäck hat soichane Daschn zambacha* „schlecht aufgegangene Brote“ Thalham MB.
7 unbeholfener, ungeschickter Mensch, OB, °OP vereinz.: *so ein Daschn* M'nwd GAP.

Etym.: Abl. von →*taschen*; WBÖ IV,815.

DELLING I,115; SCHMELLER I,627.– WBÖ IV,815.

Komp.: [**Ab**]**t.** Ohrfeige: *ǭdạʃ̌n* Eichstätt nach WEBER Eichstätt 77.

[**Abher**]**t.**: °*Abbadaschä* „letztes Abschlagen beim Fangenspielen“ Grafing EBE.

[**Bart**]**t.** wie →[*Ab*]*t.*: *dẹ̄m gewi … α bọα bǭdạʃ̌n* [Ef.] Eichstätt nach WEBER ebd.

[**Brein**]**t.** Hirsefladen: „*Breintaschl* … handgroße und fingerdicke Fladen … in der … Reine herausgebacken“ FRIEDL ndb.Kuchl 30.

[**Fliegen**]**t.** Fliegenklatsche, °OB, °NB vereinz.: °*Floingdascherl* Kchdf AIB; *Die Fliegentaschen* „Fliegenklappe“ SCHMELLER I,627.

SCHMELLER I,627.

[**Kot**]**t.** Dim. **1** Kröte, °OB vereinz.: *Koutaschal* Unke Traunstein.– **2** Frosch, °OB vereinz.: °*das Kouttaschei* „kleine graue Fröschlein“ Steinhögl BGD.– **3** Kaulquappe: °*das Kouttascherl* Inzell TS; *Kouttascherl* Karlstein BGD DWA V,22.

WBÖ IV,809.

[**Kuh**]**t.**, [**Kühe**]- **1** wie →*T.*5, °OB (v.a. S) vielf., °NB vereinz.: °*tret net eini an Kuahtaschn* Ziegelbg RO; „Der Kuhfladen ist *khuadạššn*, mask.“ BRÜNNER Samerbg 77; *Die Kuetaschen* SCHMELLER I,627.– **2** Pilz.– **2a** Röhrling.– **2aα** wohl Kuhröhrling (Boletus bovinus): °*Kiatåschn* Bayrischzell MB.– **2aβ** Butterröhrling (Boletus luteus), °OB, °OP vereinz.: °*Kiatåschn* Kchseeon EBE.– **2aγ** Birkenröhrling (Boletus scaber): °*Käitåschn* Blaibach KÖZ.– **2aδ** Maronenröhrling (Boletus badius): °*Kiatåschn* Marching KEH.– **2aε** Gallenröhrling (Boletus felleus): °*Küataschn* Straubing.– **2b** Blätterpilz.– **2bα** Feldegerling (Psalliota campestris), °NB vereinz.: °*Kuahtåschn* „Wiesenchampignon“ Bonbruck VIB.– **2bβ** Riesenschirmling (Lepiota procera): °*Kiatåschn* Pittenhart TS.– **2bγ** Großer Schmierling (Gomphidius glutinosus): °*Kiatåschn* Kchseeon EBE.

SCHMELLER I,627.– WBÖ IV,796, 815.

[**Liebes**]**t.** zärtlicher Klaps, OB, NB vereinz.: *dös is no grad a Liebstascherl* „sanfter Schlag auf die Wange“ Wasserburg.

WBÖ IV,815f.

[**Linker**]**t.** Linkshänder, °OF, °SCH vereinz.: °*Linkadåsch* Schönwd REH.

[**Maul**]**t.** **1** wie →[*Ab*]*t.*, OB, NB, °OP, MF, SCH vereinz.: *a Mauldäscha* Lechhsn A; *Maitåschn* FEDERHOLZNER Wb.ndb.Mda. 148; *vmb ain rauffen und maultoschen ainand geben gestrafft* Wildenwart RO 1549 PEETZ Volkswiss.Stud. 366.– Phras.: °*aaf a Löich ghäat a Maaldaschn* Weiden, ähnlich AM SCHÖNWERTH Leseb. 278.– **2** Körperteil.– **2a** (großer) Mund, °OB, NB, °OP vereinz.: °*machs au dei Meitascherl* Brunnen SOB.– **2b**: *Maidåschn* „geschwollene Wange“ Straubing.– **3** Gebäck.– **3a** Art Strudel, gefüllte Teigrolle, °OP mehrf., °OB, °NB vereinz.: *Maldåschn* „aus Kartoffeln, Mehl und Eiern“ Vohenstrauß; „Zum Nacht-Tisch … *gebratene Maultaschen*“ SR Bauernztg aus Frauendorf 4 (1822) 53; *Mai'taschen* „aus eingerollten, z. B. mit Äpfeln gefüllten Pfannkuchen in Rahmsoße“ SCHILLING Paargauer Wb. 60.– Phras.: *gegangene M.* Strudel aus Hefeteig, NB, °OP vereinz.: °*gangerne Maldaschn* „gefüllt mit Äpfeln oder Schwarzbeeren“ Rottendf NAB; „Ist dem Teig Hefe beigegeben, so muß er … in der Reine noch gehen … *gangane Maultaschen*“ OP BJV 1966/67,179.– „*Beinerne Maultasche* … Brotteig … von Roggen- oder Weizenmehl … mit Zwetschgenmus oder Preiselbeeren belegt, zusammengerollt und in der Reine herausgebacken“ FRIEDL ndb.Kuchl 34.– *Vo den is da Himl volla Maldaschn* „er ist überglücklich und frohgemut“ Pelchenhfn NM.– Im Wortspiel mit Bed.1: *mogst a Maidåschn? – Ja. – Do håst oane!* „Kinderscherz“ Landshut.– **3b** gefüllte Teigtasche: *Maultaschn* „aus Butterteig, mit Eingesottenem gefüllt“ Wasserburg.– Phras.: „*böhmische Maultaschen* … Hefenspeise … in viereckige Stücke geschnitten … mit Zwetschgenmus … belegt und die vier Ecken eingeschlagen“ FRIEDL ebd. 54.– **3c** flaches

Schmalzgebäck, °OB, NB, OP vereinz.: °*Maultaschn* „ausgezogene Nudel" Bruckmühl AIB; *Mauldaschn* „Schmalznudeln" Wb.Krün 34.– **3d** Salzgebäck, nördl.NB mehrf.: *Maultaschn* „Salzbrot" Rimbach DGF; *Die Maultaschen* „Um Abensberg [KEH], Pfeffenhausen [ROL] ec. ... eine Art viereckigen, mit Salz bestreuten Gebäckes" SCHMELLER I,1586.– †Phras. im Wortspiel mit Bed.1: „In dieser Gegend heißt ein Schlag aufs Maul *eine ungesalzene Maultaschen*" ebd.

DELLING II,66; SCHMELLER I,627, 1586.– WBÖ IV,810, 816f.

Mehrfachkomp.: [**Apfel-maul**]**t.**, [**Äpfel-**]- Art Apfelstrudel, mit Apfelstückchen gefüllte Teigrolle, OP (v.a. S) mehrf., OB, NB vereinz.: *Öpflmaaltaschn* Burglengenfd; *Äpflmaultaschn mit Euermülch* Rieden AM MZ 62 (2006) Nr.66,AML1.

WBÖ IV,817.

– [**Erd-apfel-maul**]**t.**, [**-äpfel-**]- Art Strudel, gefüllte Rolle aus Kartoffelteig, NB, °OP vereinz.: *Eadöpfömauödoschn* „aus gekochten geriebenen Kartoffeln und etwas Mehl, Füllung verschieden" Mengkfn DGF; „Die *Erdäpfelmaultaschen* ... mit reichlich Schmalz in der Reine herausgebacken" LETTL Mühl 127.

– [**Gremel-maul**]**t.** mit Speckgrieben (*Gremel*, Nebenf. von →*Gramel*) gefüllte Teigrolle, NB vereinz.: *Gremömaidoschn* Aicha PA; *Gremlma'ldoschn* JUDENMANN Opf.Wb. 67.

– †[**Mandel-maul**]**t.** mit Mandeln gefüllte Teigtaschen: *Gůtte Mandl maůll daschen* PICKL Kochb.Veitin 165.

[**Nacht**]**t.** Dim., Klaps vor dem Schlafengehen, °OB, °NB vereinz.: °*s Nachtdaschei* „geben sich die Kinder, wenn sie zu Bett nach Hause gerufen werden" Steinhögl BGD.

WBÖ IV,817.

[**Ofen**]**t.** kleiner Brotlaib aus dem Teigrest: *Ofataschn* Kienbg TS. A.S.H.

Täschel, -a-, -e-

M. **1** von Menschen.– **1a**: *a guater Daschl* gutmütiger Mensch U'schleißhm M.– **1b**: *deißl* „tölpelhafter Mann" KOLLMER II,85.

2 unförmiger, alter Hut, °NB, °OP vereinz.: *Deschl* Mengkfn DGF; *däišl/dešl* KILGERT Gloss.Ratisbonense 53.

WBÖ IV,818.

Komp.: [**Fliegen**]**t.** Fliegenklatsche, °OB, °NB vereinz.: °*Fliagndaschl* „Stöckchen mit Lederfleck" Ismaning M; *der fluiŋdašl* BRÜNNER Samerbg 130.

WBÖ IV,818. A.S.H.

täscheln

Vb. **1** leicht schlagen, berühren, klopfen.– **1a** tätscheln, streicheln, °OB mehrf., °NB, °OP, °MF vereinz.: °*der Arzt tascheid an Krankn d'Hand* Moosach EBE; *D· Muədə' tuət 's Kind tásch·ln* „sanft schlagen" SCHMELLER I,627; *Tascheln* „Mit den Händen sanft streichen" ZAUPSER 76.– **1b** betatschen, °OB, °NB, °OP vereinz.: °*an Hintan håt er mi taschlt* Ziegelbg RO.– **1c** weich klopfen, °OB, °NB vereinz.: *daschln* Fleisch weich klopfen Tyrlaching LF.– Auch: °*daschln* „auf etwas Weiches klopfen" Malching GRI.– **1d** †pochen, pulsieren: *Palpitare ... taschelen* Tegernsee MB 1468 Lib.ord. rer. 703,22.
2 klatschende o.ä. Geräusche machen.– **2a** †: *täscheln* „mit einem gewissen Klatsch-Laut auffallen, treffen" SCHMELLER ebd.– **2b**: °*dascheln* „im Wasser platschend dahergehen" Breitenbg WEG.– **2c** †: *əs rèngt, dás· s táschlt* „plätschert" SCHMELLER ebd.– †Auch stark regnen: *Es daschelt* „es regnet so daß man das Auffallen der Regentropfen auf die Erde laut höret" DELLING I,115.– **2d** †(in die Hände) klatschen: *plaudo, plodo 'tesseln mit den henden'* AVENTIN I, 421,23f. (Gramm.).
3 planschen, °OB, °NB vereinz.: *s Kind daschlt mit n Wåussa* Mittich GRI.– Auch in Phras.: °*Wasser dascheln* Ainring LF.
4: °*daschln* „einen Stein werfen, daß er im Wasser mehrmals aufspringt" Schönbrunn LA.
5 schmeicheln, schöntun, °OB vereinz.: °*daschln* Anzing EBE; *Tascheln einen* „ihm schmeicheln, und ihn dadurch gewinnen wollen" WESTENRIEDER Gloss. 578.

DELLING I,115; SCHMELLER I,627; WESTENRIEDER Gloss. 578; ZAUPSER 76.– WBÖ IV,818f.

Komp.: [**an**]**t.** **1** wie →*t.*1a, °OB, °NB, OP vereinz.: °*da Hiasl håt Sofie åtaschld* Inzell TS.– **2** wie →*t.*1b, °OB, °NB, °OP vereinz.: °*i kann dös Ådaschln nöt leidn* Passau.

[**da-hin**]**t.**: °*der taschlt halt so dahin* „geht schwerfällig“ Thanning WOR. A.S.H.

-täscheln

Vb., nur im Komp.: [**aus**]**t.**: °*d'Meis ham den ganzn Howan ausdaschäd* „enthülst und nur die Spelzen übriggelassen“ Grafing EBE. A.S.H.

taschen, -ä-, -e-

Vb. **1** berühren, streicheln.– **1a** berühren, anfassen: °*tåschn* Pöcking STA; *taschen* „tasten, berühren“ SCHMELLER I,627.– **1b** *tätscheln, streicheln:* °*dö Hund und Katzn tuat ma daschn* Ziegelbg RO.– **1c** betatschen: °*der hätt s Taschn angfangt* Schönbrunn LA.
2 klatschende Geräusche machen.– **2a**: °*daschn* „klatschend mit der ganzen Fußfläche auftreten“ Tittmoning LF.– **2b**: °*taschn* „ins Wasser plumpsen“ Steinhögl BGD.
3 schlagen, festklopfen.– **3a** schlagen, verprügeln: °*taschn* ebd.; *Wart nèr ... morng tesch è De gscheit* VOGT Sechsämter 48.– **3b** flach, platt schlagen od. drücken: *daschn* den Mist am Wagen festklopfen Passau.
4 (schwerfällig) gehen, °sö.OB mehrf., °NB, °OP, °MF vereinz.: °*tåschn* Inzell TS; *Tua net so weit dani* [weg] *daschn* Laufen KIEM obb. Volksl. 363.

Etym.: Mhd. *teschen*, wohl germ. Herkunft, onomat.; WBÖ IV,821, 1781.

SCHMELLER I,627.– WBÖ IV,820f., 1781.

Abl.: *Tasche*[2], *Täschel*, *täscheln*, *Tascher*, *Tascherling*, *täscherln*, *taschicht*[1], *Täschler*.

Komp.: [**ab**]**t.**: *odaschn* abwimmeln Seligenporten NM.

[**an**]**t.** **1** wie →*t.*1a, °OB, °NB, °OP vereinz.: °*haoust öitza schou wieda des Zeich adascht!* Kchnthumbach ESB.– **2** wie →*t.*1c, °OB, °OP vereinz.: °*i laß mi net adaschn von dir* Rehling AIC; *zur Faßnacht-Zeit... die Leuth so wohl auff den Gassen/ als in Häusern anzutaschen ... ist abgestellt* Burghsn AÖ J.C. WEIXER, Dissertationes In Privilegia Statuum Provincialium, München 1719, 137.– **3** †anpacken, übernehmen: *Solch groß arbait ... wil nit mit ungewaschnen henden angetascht und überrumpelt sein* AVENTIN IV,6,24-26 (Chron.).

SCHMELLER I,627.

[**aufhin**]**t.** hinauftreten, NB vereinz.: *affedascht* Haidenhf PA.

[**breit**]**t.** **1** Part.Prät.: *Broatdeschta* Mensch mit übergroßen Füßen Theissing IN.– **2** breittreten, unnötigerweise weiterverbreiten: °„die Fehler des anderen werden *broatdäscht*“ Geiselhöring MAL.

[**der**]**t.** **1** wie →*t.*1a: °*dataschn* berühren Mittich GRI.– **2**: °*dadascht* übermüdet Winklsaß MAL.

[**ein**]**t.** **1** (in Wasser, Schmutz) hineintreten: °*dasch dea*^{n}*d* [doch] *ned diaregt a d'Logga ei!* Tittmoning LF.– **2**: °*ea mua hoid eidaschn* „unbedacht den Unwillen der Zuhörer erregen“ ebd.

WBÖ IV,821.

[**da-her**]**t.** **1** wie →*t.*4, °OB (v.a. SO) mehrf.: °*wia der daherdoscht!* Weildf LF; *Aber i' bi' aus narrischer Weis' A so daher tascht* Berchtesgaden KOBELL Schnadahüpfln 156.– **2** schwankend gehen: °*der tascht daher, daß er die ganze Straß braucht* Hexenagger RID.

[**mantel**]**t.** wie →[*da-her*]*t.*2: *iatzt mantltaschta dahöa* „wackelt er daher“ O'audf RO.– Bestimmungsw. ›*manteln* ‘schwankend gehen’, in volksetym. Anlehnung an →[*Mantel*]*tasche*.

[**zu-sammen**]**t.** wie →*t.*3b: °*dös hob i zsamdascht* plattgedrückt Ainring LF.

SCHMELLER I,627.– WBÖ IV,821. A.S.H.

-taschen

Vb., nur in Komp.: [**ab**]**t.** vor- u. zurückmähen, wobei eine →*Tasche*[1],Bed.10 entsteht: °*abtaschn* „das Getreide mähen und dann mit der Sense hinrichten“ Zeiling MÜ; *ǭdošn* Loibersdf WS nach SOB V,209.

[**an**]**t.** dass.: *ǭ̃dǫʃ̌t* O'feldkchn TS nach ebd.

[**aus**]**t.**: °*auståschn, eintåschn* „die Zugstränge vom Zugscheit abstreifen oder daran anschlingen“ Ramsau BGD.

WBÖ IV,821.

[**ent**]**t.**: *Bohna entdaschn* enthülsen Rechtmehring WS.

[zu-ruck]t. wohl wie →*[ab]t.*: *tʃrugdǫʃt* Palling LF nach SOB ebd. A.S.H.

[Leim]t. mit Leim bestrichener Lederfleck zum Vogelfang: *Leimdascha* Metten DEG. A.S.H.

Tascher, -ä-, -e-, -teschter

M. **1** †: *Dascha* „Bakenstreich, Maulschelle" Geogr.Statist.-Topogr.Lex. III,668.
2 Gerät.– **2a** Brett zum Festklopfen der Mistfuhre: *der Dascher* Passau.– **2b** Fliegenklatsche: °*Tascher* Ziegelbg RO.– **2c**: °*Tascher* „Fleischklopfer" Tuntenhsn AIB.– **2d** Rührbesen, °OB vereinz.: *Dåscher* Quirl Wdhsn TS.
3 Schuh.– **3a** schwerer Schuh, °OB vereinz.: °*schware Toscha* Kammer TS.– **3b**: °*Tascher* Hausschuhe Lindenloh BUL.
4: *der hat große Descha* „große Füße" Klinglbach BOG.
5 v.a. von Menschen.– **5a**: *Doscha* Mensch mit übergroßen Füßen Seeon TS.– **5b** schwerfällig gehender Mensch: °*du bis a rechter Tascher, heb auf d'Füaß* Teisendf LF; *Dàscha* „macht schwere Schritte" Sojer Ruhpoldinger Mda. 9.– **5c** langsamer, schwerfälliger Mensch: °*langsamer Dascher* Ramsau BGD; *Dɔscha* „schwerfälliger Mann" Spr.Rupertiwinkel 23.– **5d** gutmütiger Mensch, OB vereinz.: *a guata Dascha* Berchtesgaden; *guada Doscha* ebd. 37.– Auch: *a guter Dascher* gutwilliges Pferd Inzell TS.– **5e** Ortsneckerei: „Ruhpolding [TS] – *Tascher*" Dt.Gaue 8 (1907) 120.

Etym.: Mhd. *tescher* stm., Abl. von →*taschen*; WBÖ IV,1782.

Delling I,115; Schmeller I,627.– WBÖ IV,821f., 1782.

Komp.: **[Fleckelein]t.**: °*Fleckerldascher* „Hausschuhe, die aus Flicken zusammengenäht sind" O'högl BGD.

[Fliegen]t. wie →*T.*2b, °OB vereinz.: °*Fliagndåscha* Ramsau BGD.
WBÖ IV,1782.

[Kot]t. 1 Tier.– **1a** Lurch.– **1aα** Unke: °*da Koutdoscha* „Gelbbauchunke" Weildf LF; *Koutdoscha* Spr.Rupertiwinkel 54.– **1aβ** Frosch, OB vereinz.: °*der Kotascha* Teisendf LF.– **1aγ** Kaulquappe: *Kauddoascha* Saaldf LF DWA V,22.– **1b**: °*a Kottascher* „mindertwertiger Fisch" Schönbichl FS.– **1c**: °*a Kottascher* „Pferd mit breiten, schlechten Hufen" ebd.– **2** Kuhfladen: °*Kottåscha* Reichersbeuern TÖL.

[Kuh]t., [Kühe]- 1 wie →*[Kot]t.*2: *Kuahtascher* Waakchn MB.– **2** wohl Kuhröhrling (Boletus bovinus): °*Kiatäschta* Schönbrunn LA.

Tascherling

M.: °*Dascherling* „Stoffhausschuh" Halfing RO.

Komp.: **[Kuh]t.**: °*Kuahdaschaling* Kuhfladen Rechtmehring WS. A.S.H.

täscherln

Vb. **1** leicht schlagen, berühren.– **1a** tätscheln, streicheln, °OB, °NB, °OP vereinz.: *d'Wang daschaln* Rattenbg BOG.– **1b** betatschen: °*zum Tascherln hab ihn net kemma lassn* Schönbrunn LA.
2: °*dascherln* einen flachen Stein über das Wasser hüpfen lassen Eining KEH.

Komp.: **[ein]t.**: °*eindascherl* „einschläfern" Thanning WOR.

[her]t.: *host dei Alti wida rächd headascherlt?* „geohrfeigt" Adlersbg R. A.S.H.

Daschet, Blattwerk von Rüben u.ä., →*Dorschet*.

taschicht[1]**, -e-, †-täschig**

Adj. **1** mit großen Händen od. Füßen, OB vereinz.: *Dåschata* Engelsbg TS.
2 schwerfällig, ungeschickt, °OB (v.a. SO) mehrf., °NB, °OP vereinz.: °*der hot a so an dåschadn Gang* Teisendf LF; *dåschad is scho d'Zenzl, is hoid a oids Wei* Mittich GRI; *doschad* Spr.Rupertiwinkel 23.
3 dick, untersetzt, °OB vereinz.: °*dös is a Doschada* Weilhm.
WBÖ IV,818.

Komp.: †**[breit]t. 1** wie →*t.*1: *Großschädlate, broatdaschate … Wergl* [kleine, dicke Menschen] Pangkofer Ged.altb.Mda. 198.– **2** breit gedrückt: *Der dickfusset Nazy … hat ein … braidtoschete Nasen* Landstreicherord. 17.

†**[hopper]t.**: *Hapedaschi, hopedaschi* „geschäftig … naseweis" Delling I,251.
Delling I,251; Schmeller I,1140.– WBÖ IV,946-948.

A.S.H.

taschicht[2], buschig, →*toschicht*.

Täschler
M.: °*der Taschler* „Bursch, der einem Mädchen auf den Hintern klopft" Rottau TS.

WBÖ IV,822. A.S.H.

Taschner, †Taschener
M., Taschner, OB vereinz.: *Taschner* Mchn; *Taschner* SCHMELLER Mda. 405; *daz er den taschenner wunt in sinem hauz* 1.H.14.Jh. Rgbg. Urkb. I,761; *daß weder Beutler, Handschuhmacher noch Taschner füron auch keinerlei Nestl machen* Straubing 1560 ZILS Handwerk 112.

Etym.: Mhd. *tasch(e)ner*, Abl. von →*Tasche*[1]; WBÖ IV,823.

WBÖ IV,823. A.S.H.

Dase, Trockenvorrichtung oberhalb des Herds, →*Ase*[1].

Dasel, †Dase
M., F.(?) **1** von Menschen.– **1a** dummer, ungeschickter Mensch: °*nimms doch, sa ned su afölti, dums Dasal, dums* Kchnthumbach ESB; *Dåsl* „m. dummer, ungeschickter Mensch" MAAS Nürnbg.Wb. 96; *Das Daserl* „ungeschickte Weibsperson" OP SCHMELLER I,546.– **1b** †wohl träge, nichtsnutzige Person: *waz huotest dû dâse?* Kaiserchr. 303,12183.
2: °*Dasala* „kleine Gänse, Küken, die unbeholfen umherwackeln" Kchnthumbach ESB.

Etym.: Mhd. *dâse*, wohl gleicher Herkunft wie →*dasig*[2]; vgl. Schwäb.Wb. VI,1726 (Dasel). In heutiger Mda. auch zum österr. Lockruf für Gänse *dàs* (WBÖ IV,795) od. für Enten *dàsi* (ebd. 824) möglich.

SCHMELLER I,546.

Abl.: *daseln*. A.S.H.

daseln
Vb., stolpern, unsicher gehen, NB, MF vereinz.: *doseln* Ittling SR. A.S.H.

dasig[1]
Adj. **1** hiesig, von hier, einheimisch, °OB, °NB mehrf., °OP, °MF, °SCH vereinz.: °*in' dasige Schöll gengan 40 Kinder* Nabburg; *Bist ja koa Dosige!* Altb.Heimatp. 59 (2007) Nr.28,4.
2 daheim befindlich: °*is da Baua dàse? – nà, dea is ned dò* Simbach PAN.
3 dort gelegen, dort befindlich: °*dasig* „dortig" Chiemgau; „Der *dasige* Landbräu und Schuster gehören zum Gericht Bärnstein" Innernzell GRA HAZZI Aufschl. IV,1,48; *an dem dasigen weier* Selb um 1540 SINGER Schacht 113.
4 †mit best. Art. als Dem.Pron., dieser: *illa 'die ienig' … haec 'die dasig'* AVENTIN I,412,14-37 (Gramm.).

Etym.: Wohl Abl. von →*da*[1] mit Hiattilger *-s-*. Anders WBÖ IV,824.

SCHMELLER I,545.– WBÖ IV,824-826. A.R.R.

dasig[2], **-ä-**, **-icht, dästig**
Adj. **1** still, ruhig, in sich gekehrt, °OB vielf., °OP mehrf., °Restgeb. vereinz.: °*net nei gehn, jetz ist's ganz dasi* „das Kind schläft endlich" Geisenfd PAF; °*der sitzt ganz dasig da* Falkenbg TIR; *Ganz dasi werd auf dös de Zeit* Mchn. Stadtanz. 16 (1960) Nr.6,5.
2 kleinlaut, eingeschüchtert, demütig, °Gesamtgeb. vielf.: °*den hab i dasi gmacht* Garching AÖ; *ganz dastö is er worn, wiara gseng hat, i las mi nöt derschröcka* Passau; *wan dă Niklo kimt, weănds dāse d'Kindă* FEDERHOLZNER Wb.ndb. Mda. 48; *'s Unglück hàt ·n dásti' gmacht* SCHMELLER I,545; *sobald ihm … mit dem eisernen Narren-Ketterl ist angedrohet worden/ ist er gar gern still und däsig zu Haus sitzend geblieben* I. ERTL, Sonn- u. Feyer-Tägliches Tolle Lege, Nürnberg [3]1715, 211.
3 traurig, niedergeschlagen, °OB, °OP mehrf., Restgeb. vereinz.: °*d'Resi war ganz dausi* „hatte Kummer" Wiefelsdf BUL; *Sie … schaug'n ins Grab dir dasi nach* STEMPLINGER Horaz 36.
4 müde, erschöpft, °OB, °NB, °OP, °MF vereinz.: °*i bin heit so dasi beinand, des machts Wettr* O'ammergau GAP; *dásdeg* HEIGENHAUSER Reiterwinkerisch 8.
5 langweilig, teilnahmslos, °Gesamtgeb. vereinz.: °*oallaweil su dasi umananagöih* Kchnthumbach ESB; *Was i für a dasiga Dudädl* [Trottel] *bi, Und früahraszeit so a Schlankl* DINGLER Arntwagen 110; *Hebt sei' Gsangl nit so daasi' o'* Obb.Volksl. 40.
6 geduldig: °*dasig* Gunzendf ESB; *dási', dásti'* SCHMELLER ebd.
7 verwirrt, erschreckt, überrascht, °OB, °NB, °OP vereinz.: °*dasö* „perplex" Lam KÖZ; °*dausig* „verstört" Neustadt; *dásig* HEIGENHAUSER ebd.
8 dumm, unbeholfen, °OB, °NB, °OP, °MF, °SCH vereinz.: °*stell di net so dasi!* Eckersmühlen SC.
9 ungehorsam: °*dasi* „ist einer, der nicht hören will" Sulzkchn BEI.

10 benommen, krank, blaß.– **10a** benommen, schwindlig, °OB, °NB, °OP, °MF vereinz.: °*der is ganz dasig* Garmisch-Partenkchn; *dåsi* „schwindlig, taumelnd“ MAAS Nürnbg.Wb. 96.– Auch: °*dasig* „bewußtlos nach einem schweren Sturz“ Brannenburg RO.– **10b** krank, kränklich, mit Gebrechen behaftet, °OB, °NB, °OP, °MF, °SCH vereinz.: °*der Hund is heid so dasig – hod er was neigfressn?* Degerndf RO.– **10c** blaß, bleich, °OB, °OP vereinz.: °*dasig* Wernbg NAB; *daseg* Spr.Rupertiwinkel 19.

11 zahm, brav (von Tieren), °OB, °NB mehrf., °OP, °MF, °SCH vereinz.: *daasi* „zutraulich“ Anzing EBE; °*der Hund tuat da nix, der is ganz dasig* Dingolfing; *Brauchst ka Angst hom, döi wiad bal daasi'* Boxdf NEW Wir am Steinwald 4 (1996) 126; *Däsig machẽ ... Bendigen* SCHÖNSLEDER Prompt. K7r.

12 schwül, drückend, windstill, °OB vereinz.: °*das Wetter is heut so dasig* Abens FS.

Etym.: Mhd. *dæsic*, germ. Wort wohl idg. Herkunft; WBÖ IV,826. Anders ^{2}DWB VI,365.

Ltg: *dą̄se*(*g*) u.ä., daneben *-sɑd* (WEN), *dę̄se*(*g*) (FFB, LL, SOG, WM), *dą̄sde*(*g*) u.ä. OB, NB (dazu CHA, NEN, ROD, TIR, WÜM), entspr. der Entw. von mhd. *â dǫuse*(*g*) OP (dazu MAI; REH), *dǫusde* (WÜM), vereinz. *då̄se* (N, SC).

DELLING I,115f.; PRASCH 17; SCHMELLER I,545f.; WESTENRIEDER Gloss. 96f.; ZAUPSER 76.– WBÖ IV,826-828.

Abl.: *däsigen*.

Komp.: [**zu**]**d.**: *zuadastö* aufdringlich Froschau WEG.

WBÖ IV,828. A.S.H.

†däsigen

Vb., einschüchtern, zähmen: *dásigə˜, dásingə˜* SCHMELLER I,545.

SCHMELLER I,545.– WBÖ IV,828. A.S.H.

daß

Konj. **1** daß, einen Gliedsatz einl.– **1a** Subj.-, Obj.- od. Präd.satz, °OB, °NB, °OP vereinz.: °*dHaupsach is, daaß du mia aggraadd vozejhsd, wias heaganga is* Aufham BGD; °*i glab niat, das i heint no zrechtkum* Dieterskchn NEN; *Daß s' auf des lusti han, de zwoa ... nimmt neambdn wunder* BREITENFELLNER Spinnstubengesch. 32; *mihhil* [sehr] *gotlich ist, daz der man den almahtigun truhtin* [Herrn] *sinan fater uuesan quidit* [nennt] 9.Jh. SKD 43,3-5 (Freisinger Paternoster A); *Swenne eteswer begeret, daz man in ze der brvderschaft ... enphahe* Eichstätt um 1250 Sammelbl.HV Eichstätt 64 (1971) 34; *Da nun die Teutschen sahen, das die wagenpurg lär ... war* AVENTIN Werke IV, 397,15-17 (Chron.).– Auch mit Korrelat im Hauptsatz: °*ma hods scho im Hausgang gschmeggd, daaß da Maura im Haus is* Aufham BGD; *dös is scho net recht, daß d's ma dem arma Deanderl an solchen Schrecken einjagt's* CHRIST Werke 94 (Erinnerungen); *wè'st əs sêhhə˜, dás s˙ ... widə' wè''n wèrd* Kaltenbg LL SCHMELLER Mda. 502; *des dikkames* [bitten wir], *daz daz sin richi uns piqhueme* 9.Jh. SKD 43,22f. (Freisinger Paternoster A).– **1b** Adverbialsatz.– **1bα** konsekutiv, so daß, mit der Folge, daß, °OB, NB, °OP vereinz.: *wie den åös vohext is, das går nix ausananda geht* PAN; *houd me zwickt, daße ganz blau wan bin* Vohenstrauß; *„... Du, du ...!!“ gift si da d' Reiterin, daß s' rot und kaasi werd in oan* BREITENFELLNER Spinnstubengesch. 74; *jetz san s' dahigsaust, daß der Kasper kaam'n Huat derhebt hat* KOBELL Werke 142 (Brandner Kasper); *wolt aim ainß in dwampen geben, dz er nimer zwo stundt solt lebn* Landshut um 1650 Jb.Schmellerges. 2012, 35, 85f.– **1bβ** final, damit, °OB, °NB vereinz.: *i sog da s, das d as woast* Wasserburg; °*eigwuzld is dös Bexei* [Säugling], *daß sös nöt froist* Grafenau; *Kendt* [zünde] *d r-a Kirzn o, daßt in dei' Bett findst* BREITENFELLNER ebd. 36; *Gebts mir die zwê˜ Fäustling ... dâs er eahm* [sich] *kå˜ Die Hänt wärmă drå˜* Traunstein HARTMANN Volksl. 57; *inluihta min herza, daz ih dina guoti ... megi anadenchin* 11.Jh. SKD 182,2f. (Otlohs Gebet); *siben tag wol ... phlegen, daz er iht* [nicht] *wider siech werde* Eichstätt um 1250 Sammelbl.HV Eichstätt 64 (1971) 18; *hon dirn handl woll derzöhlt, dz nit mainst, i sey ... den ganzen tag im proyhauß gsessen* Landshut um 1650 Jb.Schmellerges. 2012, 21,126-128.– **1bγ** modal, von, in einer Art, einem Ausmaß, daß: °*schnabuliarn, daaß a wahre Freid is* Aufham BGD; *Dés is ə˜ Mà˜, dásts eəm àlls aufs Wort glábm därffts* SCHMELLER I,545.– **1bδ** †konditional, wenn: *das du es mügst gesechen, so chanst du sein verjechen* [erzählen] HAVICH St.Stephan 8,485f.– **1bε** †konzessiv, obwohl: *Got erhöret sein gepet, das er den mund nye aufgetet* ebd. 50,3463f.– **1bζ** †in einem zweiten Nebensatz zur Wiederaufnahme einer anderen Konj.: *Wenn ə' di' màg und dá'-r-ə' di' gern hàt* SCHMELLER ebd.

2 einen Attr.satz einl.– **2a** daß, in Attr.sätzen allg., °Gesamtgeb. vereinz.: *du bist no nöd graoß gnua, daßd a Flaschn Wei ausdringa kuntst*

Ampfing MÜ; °*saats frouch, daats gsund haats* Windischeschenbach NEW; *is so schwar gwen, daß 'Bänk odruckt hot* VIT BJV 1953,34; *zů einer warnvng, daz wir noch vnser eriben … vmb div sach nimmer mer ansprechen svln* Landshut 1286 Corp.Urk. V,240,28-31; *so g'scheid … Daß d'Kepf all g'nackelt habn* Sturm Lieder 108.– **2b** modal, wie: *D'Schuach … halten und verreißen Danach, daß oaner geht* Stieler Ged. 369; *als wênic daz die tiuvel willen hânt* BertholdvR I,437,6.– **2c** bei temporalem Bezug: *da hat's do' koa' Zeit, Daß's um Andri' rumgafft* Kobell Schnadahüpfln 89; *sin tac piqueme, daz er touuan scal* 9.Jh. SKD 66,1 (Muspilli); *ez het 26 ellen 1 virtail, daz ez geneczt ward* 1403 Runtingerb. II,206.– **2d** an Stelle eines Rel.pron.: *do is seitn a sonntog, das ned bsuacht woan is* Außernzell DEG R. Spannbauer-Pollmann, Ausgew. syntaktische Besonderheiten im Aussagesatz, Ex.masch. Passau 1992, 23.– Mit die Konstruktion verdeutlichendem Korrelat im Nebensatz: *D'schö~ Joppen, dáß d'Muadă dănáchst g'flickt hàt drå~* Eisenärzt TS Hartmann Volksl. 116.

3 in Fügungen zur Bildung od. Verstärkung von Nebensatzeinleitern.– **3a** nach Adv., z.B. →*kaum d.*, →*so d.* 'damit', →*[(zu)samt]dem d.* 'obwohl', →*[dar]um d.* 'deswegen, weil': *kaam daß a gsund gwen is, hot a wida s Trinka ogfangt* Chiemgau; *Zantdän dàs's dé ganz Zeid gréngd hòd, is s'Hei néd so schlechd* Steininger O'neureutherwaid 112.– **3b** nach Präp., z.B. →*auf d.* 'damit', →*von d.* 'weil', →*vor d.* 'bevor', →*ohne d.*, →*um d.* 'damit; weil': *1870 is der Himmi … beim To' feierrout gwen, vor daß der Krej oganga is* VIT BJV 1953,31; *Herzog Ernst liess ertrenken … Agnes Pernawerin … umb das sy seinen sun Albrecht zu der ee genomen hett* Arnpeck Chron. 668,31-33.– **3c** nach Konj.– **3cα** in temporaler Bed., z.B. →*bis d.*, →*ehe d.*, →*[in]dem d.* 'während', →*[seit]dem d.*, →*sider d.* 'seit', →*[be]vor d.*, →*wenn d.* 'wann': *i khim moang, håd a gsågt, indem das a Tia hintar eam zuagmocht håd* Aicha PA; *wißt's ös* [ihr] *net, wenn daß der Zug vo' Münka kimmt?* Christ Werke 21 (Erinnerungen); *Seith dem das … er … gebohren war* Rosner Passionssp. 13.– **3cβ** in modaler Bed., z.B. →*[in]dem d.* 'weil', →*[da]mit d.*, →*[so]viel d.*, →*[ob]wohl d.* u.a.: *håmα uns a biʃαl broviạnd midgnomα damid dạmα neg glai des tairege … såχ khạfα miαʃn* nach Zehetner Frsg 126.– **3cγ** in Proportionalsätzen nach →*je*, →*wie* u. Kompar., in Konzessivsätzen nach →*so* u. Adj. od. Adv.: *wej effda daß ma en Bierkella geht, wej scheener daß 's werd* Mintraching R; *So gean das is tāt, kañ i da do nit hêiffa* nach Federholzner Wb.ndb. Mda. 46.– **3cδ** nach Vergleichspartikel →*als*, →*wie*: *Oiwei no besser wia dass's jetzt am Zöpfl den Humor-Orden … gebn wolln* H. Zöpfl, Du Mama, Rosenheim 2011, 29; *nit anders vermainent, als das es mit ihrem leben werde aussein* Rott WS 1677 Heimat am Inn 13 (1993) 83.– **3d** nach Rel.- u. Fragepron. →*welcher d.*, →*wer d.*, →*wie d.* u.ä.: *Wèrn sāñ Bràud dàß ma-r ißt, dèrn sāñ Léyd mou ma singa* Neuenhammer VOH Schönwerth Sprichw. 8; *An was daß's liegt – dös wissen s' glei'* Stieler Ged. 83; *die Rëtt zuthain. wie dz mein Conuent begere mich … zuweichen* 1609 Haidenbucher Geschichtb. 10.

4 als Einleiter eines Nebensatzes nach Satzadv. u.ä., das für einen elliptischen Hauptsatz steht, z.B. →*[ge]rade d.*, →*[viel]leicht d.*, →*nicht d.*: °*grod daß nu roicht, äs Göld* Neuhs NEW; *vielleicht daß ma-r-a Herberg findn* Breitenfellner Spinnstubengesch. 26; *ned da ma weng a 5 mark … a gantse nochd um d'oan gschlong hod* Mauth WOS R. Spannbauer-Pollmann, Ausgew. syntaktische Besonderheiten im Aussagesatz, Ex.masch. Passau 1992, 48.

5 einen nebensatzförmigen Hauptsatz einl.– **5a** in Ausrufesätzen: *ha, daß i net lach!* Mchn; *Daß d' Mare so guat kocht!* Bayer.-österr. Dialektforschung 277.– **5b** eine Erzählung od. Mitteilung einl.: °*dås i nöt vagiß, an Buda mochans na sejwa* Grafenau; *Aber daß i weiter verzähl* Mchn.Stadtanz. 18 (1962) Nr.20,5.– **5c** in Aufforderungssätzen: *pfüat Dö God und daß D ma fei schreibst!* Passau; *dålʃ jů kemtʃ!* nach Kollmer I,454.– **5d** in Fragesätzen: *daß haind so wöid hads?* „warum seid ihr denn so wild?" Wasserburg; *Dās d'nit weidagehst* „warum gehst du nicht fort?" Federholzner Wb.ndb. Mda. 47.– †Auch nach Fragewort, eine Frage einl.: *Wàs dás d· denn nét isst?* „warum ißest du denn nicht …?" Schmeller I,545.

Etym.: Ahd., mhd. *daz*, urspr. Nom./Akk.N. des Art. →*der*; Kluge-Seebold 181.

Ltg, Formen: *dạs*, unbetont *dəs*, v.a. vor schwachtonigen Pron. u. Art. *dạ* (AÖ, LF, TS; VIB, WEG; VOH), vereinz. *dọs* u.ä. (DAH; BOG, GRA), vgl. WBÖ IV, 829.– Sonderentw. bei Verschmelzung mit folgendem Pers.Pron., z.T. auch entspr. der Person flekt.: 1.Sg. *dạre* (EG), *dạne* (WUN), *dai* (WS), 2.Sg. *dạsd*, auch *dạš(d)* u.ä. westl.OB, SCH (dazu WUG), 3.Sg.M. *dạrα* (AÖ, LF, TÖL; DEG, WEG), F., N. *dạʃ*, 1.Pl. *dạmα* OB, NB, OP, OF, 2.Pl. *dạtʃ* (BOG; ESB, NEW, TIR; WUN), *dạʃtʃ* (EBE; BOG), 3.Pl. *dạns* (TIR; WUN).

Schmeller I,545.– WBÖ IV,829-907. A.R.R.

Tasse, Tatze, Taste

F. **1** Tasse, Trinkgefäß, °Gesamtgeb. vielf.: „*Tass* sagen die Jüngeren, *Schoin* die Älteren" Walpertskchn ED; °*schenk ma a Tassal Tee ei* Otterskchn VOH; *Tastn* Schupf HEB; „*Die Tátz, Tátzə, das Tätzl* … jetzt auf franz. Weise lieber *Tasse*" SCHMELLER I,635; *aus … ara kluana Tass lauwarma Mülli* WÖLZMÜLLER Lechrainer 89.– Phras.: *nit alli Tassn im … Schrank hōm* „nicht recht … bei Verstand sein" BERTHOLD Fürther Wb. 229.
2 Untertasse, OB, NB, OP, OF, MF vereinz.: *Tassn* Altötting; *Datzerl* „die untere Tasse von einer Kaffee- oder Theeschaale" DELLING I,117.
3 †: *Datzen* „Präsentir-Teller" ebd.
4 Dim., Schale, Gefäß, °OB, °NB vereinz.: °*d Soaf legt im Dazl bei da Bodwann* Halfing RO.
5 Dim., Bieruntersetzer, Bierfilz, °OB, °NB, °OP vereinz.: *Tatzl* Passau.

Etym.: Formen mit *-tʃ-* aus it. *tazza* 'Trinkschale', mit *-ʃ-* aus frz. *tasse*; KLUGE-SEEBOLD 907.

Ltg, Formen: *dạʃ(n)* u.ä., daneben *dåʃ(n)* MF (dazu AIC, ED; FDB), *daʃα* (FFB, LL, SOG, WM), *dåʃtn* (SUL; HEB), *dạtʃ(n)* (RO).– Dim. *dạʃ(α)l(α)*, daneben *dęʃlα* (HIP; FDB) sowie *dạtʃ(α)l* OB, NB (dazu AM, R, RID, TIR, WÜM).

DWA XVIII,K.13.– DELLING I,117; SCHMELLER I,635.– WBÖ IV,979-981.

Komp.: [**Aschen**]**t.**: °*Aschndatzl* „Aschenbecher" Kreuth MB.

WBÖ IV,981.

[**Bier**]**t.** Dim., wie →*T*.5, °OB vereinz.: °*Bierdatzl* Ainring LF.

WBÖ IV,981.

†[**Licht-putzen**]**t.**: „die Tasse, worauf man die Lichtscheeren legt, *das Lichtbutzendatzerl*" DELLING I,117.

[**Kaffee**]**t.** **1** Kaffeetasse, Gesamtgeb. vereinz.: *Kaffeedastn* Fürnrd SUL.– **2** Untertasse einer Kaffeetasse, OB, OP vereinz.: *Kafetaß* Bergen TS.– **3** †: *Die Kaffêtátz* „Blech, worauf Caffee serviert wird" SCHMELLER I,635.

SCHMELLER I,635.– WBÖ IV,981f.

[**Ober**]**t.** Obertasse, Gesamtgeb. vereinz.: *Owadaß* Entraching LL; *die Uwadassn* Kaisershammer WUN; *2 Löffel Mehl, eine Obertasse Milch* SCHANDRI Rgbg.Kochb. 211.

[**Schlötterer**]**t.** wie →*T*.2: *Schlöidaradaß* Wenzenbach R.– Zu →*schlöttern* 'verschütten'.

[**Seifen**]**t.** Dim., Seifenschale, °OB, °NB, °OP vereinz.: °*Soafadaazerl* Vilshfn.

WBÖ IV,982.

[**Unter**]**t.** **1** wie →*T*.2, OB, OP, OF, MF mehrf., Restgeb. vereinz.: *Untadaß* „kannte man früher nicht" Altglashütte TIR; *Das Untə'tátzl* „Untersatz einer Tasse" SCHMELLER I,635.– **2** scherzh.: °*Unterdazl* Nachttopf Thanning WOR.

SCHMELLER I,635.– WBÖ IV,982. A.S.H.

Dassel →*Assel*[1].

Tastel

M. **1** Hausschuh, °OB vereinz.: °*wo håst denn grad deine Dasteln hido?* Schleching TS; *Dasdl* HEIGENHAUSER Reiterwinkerisch 8.
2 von Menschen.– **2a** dummer Mensch: *dostl, dǫstl* KOLLMER II,90; *Dàstl* „Blödsinniger … von der lustigen Art" Bay.Wald SCHMELLER I, 550.– **2b**: *dostl, dǫstl* „phlegmatischer Mensch" KOLLMER ebd.

SCHMELLER I,550.– WBÖ IV,908. A.S.H.

tasteln

Vb.: °*du dostelst ja immer, laß dir mehr Zeit* „hudeln, nicht sorgfältig arbeiten" Wildenranna WEG.

Etym.: Wohl Nebenf. von →*täscheln* 'leicht schlagen, klopfen'; WBÖ IV,908.

WBÖ IV,908.

Abl.: *Tastel*, *Tastler*, *tastlicht*. A.S.H.

tasten

Vb. **1** tastend berühren: *tastn* Passau; *Gelîch dem beren tasten* HADAMARvL 89,357; *Tasten … anRüren* SCHÖNSLEDER Prompt. Hh7v.
2 †mit Worten angreifen, tadeln: *ir seyt ein reichstat und tasten den … der sich uff reichståg zů kummen erbeut* 1526 J. ECK, Vier dt. Schriften gegen Martin Luther …, hg. von K. MEISEN u. F. ZOEPFL, Münster 1929, 29,28f.

Etym.: Mhd. *tasten*, aus afrz. *taster* od. it. *tastare*; WBÖ IV,909.

WBÖ IV,908f.

Abl.: *-tastung*.

Komp.: [**an**]**t.** **1** wie →*t*.1: *anTasten … anRüren* SCHÖNSLEDER Prompt. Hh7v.– **2** †tätlich, mit

Gewalt angreifen: *daß jhne der Beschädigt/ mit seiner Wehr ... vberloffen* [überfallen] *vnd angetastet* Landr.1616 404.– **3** †wie →*t*.2: *das gedachter Pfarrer die Nachbarschafft greblich antasst vnd beschwerdt mit Schelten* Maisach FFB 1579 BJV 1952,133.– **4** †ergreifen, festnehmen: *In den kirchen sol freiung sein, solte niemant antast werden* AVENTIN V,102,18 (Chron.).– **5** †angehen, betreffen: *daz dieselb ansprach antast* 1428 Stadtr.Mchn (AUER) 192.

WBÖ IV,909. A.S.H.

dasti

Interj., Ausruf der Verwunderung: *dasti!* Mering FDB; *ey dásti!* „das ist aber schön!" SCHMELLER I,549f.

Etym.: Aus einer mit *daß dich* beginnenden Beteuerungformel, s.a. *dami*[1]; SCHMELLER I,549.

SCHMELLER I,549f.– WBÖ IV,907. A.R.R.

dästig, still, kleinlaut, müde, →*dasig*[2].

dästimieren →*ästimieren*.

Tastler

M. **1** Hausschuh, °OB vereinz.: °*die Tåstler* O'au BCD.
2: *Dasdler* „langsamer, langweiliger Mann" HEIGENHAUSER Reiterwinkerisch 8.

WBÖ IV,910. A.S.H.

†tastlicht

Adj., träge, schwerfällig: *si is ə˜ weng dàstlet und sitzt àlləwál e˜'n Asch·n* Bay.Wald SCHMELLER I,550.

SCHMELLER I,550. A.S.H.

†-tastung

F., nur im Komp.: [**An**]**t. 1** Berührung, Verunreinigung dadurch: *von aller tödlicher irdischer unsauberkait ... antastung gerainigt* AVENTIN IV,77,12f. (Chron.).– **2** Verleumdung: *Cristoff Siferlinger beclagt den Hochstrasser ainer Antastung vnnd etlicher schmachwort halb* 1557 Stadtarch. Rosenheim PRO 136, 8.

WBÖ IV,910. A.S.H.

Tat

F. **1** Tat, Handlung, °NB vereinz.: °*a guate Tat* Ruhmannsdf VIT; *tåud* MEINEL Vogtl. 55; *Actio tat* Frsg 9.Jh. StSG. II,169,64; *fůr daz er schedelicher tat vnd ravbes an im inne wirt* Mchn 1297 Corp.Urk. IV,86,23f.; *daß ... kein Landman den andern/ mit ... Vehdlicher That gewaltigklich angreiffen ... soll* Landr.1616 428.
2 Straftat, Vergehen: °*für a Haftstraf wird sei Tat wahrscheinle niat reicha, dafür hot a no zweng Geld hintezogn* O'viechtach; *sol er schvldick sein dem geriht bůzz div ůber solhe tat gesetzzet ist* Mchn 1294 Corp.Urk. III,232,20-22; *Welcher aber ... an wahrer Tat begriffen würde* Rgbg 1453 ZILS Handwerk 129.

Etym.: Ahd., mhd. *tât* stf., Abl. von →*tun*; KLUGE-SEEBOLD 908.

SCHMELLER I,629.– WBÖ IV,913f.

Abl.: *Täter, tätig, tätlich*.

Komp.: †[**Fehde**]**t.** Tat, die eine Fehde auslöst: *Vehtat ... Nachtprant, Hannsuhunge* Asbach GRI um 1175 MB V,135; *Geschäch auch ein auflauff von einer vechtat* Landshut 1322 VHN 21 (1880) 24.

SCHMELLER I,699.

†[**Ge**]**t. 1** Tat, Straftat.– **1a** wie →*T*.1: *Perfectione kata at* Frsg 9.Jh. StSG. II,345,26; *so manlich an ritterlichen getaten, so das er berüembt ward für all fürsten* FÜETRER Chron. 25,2-4.– **1b** wie →*T*.2: *daz die den selben schaden selb bezzern/ die/ die getat getan habent* Rgbg 1293 Corp.Urk. III,24,35; *zaigt ... ir den schuldner sölicher getat* FÜETRER ebd. 26,28.– **2** vertragliche Abmachung: *Vf dirre getat vrchůnd gib ich in disen brif versigelten mit minem insigel* Ambg 1296 Corp.Urk. III,473,25f.

SCHMELLER I,629f.– WBÖ IV,914f.

Mehrfachkomp.: †[**Hand-ge**]**t.** gerade begangene Straftat: *daz man si an der hantgetat* [auf frischer Tat] *nicht begreifft* 1365 Stadtr.Mchn (DIRR) 388,14f.

SCHMELLER I,630.

[**Gut**]**t.**[1], [**Güt**]- **1** gute Tat, wohltätige Handlung, °SCH vielf., °OB mehrf., °Restgeb. vereinz.: °*Guattat* „Wohltat, Almosen" Neukchn KÖZ; °*i hob wunna gmoit, wos i dir für a Göitat mach und du dankst niat amal* Schnaittenbach AM; *die Gouttat* „erwiesene Gefälligkeit" SINGER Arzbg.Wb. 79; *Profectu guottati* Tegernsee MB 11.Jh. StSG. II,129,39; *dvrch etlich gvttæt, di wir enphangen haben* 1292 Urk.Raitenhaslach 369; *seiner villfeltigen Guetttathen, so er* *dennen Leuten gethon* 1723 POSCHINGER Glashüttengut Frauenau 115.– **2** Erleichterung, Wohlgefühl, Genuß, °Gesamtgeb. vereinz.: °*des war jetz a Guaddat!* „wenn sich eine Blähung gelöst hat" U'föhring M; *a so a Maßl Bier, dös ies a Güatert* Passau; *I˜n Wintər is·s ə˜ rèchté Guəttat um ə˜ warms Stübə-l!* SCHMELLER I, 630.

SCHMELLER I,630.– WBÖ IV,915.

[**Gut**]**t.**[2] Güte, →*Gutheit*.

†[**Hand**]**t. 1** wie →*T.*2: *Es soll ... dhain Dieb, Mörder ... die ... ob der Handthat kämen ... dhain Gelaitt haben* Friedbg 1404 LORI Lechrain II,95.– **2** wie →[*Hand-ge*]*t.*: *begreift man si an der hanttât* [auf frischer Tat] ... *man sol in den daumen abslahen* 1328 Frsg.Rechtsb. 88.

SCHMELLER I,630.– WBÖ IV,915f.

†[**Misse**]**t.** Missetat: *pigihtik* [bekennend] *allero minero suntono enti missatateo* 9.Jh. SKD 310,1-3 (Altbayr. Gebet A); *sogetan mizzetat ... darvmb man richten sold vͤber sein leben mit dem tode* Landshut 1318 Urk.Raitenhaslach 536; *Da man ... bey der Missethat einen Zuschauer abgiebt* CJB 105.

SCHMELLER I,630; WESTENRIEDER Gloss. 366.– WBÖ IV, 916.

†[**Übel**]**t.** Untat, Verbrechen.: *Maleacta upiltati* Tegernsee MB 10./11.Jh. StSG. II,278,48; *ob jemandt ... ein ... Malefitzisch Vbelthat ... beginge* Landr.1616 436.

WBÖ IV,917.

[**Un**]**t. 1** dass.: *die Untat* „Verbrechen" Passau; *Die Untât* SCHMELLER I,630; *ein grozzew untat, diu pey der nacht geschehen ist* 1365 Stadtr. Mchn (DIRR) 387,25.– **2** Makel, fehlerhafte Beschaffenheit, in heutiger Mda. nur Dim.: *koa Udaderla* „fehlerlos, lupenrein" FRIEDEL Grenzgedanken 56; *Dés weibəts Leut is so saubə', dás kaə˜ U˜tádə-l drá˜ is* SCHMELLER ebd.; *Maculam ... vntat* Tegernsee MB 9.Jh. StSG. I,579,22f.

SCHMELLER I,630.– WBÖ IV,917.

†[**Ur**]**t.** Vollziehung, Vollzug: *wir ... geben In krafft ditz briebffs zu Vrtat den Hoff zu AURNPUCH gelegen ... JORGEN PAYREN* Arnbuch RID 1482 MB XVII,372f.

SCHMELLER I,630.

†[**Wider**]**t., -tod, Mithridat** Pfln., Volksmed. vgl. MARZELL in: ZVkde 3 (1931) 168.– **1** Widertonmoos (Polytrichum commune): *Medererdad, Midrerdad* NB MARZELL Pfln. III,966; *Wohlgemut und Widridad, hat mich um mein fein Lieb gebracht* Wdmünchen SCHÖNWERTH Opf. I,134.– **2** Frauenhaar (Adiantum Capillus Veneris): *Mithridat* „als Schmuck zur Zauberabwehr" Geltendf LL.– **3** Scharfer Mauerpfeffer (Sedum acre): „der *Wideritod* ... dessen Röllchen ... zwischen den Steinen herausschauen" Bayerwald 21 (1923) H.2,2.– **4** Brauner Milzfarn (Asplenium Trichomanes): *Widritat* Neukchn BOG MARZELL Pfln. I,492.– **5** †Rundblättriger Sonnentau (Drosera rotundifolia): *wan das vich umbfahlt, mag man ihnnen folgente leckhen geben ... angelica, weyrauchkrautt, widertodt* BIHLER tierärztliche Rezepte Straubing 31.– **6** †Immergrüner Steinbrech (Saxifraga aizoides): *Widrithat* JIRASEK Beitr. 59.– **7** Wiesenlein (Linum catharticum): „*Widertat* ... als Bestandteil des an Maria Himmelfahrt ... geweihten Kräuterbüschels" Eggersbg RID MARZELL Pfln. II,1332.– Wie →[*Wider*]*tan*[1] in der Bed. „wider das Antun [der Hexen]", z.T. mit volksetym. Angleichung an →*Tod* u. →*Mithridat* 'best. Arzneimittel'; MARZELL Pfln. I,492.

SCHMELLER II,861.

[**Wohl**]**t. 1** wie →[*Gut*]*t.*1, OB, °OP vereinz.: *des is da Lohn fir oja Woidodn* Staudach (Achental) TS.– **2** wie →[*Gut*]*t.*2: *suawos is koa Wuhltat* „tut nicht gerade wohl" SINGER Arzbg.Wb. 271.

WBÖ IV,917.

[**Zu**]**t. 1** Kurzwaren, Schneiderzubehör, °OB mehrf., °Restgeb. vereinz.: °*de Zuadådn, de d Nohdarin bein Hausiera kaaft hod* Hirnsbg RO.– **2** Zubehör der Nähmaschine, °OB, °NB, °OP vereinz.: °*di Zoutot* „Ersatzteile" Fronau ROD.

WBÖ IV,917.

Mehrfachkomp.: [**Maschin(en)-zu**]**t.** Zubehör eines mechanischen Geräts, bes. der Nähmaschine, °OB, °NB, °OP, °MF, °SCH vereinz.: °*Maschinenzutat* „zur Maschine gehörige Werkzeuge und Ersatzteile" Endlhsn WOR. M.S.

Datalier

F., M. **1** Korbblütler.– **1a** Scharfes Berufkraut (Erigeron acer), °OP vereinz.: °*d Dadalia* „besitzt Heilkraft" Kchnthumbach ESB; *Datalier* AM MARZELL Pfln. II,278.– Spruch: °*haust ka*

Dadalia, ghäiat da Weihbüschl mia!, sagt Hex „dann hat der Büschel keine Heilkraft“ Kchnthumbach ESB, ähnlich °Troschenrth ESB.– **1b** Wegwarte (Cichorium Intybus): °*Datalier* Schnaittenbach AM.
2 wohl Esparsette (Onobrychis viciaefolia): °*da Dadalio* „lila Blüte, Blätter einzeln am Stiel stehend“ Dachau.
3 wohl Weißdorn (Crataegus oxyacantha): °*Duadaliö* „Dornstrauch“ Thanning WOR.

Etym.: Herkunft unklar; vgl. MARZELL Pfln. II,278.

M.S.

†Tatar, Tatan

M., Angehöriger der Tataren: *Er hât … einem iegelîchen kristenmenschen … einen engel gegeben, unde … ieslîchem heiden … unde tatânen* BERTHOLDvR I,365,22-34; *Als man zalt nach Christi gepurt 1299 jar, gerieten die Saracen und Tatern an einander* AVENTIN I,235,33f. (Türkenkrieg).

Etym.: Mhd. *tater* st/swm., aus mlat. *tatarus* ‘Unterwelt’; DWB XI,1,1,158.

SCHMELLER I,630f.– WBÖ IV,921f. M.S.

Tate

F., †M. **1** Schublade, Schubfach, °OB vereinz.: °*schiab dö Doon zua!* Griesbeckerzell AIC; *Don* GÖTTLER Dachauerisch 22.
2 Abteilung eines Verschlags, Behältnisses, Möbelstücks, Fach, °OB, °SCH vereinz.: *Dal* Fach in der Getreidetruhe Jarzt FS; *ə˜ Táttl in ə˜ Truhhə˜, in ə n Kast·n* SCHMELLER I,630; *in dem grossen eingemaurtem Casten in dem Obern Dhatt … Zween … vergolt Pecher* Mchn 1581 MJbBK 16 (1965) 123 (Inv.).
3 Getreidetruhe, OB vereinz.: *Dorn* Walkertshfn DAH.
4 Banse, Abteilung für Getreide, °OB, SCH vereinz.: *Doon* „Abteil im Speicher, nicht zugedeckt“ Todtenweis AIC; „Bretterverschlag … zur Aufnahme von Getreide … *Douda*“ WÖLZMÜLLER Lechrainer 124.

Etym.: Herkunft unklar; WBÖ IV,910.

SCHMELLER I,630.– WBÖ IV,910f.

Komp.: [**Tauben**]**t.** Abteilung im Taubenschlag: *Taubndarl* Weichs DAH.

[**Ge-treide**]**t. 1** Fach in der Getreidetruhe: *Troaddarl* U'menzing M.– **2** wie →*T.*3, OB, °SCH vereinz.: °*Troiddåuta* Getreidetruhe Augsburg.– **3** wohl wie →*T.*4: *drǫaddo*[u]*tə* Dünzelbach FFB nach SBS XII,443.

†[**Fesen**]**t.** abgeteilte Stelle auf dem Dachboden od. in der Scheune zur Aufbewahrung von Dinkel (→*Fesen*): *Die Fesentàtt·n, Gerstentàtt·n* „Fach in der Scheuer“ SCHMELLER I,630.

SCHMELLER I,630.

[**Kasten**]**t.** wie →[*Ge-treide*]*t.*1: *Kaschtadoota* Peiting SOG.

WBÖ IV,912.

[**Mehl**]**t.** Fach in der Mehltruhe, OB, °NB, °SCH vereinz.: *Mäaldåta* Moorenweis FFB.

WBÖ IV,912.

[**Ober**]**t.** obere Schublade: *Oberdon, Mitterdon, Unterdon* GÖTTLER Dachauerisch 22. M.S.

däteln, dätien

Vb., schlafen (von kleinen Kindern), °OB, °NB vereinz.: °*tua schee datin!* Günzlhfn FFB.

Komp.: [**hin**]**d.** refl., sich zum Schlafen hinlegen (von kleinen Kindern): °*tua di schö hidatln!* Polling WM. M.S.

däten

Vb., schlafen (von kleinen Kindern), °NB, °OP, °MF vereinz.: °*äz toust a bisserl datn* Fronau ROD.

Etym.: Herkunft unklar, wohl kindersprl.; WBÖ IV, 921.

WBÖ IV,921.

Abl.: *däteln*.

Komp.: [**hin**]**d.** refl., sich zum Schlafen hinlegen (von kleinen Kindern): °*tua die schön hindatn!* Edelshsn SOB. M.S.

Täter

M., Täter: *Also wirds dem Heler gehn wie dem Steler/ dem Räther/ wie dem Thäter* SELHAMER Tuba Tragica I,521.

Etym.: Mhd. *-tæter* stm., Abl. von →*Tat*; PFEIFER Et.Wb. 1415.

WBÖ IV,922f.

Komp.: [**Gut**]**t. 1** Wohltäter, °OB, °NB, °OP vielf., °SCH mehrf., °MF vereinz.: °*da oid Baua* *is a groußa Guattäta vo da Kirch gwen* Steinhart WS; °*wanns koan Guattäter hättn, kannt da Bua nöt studiern* Metten DEG; „sein Freund und bester *Guttäter*“ PEINKOFER Werke II,31; *zum Gedächtnus der ersten Stifftung/ und des Closters Gutthäter* A. ERTL, Chur-Bayer. Atlas, Nürnberg 1690, II,82.– Auch ironisch Mensch, der einem übel gesonnen ist, °OB, °OP vereinz.: °*do han meine Guattäter schuld* Fronau ROD.– **2** scheinheiliger Mensch, °NB, °SCH vereinz.: °*Guattäter* „heuchlerische Person, die sich mit allen gut stellt“ Grafenau.

WBÖ IV,923.

[**Übel**]**t.** Übeltäter, ä.Spr.: *Die Vbelthäter/ so in den Hofmarchen betretten werden* Landr.1616 434.

WBÖ IV,923f.

[**Wohl**]**t.** wie →[*Gut*]*t.*1, °OB, °NB, °OP vereinz.: °*da oide Dr. Schmid is für vui Leit a Woitäter gwen* Ismaning M.

WBÖ IV,924. M.S.

-datieren

Vb., nur in Komp.: †[**fort**]**d.**: „Einen *fort-, hinaus* ec. *datieren*, fortweisen“ SCHMELLER I,551.– Aus frz. *dater* ‘(her)stammen’; DUDEN Gr.Wb. 756.

SCHMELLER I,551.

[**her**]**d.** herrühren: *des datiat fa saina Krånkheit hea* Mittich GRI.

WBÖ IV,926. M.S.

tätig

Adj. **1**: *detö* „tätig“ SCHIESSL Eichendf I,30.
2 tüchtig, fleißig, NB vereinz.: *a dedöga Bar* arbeitsamer Bauer Iggensbach DEG; *i kriag a tätigs Wei* PEINKOFER Mdadicht. 63.
3 hilfsbereit: °*tätig* „zuvorkommend“ Griesbach DGF; *detti* [4]ZEHETNER Bair.Dt. 345.

Etym.: Ahd. *-tâtig*, mhd. *-tætic*, Abl. von →*Tat*; PFEIFER Et.Wb. 1415.

WBÖ IV,926f.

Komp.: [**an**]**t.** **1** tüchtig, übereifrig.– **1a** wie →*t.*2, °OB, °OP vereinz.: °*antätig* Thanning WOR.– **1b** übereifrig: °*aatati* Naabdemenrth NEW.– **2** wie →*t.*3: °*antätig* „hilfsbereit“ Thanning WOR.– **3** anhänglich, °OB, °NB vereinz.: °*andati* Pöcking STA.– **4** schmeichlerisch, anbiedernd, °OB, °OP vereinz.: °*jetz kummd er ma wieda ådati daher* Schrobenhsn.

[**gut**]**t.** **1**: °*a gouttatiger Mensch* „gütig“ Falkenbg TIR.– **2** †rechtschaffen, redlich: „bei andern *gutthätigen* Müttern und Jungfrauen“ Abensbg KEH HAZZI Aufschl. IV,2,280.– Auch folgsam: *Thät wohl oft ein so gutthätigs Thier auf einem Theater unvergleichliche Dienst* BUCHER Charfreytagsprocession 181.– **3** †wunderkräftig: *zu Pfackhofen* [R] *wird in Ehren gehalten ein gutthätige Muter GOttes Bildnuß* M. WENING, Historico-Topographica Descriptio, Tl III, München 1723, 41.

WBÖ IV,927.

†[**mord**]**t.** mit Mordabsicht: *mit seinem Dolch ganz mordtätig ... neun Stiche in Rücken und Leib ... zugefügt* 1594/1595 BREIT Verbrechen u.Strafe 235.

†[**narren**]**t.** in Gebärde u. Sprache wie ein Narr: *Narrenthädig* SCHÖNSLEDER Prompt. P2[r].

SCHMELLER I,1753.

[**ge-walt**(**s**)]**t.** **1** gewalttätig, brutal, °Gesamtgeb. vereinz.: °*des isch a Gwalttätiger, mit dem laßt si it* [nicht] *spassa* O'ammergau GAP; *gwoids:daa:di* CHRISTL Aichacher Wb. 213.– **2** draufgängerisch, °SCH vielf., °OB mehrf., °Restgeb. vereinz.: °*laß da Zeit, sei net so gwalttätig* Geisenfd PAF; °*a Gwoltadiga* Sulzkchn BEI.– **3** wie →[*an*]*t.*1b, °OB vereinz.: *a Gwoittatiga* Egenhfn FFB.

WBÖ IV,928.

[**zu**]**t.** **1** tüchtig, übereifrig.– **1a** wie →*t.*2, °OB, °SCH vereinz.: °*zuadati* Thanning WOR.– **1b** wie →[*an*]*t.*1b: *zuadäddi* übereifrig Rott LL.– **2** hilfsbereit, freigebig.– **2a** wie →*t.*3, °OB, °OP vereinz.: °*des isch a ganz zuadatiger Bursch, der hilft dr gera* O'ammergau GAP.– **2b** freigebig: °*zutätig* „zusätzlich wird freies Essen gewährt“ Schönbrunn LA.– **3** zugetan, zugeneigt, °OB, °NB vereinz.: °*dea isch ma zuadaddi gsinnt* Dachau; *in den edeln leip vnd in den zůtetigen* Mchn 15.Jh. Clm 8975,fol.207[r].– **4** zutraulich, anhänglich, anschmiegsam.– **4a** zutraulich, °OB, °NB, OP, °SCH vereinz.: °*zuadati* Schierling MAL.– **4b** wie →[*an*]*t.*3, °OB, °NB vereinz.: °*zoudate* „anhänglich“ Zenching KÖZ.– **4c** anschmiegsam, zärtlich, °OB, °OP vereinz.: °*zoudati* Wiesau TIR; *Nacha kann i rechte Sprüch macha dahoam, daß a*

recht a zutatige war, nacha wird mei Alte … eifersüchtig WEISS Mchn 123.– Auch von Kleidung: °*zoudedi* „angenehm auf der Haut“ Kchnthumbach ESB.– **5** zudringlich, °OB, °NB, °OP vereinz.: °*da Bua wurat glei zuadati, bal i m lassat* Rosenhm.– **6** wie →*[an]t.*4, °OB, °OP vereinz.: °*oana is recht zuadati, wanns um a Erbschaft geht* Anzing EBE.– **7**: *a zoutatiger Mensch* „unbescheiden“ Schloppach TIR.

SCHMELLER I,630.– WBÖ IV,929. M.S.

tätigen, gerichtlich verhandeln, →*teidingen*.

-tätisch

Adj., nur im Komp.: **[rappel]t.**, **[rapper]**- jähzornig, streitsüchtig, °NB (GRA, WOS) mehrf.: °*der is heut wieda rabadatisch* H'schmiding WOS.– Wohl Spielform von →*[rappel]täppisch* ‘dass.’. J.D.

tätlich

Adj. **1** tätlich, handgreiflich: *bloß is er do aa no tätlich worn* TOCHTERMANN Oiß wos Recht is 108; *Wer sich … an der … Person seines … Landesfürstens … thätlich vergreift* CJB 45.

2 †tätig, in Phras.: *oder auch die Parteyen zur anlegung thätlicher Hand* [zum Handeln] *möchten kommen* Landr.1616 43.

WBÖ IV,929f.

Komp.: **[zu]t. 1** entgegenkommend, kulant, °OB, °OP vereinz.: °„zu den Decken gibt der Marktschreier *zuatätlich* ohne Aufpreis einen Hosenträger dazu“ Steinhögl BGD.– **2**: °*zutätlich* „anbiedernd“ Reichenhall. M.S.

dato

Adv. **1** jetzt, heute: *Es is ma bis dato no ganz guat ganga* Oberpfalz 68 (1980) 174; *I kà˜ dato no˜ nicks vo'sprèchə˜* SCHMELLER I,551.

2 †bis jetzt, bis heute: *əs is dáto no˜ àlləweil guət 'gangə˜* ebd.

Etym.: Aus lat. *dato*, Ablativ von *datum* (→*Datum*); WBÖ IV,930.

SCHMELLER I,551.– WBÖ IV,930. M.S.

tätowieren

Vb., tätowieren, Gesamtgeb. vereinz.: *dätowiarn, Nama neischtöcha in Arm* Hfhegnenbg FFB.

Etym.: Zu engl. *tattoo*; KLUGE-SEEBOLD 908.

WBÖ IV,1802f.

Komp.: **[ein]t.** eintätowieren: *se wås aitätowiarn låssn* Ingolstadt; *dös hams eitätowiert* Altb.Heimatp. 5 (1953) Nr.49,3.

WBÖ IV,1803. M.S.

Tatsch, -ä-, -e-, -o-, -en

M. **1** von Menschen.– **1a** dummer, ungeschickter Mensch.– **1aα** dummer, einfältiger Mensch, °OB vielf., °NB, °OP mehrf., °MF, °SCH vereinz.: °*Datsch* „Depp“ Innernzell GRA; °*der håt sou an Doutschn gheirat* Wiesau TIR; „begriffsstutzige Frau … *Mei ham mia … glacht über den Dodschn, den bleadn*“ BINDER Saggradi 42.– Auch übermäßig gutmütiger Mensch, NB, OP vereinz.: *a aoms Datschal* Aicha VOF; *Dɔ̄dsch* AMAN Schimpfwb. 44.– **1aβ** ungeschickter, linkischer Mensch, °OB, °NB mehrf., °Restgeb. vereinz.: °*d Mari, der Dotschn, håts Millihaferl falln laßn* Hzkchn MB; °*bist a Dootsch!* „Tolpatsch“ nördl.OP; *Datsch* „unbeholfener Mensch“ JUDENMANN Opf.Wb. 37.– Phras.: °*dös is a linka Dåutsch* „ungeschickter Kerl“ Stulln NAB.– *Link(isch)er / tenker T.* Linkshänder, °MF mehrf., °Restgeb. vereinz.: °*des is a denka Deetsch* Hirnsbg RO; °*bist halt a linker Dotschn* Pielenhfn R; *Linka Daoutschn, nimm die rechte Pfaoutschn!* SINGER Arzbg.Wb. 49.– **1b** schwerfällig gehender Mensch, °OB, °NB, °OP vereinz.: °*der is an alta Datschn, der mantlt daher* Neunburg.– **1c** fader, langweiliger Mensch, °OB, °NB, °OP, °SCH vereinz.: °*an Hiasl de sei is a rechta Dotschn* Bayrischzell MB; °*is dös a Dotsch!* „Langweiler“ Neunburg; *do:tš/n* KILGERT Gloss.Ratisbonense 60.– **1d** dicker, unförmiger, häßlicher Mensch, °OB, °NB, °OP vereinz.: °*jetzt kimmt der greislige Dotschn a no daher!* Perchting STA; „adipöse Frau … *Dotsch*“ Wdmünchn.Heimatbote 20 (1989) 24.– **1e** schlampiger, ungepflegter Mensch, °OB, °OP, °MF, °SCH vereinz.: °*schau n o, n Dotschn, wias a so daherkummd* Rgbg.– **1f**: °*dea Dotschn* „unfreundliche Frau“ Pfeffenhsn ROL.– **1g** (kleingewachsener) wichtigtuerischer Mensch, °OP vereinz.: °*der is blohs a so a Dotsch* Klardf BUL.– **1h** scherzh. Bäcker (in Anspielung auf Bed.4d), °NB, °OP, °MF vereinz.: °*Datsch* Reisbach DGF.– **1i** Dim., kleines Kind, auch Kosen., °NB, °OP, °OF vereinz.: °*bist du a kloins Datscherl!* Nagel WUN; *dǫdšal* KOLLMER II,89.

2 (abwertend) Körperteil.– **2a** Hand, Fuß.– **2aα** Hand, °NB, °OP, °MF vereinz.: *i schlag di auf dein Doutschn affi* Arnbruck VIT; *tǫutš* Tagmershm DON WEBER Eichstätt 150.– **2aβ** (großer, plumper) Fuß, °NB vielf., °OP

mehrf., °Restgeb. vereinz.: °*tritt mit dein Datsch vo meinö Zehan åba!* Innernzell GRA; *Tetschala, wej d' Vögl hammant* KÖZ BJV 1952,32.– **2b**: *du mid dein Deetschn* „gequetschter, oben platter Kopf" Mchn.
3 Schuh.– **3a** (abwertend) Schuh, °OB, °OF vereinz.: °*Detschn* „große Schuhe" Thanning WOR; *Die altn Däitschla habms ... in Zeitungspapiar gwicklt* HEINRICH Stiftlanda Gschichtla 51.– **3b** Hausschuh, Pantoffel, °NB vielf., °Restgeb. mehrf.: °*dua ma meine Dotschn her!* Hausen KEH; *Dåudschn* „Filzhausschuhe" nach KONRAD nördl.Opf. 9.– Scherzv.: °*a alta Måa, der nimma kåa, der ziagt im Summa Doutschn åa* Falkenbg TIR.
4 Speise, Nahrung.– **4a** Kartoffelpuffer, flacher Kartoffelpfannkuchen, °OP mehrf., °NB, °MF vereinz.: °*Dotschn* Reiberdatschi Zell REG; „der in Fett oder Schmalz gebackene *Götzn* (*Dotsch*, Puffer)" BAUERNFEIND Nordopf. 83; „echt waldlerische Volksspeisen ... der *Datsch* (aus Kartoffeln)" Bay.Wald BRONNER Bayer. Land 327.– Phras.: °*der stellt si o als wöi da Ochs zum Dotsch bacha* „dumm" Haselmühl AM.– Schnaderhüpfel: *I bin koi Fei'schmecka, alls wird einig'haut, Monta Kraut mit an Dotsch, Irta Dotsch mit an Kraut* HÄUSSLER Oberpf.Kartoffelkochb. 216.– **4b** Auflauf, °NB, °OP vereinz.: °*Dadsch* „Mehlauflauf" Wiesenfdn BOG; „An Auflaufarten kannte man ... *woazenen Datsch* (Auflauf aus Weizenmehl)" Bay.Wald Altb.Heimatp. 14 (1962) Nr.5,4.– Phras.: °*pinkata Datsch* „Auflauf aus geschnittenem Schwarzbrot, Milch und Salz" Rötz WÜM.– *Jmd meint, er ist höher als ein T.* u.ä. jmd ist sehr eingebildet, °OP vereinz.: *deä moit aa, eä r is häichä wäi ä Dootsch* Bruck ROD.– **4c** flacher, meist mit Obst belegter Kuchen, °NB, °OP vereinz.: °*Datsch* Barbing R; *dādšə* Rottenbuch SOG SBS X,361.– **4d** mißratenes, spundiges Backwerk (v.a. Brot), °Gesamtgeb. vielf.: *lauta Detschn, zamknocktö* Tann PAN; °*die Katl kann s Backn net, die bringt lauter Dotschn zamm* Wiefelsdf BUL; *Datsch* „Backwerk, das zusammengefallen ist" HÄRING Gäuboden 133; *Datschen* „Schlechtes Backwerk" ZAUPSER Nachl. 45.– **4e** Fladenbrot: *Dåtschn* Iggensbach DEG; „kleine flache Brote ... *Datscherl*" O. KERSCHER, Brauchtum u. Leben in der Bauernstubn, Grafenau 1981, 33.– **4f** Brei: *Datsch* Passau; *Der Datsch, Detsch, Dotsch', Datschen, Dotschen* „Brey von Äpfeln, Birnen, Kartoffeln u. drgl." SCHMELLER I,555.
5 Schmutz, Pfütze.– **5a** Matsch, feuchter Schmutz, °OB, OP vereinz.: °*Dåtsch* „Schneematsch" Högl BGD.– **5b** Pfütze, MF vereinz.: *Dadschn* Meckenhsn HIP.– **5c** Kuhfladen: °*Dotsch* Wernbg NAB.
6 Zusammengedrücktes, Verschrumpeltes, Verkrüppeltes, °OB, NB, °OP, °MF vereinz.: °*Dotschn* „im Wachstum zurückgebliebener Nadelbaum" Gaißach TÖL; °*dös is zammdruckt, zu an Dotschn gmacht* Schwandf.
7 Geringfügiges, Unsinn.– **7a** Geringfügiges: °*da kriagst an schlechtn Datsch dafür* „wenig" Breitenbg WEG.– Auch: °*der Datsch* „schlechtes Blatt beim Kartenspielen" Falkenbg TIR.– **7b** Unsinn, dummes Zeug, °NB, °OP vereinz.: °*wos schböist denn du für an Dåtsch zamm?* Neukchn KÖZ; °*de håt an Dotsch gredt* Eslarn VOH.
8 Frucht, Pilz.– **8a**: *totšn* „große Futterrüben" nach SCHWEIZER Dießner Wb. 203.– **8b** Kuhröhrling (Boletus bovinus): °*Datschn* „Kuhpilz" Schwandf.
9 Schlag mit der flachen Hand: °*Datsch* „leichter Schlag auf den Kartenstoß, um anzuzeigen, daß der Geber die Karten auf einmal verteilen soll" Kchnthumbach ESB; *Der Datsch* SCHMELLER I,555.– Auch: °*Detsch* „Tanz, bei dem sich die Tanzpartner gegenseitig mit dem Gesäß stoßen" Thanning WOR.
10 Talon: °*der Datsch* „die abgelegten Karten beim Kartenspiel" Passau.
11 Spiel, Spielabschnitt, Spielmöglichkeit.– **11a**: °*an Tatsch tou* „Karten spielen" Wdsassen TIR.– **11b** Spielabschnitt.– **11bα**: *Tatsch* „Spielphase beim *Wascheln*, einem Spiel mit Steinen, von Mädchen gespielt [wohl Himmel u. Hölle]" Hiltersdf ROD.– **11bβ**: °*Dotsch* „Spielbeginn beim Schussern" Vilzing CHA.– **11c** Spielmöglichkeit im Kartenspiel.– **11cα** wohl Solo beim Tarock: °*der macht den Datsch* Ziegelbg RO.– **11cβ**: °*der Datsch* „Spiel beim Wallachen, bei dem der Alleinspieler keinen Stich machen darf" Eitting MAL.
12 in Phras.: °*ea kimd hoid nöd z Datsch* „kommt nicht zurecht" Rattenbg BOG.
13: *Oowachd, da Doodsch krachd!* „Warnruf beim Schlittenfahren" Mantel NEW Die Arnika 34 (2002) 151.

Etym.: Abl. von →*tatschen*; WBÖ IV,931, 935.– Dim. auf -*al*(*a*) z.T. auch zu →*Tatscher* möglich.

DELLING I,116; SCHMELLER I,555, 557; ZAUPSER Nachl. 45.– WBÖ IV,930-932, 935-937, 1803f., 1805f., V,213.

Komp.: **[Apfel]t., [Äpfel]- 1** Kartoffelpuffer mit Apfelschnitzen, °OP vereinz.: °*Apfldotsch* Ambg.– **2** Apfelauflauf, °NB, °OP, °MF vereinz.: °*Äpfldatschn* Wolkersdf SC.– **3** Apfelstrudel, °NB vereinz.: °*Apfldotschn* Schönau VIT.– **4** Pfannkuchen mit Apfelschnitzen, °OB, °OP vereinz.: °*Epfldotsch* „Äpfelspalten auf dem *Mehldatsch*" Stefling ROD.– **5** Apfelküchel, °NB, °OP vereinz.: °*Äpfldatschl* „Apfelscheiben in Teig getaucht und in schwimmendem Fett gebacken" St.Englmar BOG; „Schmalzbäckereien aus Hefen-, Butter- oder Brandteig … *Apfel-* und *Zwetschgendotschen*" STEMPLINGER Altbayern 77f.– **6** flacher Apfelkuchen: °*Apfldatschn* Kay LF.– **7** Apfelmus: °*Äpfldatsch* Heilbrunn BOG; *Apfeldatschen* SCHMELLER I,555.

SCHMELLER I,555.– WBÖ IV,932.

Mehrfachkomp.: [**Erd-äpfel**]**t.** **1** wie →*T.*4a, °NB, °OP vereinz.: *Eadöpfödatsch* Mengkfn DGF; *Dao kraig'ns … Heffakniadla odar … an Erdepfldotsch* Bärnau TIR SCHÖNWERTH Leseb. 85.– **2** Kartoffelbrei: °*Erdäpfldatschn* Rain ND; *Erdäpfeldotsch* SCHMELLER I,555.– **3** Schmalzgebäck aus Kartoffelteig: „*Erdäpfel- … und Zwetschgendotschen*" STEMPLINGER ebd. 78.

SCHMELLER I,555.– WBÖ IV,932, 938.

[**Bäcker(s)**]**t.** **1** wie →*T.*4d, °OB, °NB, °OP vereinz.: °*Bäckerdatsch* „eingesunkenes, spindiges Brot" Aidenbach VOF.– **2** scherzh. Bäcker, bes. Bäckerlehrling, °OP mehrf., °OB, °NB, °MF, °SCH vereinz.: °*Beckerdåtschn* „Bäckerbursche" Kelhm.

[**Bauern**]**t.** **1** ungebildete, ungeschickte weibliche Person: °*du Bauerndotschn* „Mädchen vom Land" Wollomoos AIC; *Bauerndotschn* „unbeholfene, grobe weibliche Person" SCHNEIDER Bair.gschimpft 9.– **2**: *Bauerndotschn* „Spottname für die Bewohner der umliegenden Dörfer" Wolnzach PAF.

WBÖ IV,932.

[**Heid-beer**]**t.** **1** Pfannkuchen mit Heidelbeeren, °NB vereinz.: °*Haiwadotsch* „Mehlteig, gebraten und Blaubeeren draufgestreut" Rattenbg BOG.– **2** Heidelbeerauflauf, °NB, °OP vereinz.: °*da Heuwerdatsch* Mötzing R.– **3** flacher Heidelbeerkuchen: *Hoiberdatsch* HORN-EICHENSEER Opf.Kost 134.– **4**: °*Hoabadatsch* „Heidelbeermus" Heilbrunn BOG.

WBÖ IV,932.

[**Pemperl**]**t.**: °*Pemperldotsch* „Kartoffelschmarren" Winklarn OVI.– Zu →*pemperln* 'rütteln'.

[**Pfann(en)**]**t.** **1**: *Der Pfanndatsch* „Mehl-Schmarren" OP SCHMELLER I,555.– **2** Schäfchenwolke: °*Pfannadotsch* Schwandf; *Pfannadetsch* Zettlitz ESB WINKLER Heimatspr. 164.

SCHMELLER I,555.

[**Tropf-bier**]**t.** **1**: „Kellnerin … auch *Tropfbierdotschn* genannt" M. BOLLE u.a., Zefix!, München 2010[, 86].– **2** dumme, ungeschickte Person, °OB, °OP vereinz.: °*du Tropfbierdotsch!* nördl.OP.

[**Biest**]**t.** Mehlspeise aus Biestmilch: °*Bejsdotsch* Michelsneukchn ROD; *der Böisdatsch* Altb.Heimatp. 14 (1962) Nr.5,4.

WBÖ IV,938.

[**Erd-birn**]**t.** wie →*T.*4a: *Erdbirndotscherl* Fürnrd SUL; „Kartoffelpuffer … *Erdbirndotsch*" Pölling PREINL Neumarkt 43.

[**Brein**]**t.** Hirsefladen: *Breintatscherl* FRIEDL ndb. Kuchl 30.

[**Breit**]**t.** Mensch mit sehr großen Füßen, NB vereinz.: *Broatdotsch* Dornach LAN.

[**Brettlein**]**t.** **1** Plattfuß, °NB vereinz.: *Brödldetschn* Arrach KÖZ.– **2** wie →[*Breit*]*t.*, NB vereinz.: *Brettldotschn* Mensch mit übergroßen Füßen Regen.

[**Brot**]**t.** **1** mißratenes, spundiges Brot, °OB, °NB vereinz.: °*Brotdatschn* Geiselhöring MAL.– **2** Teigrest vom Brotbacken: °*Brotdatschn* Endlhsn WOR.– **3** wie →*T.*4e: °*Brotdatsch* „Fladenbrot" Autenzell SOB.

[**Tattel**]**t.**: °*Dodldadsch* „alter Mann, der sich gehen läßt" Ingolstadt.– Zu *Tattel* (→*Tättel*) 'dass.'.

[**Tenk(er)**]**t.** **1** Linkshänder, °OB, °NB vereinz.: °*unsa Bua is a Denkadatsch* Garching AÖ; *Dengkadatsch* südl.OB HuV 7 (1929) 19.– **2** wie →*T.*1aß, °OB vereinz.: °*Denkatatsch* „unbeholfener Mensch" Schwindkchn MÜ.– Zu →*tenk* 'links, ungeschickt'.

WBÖ IV,932.

[**Dreck**]**t.** wie →*T.*5b, OP vereinz.: *Dreckdatschn* Lache Hshm NM; *Drecktatschn* Postbauer PREINL Neumarkt 50.

[Fleck(e)lein]t. aus Stoffresten gefertigter Hausschuh, Pantoffel, °OB, °NB, °OP, °MF, °SCH vereinz.: °*de wernd boid kaputt sei, de Fleckeldatschn* Lenggries TÖL.
WBÖ IV,938.

[Germ]t. Rohrnudel, OP vereinz.: *Germdotsch* Fronbg BUL; *Obapfälza Schmankala … Germdootsch* Heinrich Stiftlanda Gschichtla 23.
WBÖ IV,933.

[Haus]t. wie →*T.*3b, °OB, °NB, °OP vereinz.: °*Hausdatschn* „Filzpantoffel" Hohenpeißenbg SOG.
WBÖ IV,1806.

[Hefen]t. Kartoffelpfannkuchen mit Hefe, OP vereinz.: *Häfadotsch* Vohenstrauß; „Ein sehr ausgiebiges, preiswertes Mittagessen war der *Hefendotsch*" Bayerwald-Echo 65 (2009) Nr. 248[,48].

[Hennen]t. 1 Fuß der Henne, NB, OP vereinz.: *d Hennadotschn* Viechtach.– **2** Hahnenfuß (Ranunculus): *Hennatatschn* Arrach KÖZ.– **3**: °*Hehnadatschala* „Trippelschritte" Erbendf NEW.

[Holler]t. Holunderküchlein, °NB vereinz.: °*Hoiadetschn* Lohbg KÖZ.

[Kartoffel]t. wie →*T.*4a, °OB, °OP vereinz.: °*Kartoffeldotsch* Penzbg WM; „Den *Kartoffeltatsch* kochen sie mit rohabgeschälten aufgeriebenen Kartoffeln" Tirschenrth um 1860 Heimat TIR 20 (2008) 52.

[Kersch]t., [-(t)en]- 1 Kirschauflauf, °NB, °OP vereinz.: *Köäschdotsch* Zandt KÖZ.– **2** flacher Kirschkuchen, NB, OP vereinz.: *Kerschdndotsch* U'hütte WÜM.

[Kot]t. 1: *Kouddatschei* Unke Bergen TS.– **2** wie →*[Brettlein]t.*1: °*Kottdotschn* „Plattfuß" Arnstorf EG.
WBÖ IV,938.

[Kuh]t., [Kühe]- 1 wie →*T.*5c, °OB, °NB, °OP vereinz.: °*auweh, jetz bini in an Kuadådschn einidådschd!* Ebersbg.– **2** Pfln., Pilz.– **2a** Huflattich (Tussilago farfara): °*Kuhtatsch* (Ef.) Endlhsn WOR.– **2b** meist Dim., Pilz.– **2bα** Röhrling.– **2bαi** wie →*T.*8b, °OB, °NB, °OP vereinz.: °*Kuahdadschal* „Kuhpilz" Dachau.– **2bαii** Birkenröhrling (Boletus scaber), °NB vereinz.: °*Kühdatscherl* „Kapuzinerpilz" Heilbrunn BOG.– **2bαiii** Maronenröhrling (Boletus badius): °*Kiatatschal* Zustorf ED.– **2bαiv** Gallenröhrling (Boletus felleus): °*Kuhdatscherl* „Zigeuner" Straubing.– **2bβ** Blätterpilz.– **2bβi** Feldegerling (Psalliota campestris), °OB, °NB, °OP vereinz.: °*Kouhdotschn* „Champignon" Haselbach BUL.– **2bβii** Täubling (Russula): *Kaitatscherl* Wiesenfdn BOG.– **2bβiii** Rainschwindling (Marasmius oreades): *Koitåtscherl* Degelbg CHA Marzell Pfln. III,55.– **3**: °*de hot di reinstn Kuadatschn* „große, unschöne Hände, Füße" Degerndf RO.
WBÖ IV,938, 1806.

[Laiblein]t. 1 bleiche, schlecht gebackene Semmel, °NB vereinz.: °*dös is a Loawidatsch* Lembach GRA.– **2** wie →*T.*1h, °OB, °NB, °OP vereinz.: °*Loibltåtschl* Schimpfwort für Bäcker Laaber PAR.

[Läpper]t. Mund: °*halt dein Lapperdatschn!* Aidenbach VOF.– Zu →*Läpper* 'Lippe'.

[Linker]t., [Link(s)]- 1 wie →*[Tenk(er)]t.*1, °Gesamtgeb. vereinz.: °*da Linksdotschn* „Linkshänder" Parsbg MB; *Linggerdoodsch, nemm di rechder Bfoodsch!* Maas Nürnbg.Wb. 171.– **2** wie →*T.*1aβ, °OP, °OF vereinz.: °*Linksdoutsch* „Tölpel" Selb; *Linkatootsch* „Tolpatsch" Braun Gr.Wb. 373.
WBÖ IV,933.

[Lutz]t. 1 wie →*[Tenk(er)]t.*1: *a Ludsdatsch* Linkshänder Mchn.– **2** wie →*T.*1e: °*Lutzdatsch* „schlampige Person" Gangkfn EG.– Zu →*lurz* 'links, verkehrt'.

[Mafia]t.: „Die italienische Pizza hat … von den Oberpfälzern die Bezeichnung *Mafiadotsch* erhalten" Häussler Erdäpfelpfalz 181.

[Mehl]t. 1 Pfannkuchen, °OP vereinz.: °*Mehldatsch* Seebarn NEN; „Pfannkuchen … *Mehldotsch*" nördl.OP Oberpfalz 80 (1992) 145.– **2** wie →*[Brot]t.*2: °*Mehldatschn* „Teigrest, der nicht mehr zum Wecken reicht und ausgebacken wird" Bernau RO.– **3** wie →*T.*4e: °*Meildatschn* „flache Hefeweißbrote" Kchnthumbach ESB.

[Meiß]t.: *Moasdotschn* „freistehender Baum" Sojer Ruhpoldinger Mda. 29.– Zu →*Meiß* 'Kahlschlag'.

Mehrfachkomp.: **[Ge-meiß]t.** **1**: *Gmoasdodschn* „stehengelassene Baumkrüppel in einer Kahlschlagfläche" HEIGENHAUSER Reiterwinkerisch 15.– **2**: *Gmoasdodschn* „dummer, unangenehmer Mann" ebd.

[Nacht]t. **1** Klaps vor dem Schlafengehen, auch im Spiel, °OP vereinz.: °*Nochtdotsch* „wer den letzten Schlag kriegt, hat verloren" Rottendf NAB.– **2** Kind, das in diesem Spiel den letzten Schlag bekommt, °OP vereinz.: °*bleib da, Nochtdåtscherl!* Haselbach BUL.

[Nest]t.: °*a Nestdatscherl* „jüngstes Kind der Familie" Weilhm.

[Reiber]t. Kartoffelpuffer, °OP vielf., °NB vereinz.: °*Raibadootsch* Sulzbürg NM; „der *Reiwadatsch* ... aus geriebenen rohen Kartoffeln" ILMBERGER Fibel 43.

[Riffelein]t.: °*Riferldotsch* „Kartoffelschmarren" O'viechtach.

[Ritschi]t. wie →*[Reiber]t.*, °OB, °NB, °OP vereinz.: °*Ritschidatschn* „Kartoffelpuffer" H'schmiding WOS; *Der Ritschitatsch'n ... war ... besser* SCHMIDT Altboarisch 123.– Gstanzl: °*z Gleißenberg mog i nimma bleibn, muaß ma allaweil Ritschi reibn, z Nacht und z Mitto is da Ritschidotsch do* Gleißenbg WÜM.– Zu →*Ritschi* 'geriebene Kartoffeln'.

[Schaf]t. wie → *T.*8b: °*die Schafdetscherln* „Kuhröhrling" Fronau ROD.

[(Ge-)Schlamper(er)]t. wie → *T.*1e, °OB, °NB, °OP, °MF vereinz.: °*der Schlampatatsch!* Lenggries TÖL.
WBÖ IV,933 (Schlampecht-).

[Schlorper]t. dass.: *Schloapadatsch* „schlampiger Mensch" Spr.Rupertiwinkel 82.– Zu →*schlorpen* 'schleifend gehen'.

[Schuh]t. best. Pfannkuchen: *Schou-Totsch* HORN-EICHENSEER Opf.Kost 133.

[Stroh]t. aus Stroh gefertigter Hausschuh: °*Strohdatschn* Thanning WOR; *Strimpf ... Strouhdoutschn* HEINRICH Stiftlanda Gschichtla 21.

[Wasser]t. wie → *T.*5b, OP, MF vereinz.: *Wasserdatschn* Rohr NM.

[Kirch-weih]t. Kirchweihkuchen: „*Kirwadotsch ... Kaskouchn* mit Quarkaufstrich" Neustadt FÄHNRICH Brauchtum Opf. 282.

[Woll]t. wie →*[Pfann(en)]t.*2: °*a Wolldatsch* „Schäfchenwolken" Reit i.W. TS.

[Zwetschgen]t. **1** Kartoffelpuffer mit Zwetschgen: °*Zwetschgndotsch* Ambg.– **2** flacher Zwetschgenkuchen, °OB, °NB, °OP vereinz.: °*Zwöschbmdåtsch* St.Oswald GRA.– **3** Schmalzgebäck mit Zwetschgen: *Zwetschgendotschen* STEMPLINGER Altbayern 78.– **4** Zwetschgenmus: °*Zwetschgndatsch* Heilbrunn BOG; *Zweschendatschen* SCHMELLER I,555.
SCHMELLER I,555.– WBÖ IV,934. M.S.

Tatsche, -ä-, -e-, -o-
F. **1** von meist weiblichen Personen.– **1a** dummer, ungeschickter Mensch.– **1aα** dummer, einfältiger Mensch, °SCH vielf., °OB, °NB mehrf., °OP, °MF vereinz.: °*mit dera brauchst ned kemma, dös is a gscherde Dotschn!* Ismaning M; *Dood:schn, Dood:schål* „etwas zurückgebliebenes ... Weib" CHRISTL Aichacher Wb. 248.– **1aβ** ungeschickter, linkischer Mensch, °Gesamtgeb. vereinz.: °*der hot a so a Dotschn gheirat, niad amol gscheit kocha konns* Beratzhsn PAR.– Phras. *linke T.* Linkshänder: °*a linke Doutschn* Kottingworth BEI; *Linke Doutsch, nimm die rechte Pfoutsch!* VOGT Sechsämter 51.– **1b** schwerfällig gehender Mensch, °NB, °OP, °OF vereinz.: °*a åtte Dåtschn* „plattfüßig" Pertolzhfn OVI; *dǫutšn* KOLLMER II,90.– **1c** fader, langweiliger Mensch, °OB, °SCH mehrf., °NB, °OP, °MF vereinz.: °*dös is a Dotschn, a fade* Pfarrkchn.– **1d** unförmiger, häßlicher Mensch, °OB, °NB, °OP, °SCH vereinz.: °*a wampats Weibalait, a Dotschn* Gündlkfn LA.– **1e** schlampiger, ungepflegter Mensch, °OB, °NB, °OP, °MF vereinz.: *so a Dotschn!* Lauterhfn NM; *Dood:schn, Dood:schål* „schlampiges Weib" CHRISTL ebd.– **1f** unhöflicher, schlecht gelaunter Mensch, °OB vereinz.: °*des is vielleicht a so a gfreade Dodschn, de ka ned amoi griaßn* Stammham AÖ.– **1g** mannstolle Frau, Schlampe, °OB vereinz.: °*di Dotschn laft de Mannsbilda noch* Halfing RO; *Wart nur ... was die amal für a Dotsch'n werd* SCHILLING Paargauer Wb. 37.
2 (abwertend) Körperteil.– **2a** Hand, Fuß.– **2aα** Hand, °OB, °NB, °OP, °OF, °MF vereinz.: °*dou dei Doutschn weg!* Pleinfd WUG; *Doutsch* VOGT Sechsämter 61.– **2aβ** (großer, plumper)

Fuß, °OB, °NB, °OF vereinz.: °*di Dåutschn* „klobiger Fuß" Thiershm WUN.– **2b** breiter Kopf, breites Gesicht, OB, NB, OP vereinz.: *Dotschn* Beilngries.– **2c** breite Nase, OB, NB vereinz.: *hat da der a broatö Tetschn!* Pfarrkchn.– **2d** Mund: °*halt dei Tatschn!* Mainburg.
3 Pfln., Frucht, Pilz.– **3a** Kriechendes Fingerkraut (Potentilla reptans): *Tatscherl* Beratzhsn PAR Marzell Pfln. III,1025.– **3b** Rübe, bes. Kohl- od. Runkelrübe, °OB, °SCH vielf., °NB mehrf., °OP, °MF vereinz.: *då hams uns mit Dotschn gfuatat, åös wia ma sunstn d Sau gfuatat håt* „im Jahr 1917" Burghsn AÖ; *Dotschn* „Weiße Rüben" Sojer Ruhpoldinger Mda. 10.– **3c**: °*Dotschn* „Birnenart" G'höhenrain AIB.– **3d**: *dedšn* „alter Pilz" Kollmer II,85.
4 Ohrfeige, Schlag, Klaps, °OB, °NB vielf., °Restgeb. vereinz.: *bi* [sei] *stad oda du griagst a Detschn!* Taching LF; °*göi låu da nu a Datscherl gem* Poppenrth TIR; *die Detsch·n* „Schlag mit der flachen Hand" Schmeller I,555; *a Tatscherl* „zarte Berührung mit der Hand" Singer Arzbg.Wb. 235.– Phras. *dem Dreck eine T. geben* u.ä. verschlimmbessern, °OB, °NB, °OP vereinz.: °*jetz håb i an Dreck a gscheide Detschn göbn* Neukchn a.Inn PA.– Reim: °*i gib da ins Gsicht a Datschal vui liaba als aufs Aschal, daßd guat schlafst heut Nacht und morgn fruah gsund aufwachst* Inzell TS.
5 Gerät.– **5a** Brett zum Festklopfen der Mistfuhre: *Datsch* Kiefersfdn RO.– **5b** Karde, °OB, °NB vereinz.: °*Dadschn* Neufraunhfn VIB; *Dätschn* Spr.Rupertiwinkel 19.
6 (alte, zerknautschte) Kopfbedeckung, °OB, NB, OP vereinz.: °*a Detschn* „verdallter Hut, verdrückte Kappe" Tandern AIC; „Hut ... *die dädschn, dedsch·n*" Dinzling CHA BM I,240.
7 Unebenheit, Falte.– **7a** Unebenheit.– **7aα** Delle, °NB, °OP vereinz.: °*der Topf håt aa scho wieda a Detschn* Steegen WÜM; *dedšn* Kollmer II,85.– **7aβ** Vertiefung im Acker, °OP, °MF vereinz.: °*die Tatschn* Fronau ROD.– **7b**: *Detschn* Falte Wegscheid.
8 Ausschlag, Geschwür, °OB, °NB, °OP, °MF vereinz.: *der is oißa ganzö gstöckt voi Detschn* Hengersbg DEG; °*der hot a große Detschn im Gsicht* Fronau ROD.
9 in Phras.: „Darmkatarrh ... *flärrende Detschen*" Schlappinger Niederbayer I,7.

Etym.: Abl. von →*tatschen*; WBÖ IV,935.– Formen auf *-n* z.T. auch zu *Tatschen* (→*Tatsch*), Dim. auf *-al*(*a*) z.T. auch zu →*Tatscher* möglich.– Bed.5b nach Schmeller I,555 Kurzf. von →*Kardätsche*.

Delling I,116, 123; Schmeller I,555.– WBÖ IV,935-937, 1805f.

Komp.: [**Bären**]**t.** **1** Bärenklau (Heracleum sphondylium), °NB vereinz.: °*Bärndatschn* „vom Vieh verschmäht" Passau.– **2** Keulenbärlapp (Lycopodium clavatum), °OP, MF vereinz.: °*Bärntåutschn* Neualbenrth TIR.

WBÖ IV,938.

[**Bett**]**t.** Dim., Klaps vor dem Schlafengehen, °OB, °NB vereinz.: °*Bettdatscherl* Ebersbg.

[**Plapper**]**t.** wie →*T.*2d, °OP vereinz.: °*a Blawerdatschn* Gunzendf ESB.

[**Fliegen**]**t.** **1** Fliegenklatsche, °OB, °NB mehrf., °OP, °MF, °SCH vereinz.: °*die Fliangdåtsch* Parsbg MB; °*de Flöingtatschn* Fronau ROD; *Flöig'ntåtsch'n* Braun Gr.Wb. 645.– **2**: °*Fliangdatschn* „auffallend große Ohren" Aidenbach VOF.

WBÖ IV,938.

[**Gänse**]**t.** **1** wie →[*Bären*]*t.*1, °NB, °OP vereinz.: °*Gänsdotschn* „gutes Hasenfutter" Bodenmais REG.– **2** wie →*T.*3a, °OB, °NB, °OP vereinz.: °*Gensdatschn* Töging BEI; *Gänstatscherl* Beratzhsn PAR Marzell Pfln. III,1025.– **3** Frauenmantel (Alchemilla vulgaris): *Gänstatschen* Bayerwald 21 (1923) H.3/4,1.

WBÖ IV,938.

[**Hirn**]**t.** Schnippen an die Stirn (→*Hirn*): *Hirndatschl* Dietldf BUL.

[**Katzen**]**t.** Dim., Katzenpfote, NB vereinz.: *Kåtzndåutschal* Zwiesel REG.

[**Kuh**]**t.**: °*die Kouhdätschn* „Kuhfladen" Fronau ROD.

WBÖ IV,938, 1806.

[**Läpper**(**er**)]**t.** **1** wie →*T.*2d, °OB, °NB vereinz.: °*Labberdatschn* „Mund" Dachau.– **2**: °*Lapperdatschn* „Mensch, der nichts für sich behalten kann" Gangkfn EG.– Zu →*Läpper* 'Lippe'.

[**Letzt**]**t.** wie →[*Bett*]*t.*: °*s Letztdadschal gem* Dachau.

[**Liebe**(**s**)]**t.** Dim., zärtlicher Klaps v.a. auf die Wange, °OB, °NB, °OP, MF vereinz.: *gib eam a Liabsdatschal!* Ettling LAN; „ein brüderliches *Liabstatscherl* auf die feiste Trommel [Bauch]" Christ Unsere Bayern II,108.– Auch scherzh.

Ohrfeige, Schlag, OB, NB, OP, MF vereinz.: *Löitatschal* „heftiger Backenstreich" Naabdemenrth ESB.

WBÖ IV,938f.

[**Maurer**]**t.**: *Maurerdetschn* mit dem Handrücken gegebene Ohrfeige Wegscheid.

[**Mist**]**t.** wie →*T.*5a, °OB, °OP vereinz.: °*mid da Missdadschn håda die junga Kadzln daschlång* Ebersbg.

WBÖ IV,939.

[**Nacht**]**t.** Dim., wie →*[Bett]t.*, °OP vielf., °OB mehrf., °NB, °MF, °SCH vereinz.: °*geh, tuast schee schlåfn, griagst no a Nachtdatschei und a Bussei* Halfing RO; °„wer das *Nachdatscherl* gibt, sagt dabei *Nachterlenz* und rennt heim" Neukchn KÖZ.

Mehrfachkomp.: [**Gute-Nacht**]**t.** meist Dim., dass., °OB, °NB, °OP, °OF, °SCH vereinz.: °*da kriagst no a Guatnachtdatscherl* Rohrenfels ND.

WBÖ IV,939.

[**Schlamper**]**t.** wie →*T.*1e: °*des is a richtige Schlamperdatschn* Nagel WUN.

[**Woll**]**t.** wie →*T.*5b, °OB, °NB vereinz.: °*d Woidatsch hod iur da Hias sejm baut* G'holzhsn RO; *Die … Wolldátsch* „Kamm zum Wollkrämpeln" SCHMELLER I,555.

SCHMELLER I,555. M.S.

-tatsche

N., nur in: [**Ge**]**t.**: °*hot der a Gedatsch* „einen schlechten Gang" Neunburg.

Etym.: Abl. von →*tatschen*; WBÖ IV,939.

WBÖ IV,939. M.S.

tätscheln

Vb. **1** schlagen.– **1a** tätscheln, °OB, °NB mehrf., °Restgeb. vereinz.: °*d Muatta hods Dirnei no a bißl datschlt, daß besser zun Schlaffa kimbt* Hirnsbg RO; *Båckn dadschln* Wildenrth NEW; *sie hat … den Gnad'n Herrn Landrichter zuatrauli auf d' Schulter tatschelt* FRANZ Lustivogelbach 19.– Übertr.: °*si söiba datschln* „sich selbst loben" Tuntenhsn AIB.– **1b** †leicht schlagen: *Da Pfarrer … datschelt nach 'n Mitz* SCHLICHT Bayer.Ld 478.– **1c** weich klopfen, °OB, °OP, °MF vereinz.: °*dadschln* Appersdf FS.– **1d** planschen, °OB, °NB, °OP, °MF vereinz.: °*im Wasser datschln* Moosthenning DGF.

2 berühren, anfassen, greifen.– **2a** streicheln, °OB, °NB, °OP, °MF vereinz.: *a bißl datschln* „die Wange streicheln" Cham; *tatscheln* HÄRING Gäuboden 179.– **2b** betatschen, °OB, °OP vereinz.: °*grod dadschld hodas und in Årsch neizwiggd!* Ebersbg.

3 †: *tätscheln* „mit einem gewissen Klatsch-Laut auffallen" SCHMELLER I,627.

4 schwerfällig gehen, °OB, MF vereinz.: °*datschln* „stiefeln" Hohenpeißenbg SOG.

5 zwitschern, reden.– **5a** zwitschern, °OB, °NB vereinz.: °*hait datschlns wieder, die Schwaibal* Endlhsn WOR.– **5b** viel reden, schwätzen, °OB, °NB vereinz.: °*datschln* Innernzell GRA.

6 schmeicheln, schöntun, °OB vereinz.: °*datschln* Wildenroth FFB.

DELLING I,116; SCHMELLER I,555, 627.– WBÖ IV,940f.

Komp.: [**ab**]**t. 1** wie →*t.*1a, OB, NB, OP vereinz.: *die Backa ådatschen* Kiefersfdn RO; *„Wöi kinnt denn der Rouß in maa Gsicht?" „Waaladi otaatschlt ho heint nacht!"* SCHEMM Neie Deas-Gsch. 118.– **2** wie →*t.*2a, °OB, °OP vereinz.: °*däi zwoa tatschln ananda scho a halwe Stund o* Dietfurt RID; *ōtätschln* „liebkosend streicheln" BERTHOLD Fürther Wb. 158.

WBÖ IV,941f.

[**an**]**t.** berühren, anfassen, °OB, °NB, °OP, °SCH vereinz.: °*otaatschln* „etwas anlangen" Rosenhm.

WBÖ IV,942.

[**auf**]**t.**: °*afdatschlt* „herausgeputzt" Marchaney TIR.

[**ver**]**t.** verhätscheln, NB, MF vereinz.: *vertatschln* „verziehen, verwöhnen" Passau.

[**zu-sammen**]**t. 1**: °*zammdatschlt* „zerquetscht" Pöttmes AIC.– **2** wie →*t.*5b, °OB vereinz.: °*was datschlan iaz de wida zam?* Brunnen SOB. M.S.

tatschen, -ä-, -e-, tetschnen

Vb. **1** schwerfällig od. unsicher gehen, °NB vielf., °OP mehrf., °OB, °OF vereinz.: °*una Säppal fängt scho s Datschn a!* „lernt das Gehen" Kchnthumbach ESB; °*dea toutscht wöi a alta Bär* Schönwd REH; *datschn* „schrittweise, abgesetzt" ANGRÜNER Abbach 23.

2 treten.– **2a** den Fuß irgendwohin setzen, °OB, °OP vereinz.: °*s Roß hat übern Strang datscht*

Kay LF; „auf den Fuß *datschen*" KILGERT Gloss.Ratisbonense 54.– **2b** trampelnd herumtreten, °OB, °NB, °OP vereinz.: °*datschn* „im Dreck" Kchndemenrth NEW.– **2c** durch Treten in einen best. Zustand versetzen, NB, OP vereinz.: *scheel datschn* den Stiefelabsatz schief treten Chamerau KÖZ.– **2d** einen Tritt geben, NB, °OP vereinz.: *mi hod da Gal datscht* Nabburg.

3 drücken, zusammendrücken.– **3a** eindrücken, eindellen: *dedšn* „eine Delle machen" KOLLMER II,85.– **3b** flach, platt schlagen od. drücken, glätten.– **3bα** in eig. Bed., °OB, °NB, °OP vereinz.: *Mist dadschn* „am Wagen festklopfen" Weidach AIB; °*dätschn* „platt machen" Erbendf NEW; *datschen, dätschen, detschen, dotschen* „niederdrücken (etwas Weiches)" SCHMELLER I,555; *dà:dšn, de:dšn* „quetschen" [4]ZEHETNER Bair.Dt. 345.– Auch: *des Fleisch datschn* „weich klopfen" Schwandf.– **3bβ** karden, °OB, °NB vereinz.: °*d Schofwoi bring ma da Hiaslin auffi gon datschn* G'holzhsn RO; *dà:dšn, de:dšn* „(Schurwolle nach dem Waschen) zum Spinnen vorbereiten" ZEHETNER ebd.– Auch: °*datschn* „Wolle vor dem Karden auseinanderziehen" Marquartstein TS.– **3bγ** übertr., Part.Prät.– **3bγi** flach, platt, OB, °NB, OP, SCH vereinz.: *der mit sana dedschdn Nosn!* Tretting KÖZ; „Flunder ... *brettlebn* und *broattetscht*" EHBAUER Weltgschicht I 16.– **3bγii** nicht aufgegangen, spundig, OB, NB vereinz.: *tatscht* „vom nicht gegangenen Brot" Pfaffenbg MAL.– **3c** zerknittern: *detscht* FEDERHOLZNER Wb.nb.Mda. 55.

4 in od. mit weicher Masse herumhantieren, °NB, °OP vereinz.: °*im Dreck dåtschn* Arnschwang CHA.– Phras.: °*Dreck datschn* im Dreck herumpatzen Rdnburg.

5 berühren, hinlangen, grapschen, °OB, °NB, °OP, °MF vereinz.: °*tatschn* „unbeholfen zugreifen" Wiesenfdn BOG; °*loa des Datschn sei!* „sagt die Kellnerin zu einem zudringlichen Gast" Kohlbg NEW; *dǫtšn* „plump anfassen" nach DENZ Windisch-Eschenbach 267.

6 klatschend schlagen, aufschlagen.– **6a** sanft schlagen, tätscheln, OB, °OP, OF vereinz.: *as Gsicht a bissai datschn* Simssee RO.– **6b** ohrfeigen, schlagen, °NB, °OP vereinz.: °*i håb den Lausbuam gscheit detschnd* Breitenbg WEG; *dätschn* ANGRÜNER Abbach 23.– Auch in Phras. *jmdm eine d.* eine Ohrfeige, einen Schlag geben, °OB, °NB vereinz.: °*i detsch da oane* Ampfing MÜ; *den hob i oane tetscht* HÄRING Gäuboden 179.– **6c** im Kartenspiel.– **6cα**: °*der datscht* „gibt Kontra, indem er mit der Hand in seine Karten schlägt" Neusorg KEM.– **6cβ**: °*datschn* „mit der Hand leicht auf den Kartenstoß schlagen, um dem Geber anzuzeigen, daß er die Karten auf einen Schlag verteilen soll" Kchnthumbach ESB.– **6cγ**: °*tatschn* „Karten spielen" Wdsassen TIR.– **6d** aufschlagen, aufprallen: *dǫtšn* „klatschend auffallen" nach DENZ ebd.

7 stoßen.– **7a** †: „[die Schusser] müßen ... mit dem Zeigefinger ... in die Grube gestoßen (*gedetscht*) werden" FENTSCH Bavaria Mchn 154.– **7b** (Ostereier) gegeneinanderstoßen, °OB, °NB, °OP, SCH vereinz.: *döi Oia dädschd* Altfalter NAB.– Auch (ein Osterei) mit einer Münze bewerfen: *Oiertätschn. Oiner hölt saa A hi, der anner schmeißt an Nickl draaf. Bleibt der Nickl spickn* [kleben], *ghäjertnan as A* SCHEMM Dees u.Sell 12.

8 ein platschendes Geräusch von sich geben: *wos tatscht en då à so?* HALLER Frauenauer Sagen 76.

9 schmeicheln, schöntun, NB, °SCH vereinz.: *der is guad in Detschn* Arrach KÖZ.

10 stehlen, °OB, °NB, °OP, °MF vereinz.: °*der hot ma mein Geldbeutl dätscht* M'rfels BOG; *dä:tšn* „klauen" KILGERT Gloss.Ratisbonense 54.

11: °*der is datscht worn* „hereingelegt" Kohlbg NEW.

Etym.: Mhd. *tetschen*, onomat.; WBÖ IV,942.

SCHMELLER I,555.– WBÖ IV,942f., 1807f.

Abl.: *Tatsch, Tatsche, -tatsche, tätscheln, Tatscher(er), Tätscherei, Tatscherling, tätscherln, tatschern, Datschi, tatschicht, Tätschler.*

Komp.: [**ab**]**t. 1** zusammendrücken.– **1a** in eig. Bed., °OB vereinz.: °*odätscht* Degerndf RO.– **1b** übertr., Part.Prät., mit Hängeschultern: *abdetscht* Pförring IN.– **2**: *o-tatschn* „streicheln" SINGER Arzbg.Wb. 169.– **3** schlagen.– **3a** wie →*t.*6a: *o-tatschn* „abtätscheln" ebd.– **3b** wohl beim Tanz einen Tänzer durch einen leichten Schlag auf die Schulter ablösen: °*abdatschn* Altenmarkt TS.

WBÖ IV,944, 1808.

[**abhin**]**t. 1** Part.Prät., wie →[*ab*]*t.*1b: *obidatscht* mit ungewöhnlich stark hängenden Schultern Rieden AM.– **2** wie →*t.*10, °OB, °NB vereinz.: °*dea hod eam ebs owedatscht* „gestohlen" Ergolding LA.

WBÖ IV,944.

[**an**]**t.** **1** festdrücken, (ån)kleben.– **1a**: °*andatschn* „frisch gesäten Rasen mit einem Brett andrücken, damit er anwächst" O'haching M.– **1b**: °*odätscht* „an die Wand geklebt" Degerndf RO.– **2** berühren, anfassen, begrapschen, °NB, °OP vielf., °OB, °MF vereinz.: °*odatschn* „anrühren, grob anfassen" Mchn; °*du moußt niat allas odatschn!* Nabburg; *andatschen* „auf eine plumpe Art betasten" DELLING I,26; *o*ⁿ*datšn* „begrapschen" KILGERT Gloss.Ratisbonense 32.– Auch: °*andatschn* „sich beim Fangenspiel freischlagen" Kchbg REG.– **3** prallen, stoßen, schussern.– **3a** wie →*t.*6d: *is eahm a große Fleischmuck'n ... an sei' Hirn o'tätscht* FRANZ Pegasus 77.– **3b** durch einen Stoß beschädigen, verletzen, °OB vereinz.: °*andatschn* „ein Osterei" Thanning WOR.– **3c** im Schusserspiel.– **3cα** stoßen, anstoßen, °OB, °NB, °OP, °MF, °SCH vereinz.: °*odatschn* „wenn ein Schusser den Schusser des Gegenspielers berührt, ihn beiseite schiebt" Rosenhm; °*andatschn* „Schusser mit dem Finger anstoßen" Maushm PAR.– **3cβ** schussern, °OB, °OP, °OF, °MF vereinz.: °*odatscha* Kohlgrub GAP; „kleine Kügelchen ... nach einer kleinen Grube werfen oder rollen, wo dann derjenige, der die größte Zahl hineingeworfen hat, gewinnt ... *Andätschen*" WESTENRIEDER Gloss. 471.– **3cγ** den ersten Stoß, Wurf ausführen, °OB, °NB vereinz.: °*da Xare deaf odatschn* Dachau.

DELLING I,17, 26; SCHMELLER I,558.– WBÖ IV,944, 1808.

Mehrfachkomp.: [**um-ein-ander**]**t.**, [**üm-**]- **1** gehen, treten.– **1a** wie →*t.*1, °OB, °NB, °OP vereinz.: °*dea tatscht a so umanand* „kommt beim Gehen nur langsam vorwärts" Fronau ROD.– **1b** wie →*t.*2b, °OB, °NB, °OP vereinz.: °*datsch denna ned allaweil en sauwan Zimma umananda!* Brennbg R.– **2** wie →*t.*4, °OB, °NB, °OP, °OF vereinz.: °*schauts an Sepperl o, wia der im Dreck umananderdatscht* Pfarrkchn; °*immananadatschn* „Mehl- oder Kartoffelmasse kneten" Thiershm WUN.– **3** planschen: °*datsch niat so im Wassa umanand!* Dietkchn NM.– **4** herumgrapschen, herumfummeln: °*dou net iwaol umanadadatschn!* Cham.

[**aufhin**]**t.** **1**: *àffidatšn* „einen Berg o.Ä. hinaufgehen" KILGERT Gloss.Ratisbonense 35.– **2** darauftreten: °*host mi afidatscht* „auf den Fuß getreten" O'viechtach; *àffidatšn* „auf etwas treten" KILGERT ebd.– **3** wie →*t.*5: °*affidatschn* „Frauen unsittlich berühren" Hohenburg AM.– **4** schlagen.– **4a** wie →*t.*6a: °*no schnell aufidadschn* „vor dem Schlafengehen einen Klaps geben" Dachau.– **4b** wie →*t.*6b, in Phras.: *den honi oane auffidatscht* „eine runtergehauen" Hirnsbg RO.

[**aus**]**t.** **1** treten.– **1a** aus dem Strang treten (vom Zugtier), °NB mehrf., °OB, °OP, °MF vereinz.: °*s Roß dout ausdåtschn* Wiefelsdf BUL.– **1b**: °*ausdatschn* „die Schuhe breit treten" Geiselhöring MAL.– **2** drücken.– **2a**: „*de báchan nudl ... mit de händ(d) ... ausdátscht* (breit gedrückt, breit geklopft)" STRÖBL Malching 61.– **2b** ausdrücken, auspressen.– **2bα** durch Ausdrücken, Auspressen entfernen: °*die Milch ausdatschn* „aus der Butter" Flintsbach RO.– **2bβ** durch Ausdrücken, Auspressen von etwas befreien: °*ausdatschn* Hohenpeißenbg SOG.– Übertr.: °*do hams n ausdatscht* „ins Kreuzverhör genommen" ebd.– **3** (Hanf) schwingen: °„Hanfhalme werden *ausdatscht*" Rosenhm.

[**aushin**]**t.** wie →[*aus*]*t.*1a, °OB, °NB, °OP, °OF vereinz.: °*iatz håt da Ochs scho wieda außidatscht!* Schönbrunn LA.– Übertr.: °*aussidatschn* „Ehebruch begehen" Malching GRI.

[**der**]**t.** **1**: *dadatšn* „eine Distanz zurücklegen" KILGERT Gloss.Ratisbonense 56.– **2** zusammendrücken.– **2a** flach, platt schlagen od. drücken.– **2aα** in eig. Bed., °OB, °NB, °OP vereinz.: °*a Flöing dadatschn* Erbendf NEW; *mein naia Huat hamans ma sauwa dadetscht, da hat se oana auffegsessn drauf* FEDERHOLZNER Wb.ndb. Mda. 50.– **2aβ** übertr.– **2aβi** Part.Prät., wie →*t.*3bγi, °OB, NB vereinz.: °*a dadätschts Gsicht* „flach, wie eingedrückt" Staffelsee WM.– **2aβii** meist unpers., erschöpfen, ermüden, °OB mehrf., °NB, °OP, °MF vereinz.: °*mi hot's sauba dadatscht* „ich war ganz fertig" Taching LF; °*i bi vo lauta Arwat ganz dadatscht* Ruhstorf GRI.– **2aβiii** deprimieren, entmutigen, °OB, °NB vereinz.: °*da Rudö is dadedschd hoamkäma, weil a sei Mössa valoan håd* Grafenau; *D' Blambergerin is ganz dadetscht* HALLER Dismas 108.– Auch: *derdetscht* verdattert Rudelzhsn MAI.– **2aβiv** unpers., ums Leben kommen: *Lawina! Unfall! Sie moana, daß oan dadatscht hod, dabräsld, ha?* Altb.Heimatp. 9 (1957) Nr.28,7.– Auch: °*den hat's gscheit dadatscht* „er hat Pech gehabt" Alkfn VOF.– **2b** wie →*t.*3c: °*mei Gwand is ganz dadetscht* Mammendf FFB; *dadetscht* „zerknitte[r]t" FEDERHOLZNER ebd.– **3**: °*sei Dirndl dadåtschn* „an Brust, Oberschenkel, Schoß zärtlich berühren" Marktl AÖ.

WBÖ IV,1808f.

[**ein**]**t.** **1** (in Wasser, Schmutz) hineintreten, °OB, OP vereinz.: °*in Dreck eidätschn* Halfing RO.– **2**: °*in Dreck eidatschn* „hineinlangen" Schaufling DEG.– **3** eindrücken, zusammendrücken.– **3a** wie →*t.*3a, °OB, °NB, °OP vereinz.: °*s Oar eidedschn* „beim Eierstoßen an Ostern" Ebersbg; *wöi er ... dean eitätschtn Kotflügl oa sein Auto oagschaut haout* SCHEMM Die allerneistn Deas-Gsch. 75f.– **3b** zusammendrücken.– **3bα** in eig. Bed., °NB, °OP vereinz.: °*a Huat zum Eidätschn* „zusammenklappbarer Zylinder" Rgbg.– **3bβ** übertr., Part.Prät.– **3bβi** wie →*t.*3bγi, °OB, NB, OP vereinz.: *a eidätschts Hirn* „niedere Stirn" Dachau.– **3bβii** wie →*t.*3bγii: *aidetscht* Mittich GRI.– **3c** zerquetschend hineindrücken: °*Erdäpfl in d Soß eidätschn* Trevesen KEM.

WBÖ IV,1809.

[**einhin**]**t.** **1** treten.– **1a** wie →[*ein*]*t.*1, °OB, °NB, °OP vereinz.: °*du Lausbua, in jedi Dreeglågga muaßd einidådschn!* Ebersbg.– Übertr.: °*da bin i gscheid einidatscht!* „in die Bredouille gekommen" Lohbg KÖZ.– **1b** in den Strang treten (von Zugtieren), °NB, °OP vereinz.: „*Michl* tritt mit dem Fuß den Strang nieder und sagt: *heb, Muckl!*, und *da Muckl dåtscht wieder eini*" Wiefelsdf BUL.– **2** wie →*t.*3a: °*s Auto einidätscht* Weiherhammer NEW.

WBÖ IV,944, 1809.

[**ver**]**t.** **1** (den Schuhabsatz) schief treten, NB, OP vereinz.: *vodatschn* Laaber PAR.– **2**: *a verdätschter Roaf* verbogener Reifen Chieming TS.– **3** flach, platt schlagen od. drücken.– **3a** in eig. Bed., °OB, °NB vereinz.: °*der hat a so an verdetschtn Huat* Teisendf LF.– **3b** übertr., Part.Prät.– **3bα** wie →*t.*3bγi, OB, OP vereinz.: *a vadätschte Nosn* Aubing M.– **3bβ** wie →*t.*3bγii: °*a verdåtschte Semml* „nicht aufgegangen, spekkig" Breitenbg WEG.

WBÖ IV,944, 1809.

[**da-her**]**t.** wie →*t.*1, °NB, °OP mehrf., °Restgeb. vereinz.: °*wenns nur nit so dahertatschn dat, dös junge Madl* Endlhsn WOR; °*da wampat Pfarra tatscht dahea wia a Elefant* Mittich GRI; „schwerfällig dahergehen, *dahertatschn*" HÄRING Gäuboden 179.

WBÖ IV,944.

[**hin**]**t.** **1** wie →*t.*2a: °*na, wou datschi denn wieder hi?* Ambg.– **2** glatt hinkämmen, °OB, NB vereinz.: °*a hidetschds Hoar* Pipinsrd DAH.– **3** hinfassen, hinlangen, °NB, °OP vereinz.: °*moust du iwaol hidatschn?* Cham; *Tatsch doch nit on Rahma hī; di Fenster senn frisch gstrichng!* BERTHOLD Fürther Wb. 230.– **4** wie →*t.*6b, in Phras.: °*oam oane hidetscht* „Ohrfeige verpaßt" Peiting SOG.– **5** unpers., hinfallen, stürzen, NB vereinz.: *s håtn hiedetscht* Aicha PA.

[**nieder**]**t.**, [**ieder**]- **1** zusammendrücken.– **1a** in eig. Bed., °OB vereinz.: °*der Regn håts Troad niedadetscht* Ramsau WS.– **1b** wie →[*hin*]*t.*2: *niedadetscht* „die Haare" Hengersbg DEG.– **1c** übertr.– **1cα** Part.Prät., wie →*t.*3bγii: *a niedadetschts Brout* Altötting; „Topfennudeln ... Mißlingen sie, so werden es richtige Batzen ... *Niederdetschte*" MB Altb.Heimatp. 46 (1994) Nr.4,21.– **1cβ**: *niedertetschn* „einschüchtern" Aldersbach VOF.– **2**: *iedadetschn* „zu Boden schlagen" Kochel TÖL.

WBÖ IV,1809.

[**zu-sammen**]**t.** **1** zusammendrücken.– **1a** flach, platt schlagen od. drücken.– **1aα** in eig. Bed., °Gesamtgeb. vielf.: °*da Schorsch hod si an Kuacha auffigsetzt, der war danoch ganz zammadätscht* Ismaning M; *a Mihsdduschn zum zamadadschn* Passau; °*den Frosch hots zamdätscht wöi a Maltaschn* Nittenau ROD; *zamdetscht* „zerdrückt" FEDERHOLZNER Wb.ndb. Mda. 253.– **1aβ** übertr.– **1aβi** Part.Prät., wie →*t.*3bγi, OB, NB, °OP, MF, SCH vereinz.: *der mit san zamdetschtn Schedl* Kötzting; „*z'sammdetschte Nosn* ... Mopsnase" Wdmünchn.Heimatbote 19 (1989) 32.– **1aβii** Part.Prät., wie →[*ab*]*t.*1b: *a Zammdätschter* Mensch mit ungewöhnlich stark hängenden Schultern Pipinsrd DAH.– **1aβiii** Part.Prät., (aufgrund von Alter, Krankheit u.ä.) geschrumpft, körperlich verfallen, NB, °MF vereinz.: *ganz zammdatscht* „klein und häßlich geworden" Mainburg.– **1aβiv** Part.Prät., wie →*t.*3bγii, °Gesamtgeb. vereinz.: °*dös Brot is net ganz aufganga, dös is zamdetscht* Ziegelbg RO.– **1aβv** wie →[*der*]*t.*2aβii, °Gesamtgeb. vereinz.: °*dös Wetta dätscht oan ganz zam* Tödtenrd AIC.– **1aβvi** wie →[*der*]*t.*2aβiii, °OB, °NB, °MF, °SCH vereinz.: °*des Schlamassl hådn gånz zammdadscht* Dachau.– **1b** wie →*t.*3c, °OB, °OP vereinz.: °*du host dein Rock ganz zamdätscht* „verknittert" Nabburg.– **2** zusammenschlagen, verprügeln, OB, NB vereinz.: *zammadetschn* Peißenbg WM.– **3**: °*zammdetschn* „aufeinanderprallen" Bayrischzell MB.

WBÖ IV,944, 1809.

[her-um]t. 1 wie →*t.*1, °OP vereinz.: °*herumdatschn* „schwerfällig umhergehen" Königstein SUL.– **2** wie →*t.*2b, °Gesamtgeb. vereinz.: °*rumdåtschn* „in Drecklachen" Appersdf FS.– **3** wie →*t.*4, °NB vielf., °Restgeb. vereinz.: °*muaßt jetzt grad in dem Dreck rumtåtschn* herumpatzen Perchting STA; *herum dàtsch.n em drêk* Dinzling CHA BM I,76.– Auch: °*d'Maura tean allwei arg rumdatschn* „Dreck machen" Anzing EBE.– **4** wie →[*um-ein-ander*]*t.*4, °OB, °NB, °OP, °SCH vereinz.: °*herumdatschn* „alle möglichen Gegenstände antasten" Essenbach LA; °*der datscht allaweil an jedn Madl rum* Kohlbg NEW.

[zer]t. 1 flach, platt schlagen od. drücken, °OB, °NB, °OP vereinz.: °*da Hund hod ma mein Huat ganz zdetscht* Metten DEG.– Auch durch Drücken zerstören: „Vor lauter Wut hat er die … Christbaumkugel … *zerdätscht*" MM 21./22.12.1991, 11.– **2** übertr., Part.Prät.– **2a** wie →*t.*3bγi, NB, OP vereinz.: *a zdatschda Schedl* Herrnthann R.– **2b** wie →*t.*3bγii: *ztetscht* „der Teig beim Brotbacken" Weiden.

WBÖ IV,945, 1809. M.S.

Tatscher(er), -ä-, -e-

M. **1** v.a. von Menschen.– **1a** Mensch mit übergroßen Füßen, °OB, NB, OP vereinz.: *Datscha* Haselbach BOG.– **1b** schwerfällig gehender Mensch, °OB, NB, OP vereinz.: °*da kimmt a Datscher daher* Erding; *dǫtʃa* „alter Mann" nach DENZ Windisch-Eschenbach 267.– **1c** ungeschickter, linkischer Mensch, °NB, °OP vereinz.: °*dos is a richtiga Datscha* Fronau ROD.– Phras. *link(s)er T.* Linkshänder, °OB, °OP, °MF vereinz.: °*linksa Taatscher* Ingolstadt.– Auch: °*Datscher* „schlecht gehendes altes Pferd" Aicha SUL.– **1d**: °*a su a Dotscherer* dumme, ungebildete Person Neustadt.– Auch: *a Datscha* übertrieben gutmütiger Mensch Mehlmeisel KEM.– **1e**: °*Dotscherer* langweilige Person Neustadt.– **1f**: °*Dotscherer* häßliche, plumpe Person ebd.– **1g** Mann, der Frauen unsittlich anfaßt, °OP vereinz.: °*Datscher* Rottendf NAB; *Schaug, daß di schleichst … du oida Datscha, du schmieriga!* BINDER Saggradi 39.– **1h** Mensch, der →*Tatsch*,Bed.4c ißt, in Ortsneckerei: °*Dotscherer* „Spottname für die Neustädter, weil sie den *Dotsch* gern essen" M'ldf NEW.

2 (abwertend) Körperteil.– **2a** Hand, Fuß.– **2aα** (große, breite) Hand, °OB, °NB, °OP vereinz.: °*Trümmer Datscha* Günzenhsn FS; *dåtʃara* nach KOLLMER II,83.– **2aβ** (großer, plumper) Fuß, °OB, °NB, °OP vereinz.: °*dea haut Datscher wöi an Elefant* Ambg; „*d'Datscher* … die besonders großen *Fejß*'" SIEBZEHNRIEBL Grenzwaldheimat 279.– **2b** Ohr, °OB, °NB vereinz.: °*der hot vielleicht große Datscha dro* Edelshsn SOB.

3 Fuß-, Hand-, Fingerabdruck, °OP vereinz.: °*des Hundsvieh hot scho wieda Tatscha einagmacht* Wiefelsdf BUL; *dåtʃa* „plumpe Fußspur" nach KOLLMER ebd.

4 Schuh.– **4a** (abwertend) Schuh, OB, °NB, °OP vereinz.: °*oite Datscha* Hzleithen KEH; *Datscher* „große abgelatschte Schuhe" ILMBERGER Fibel 43.– Ortsneckerei: „Miesenbach [TS] … *Tatscher* … von den großen, schweren Schuhen, womit sich die Miesenbacher beim Passieren eines Nachbarortes … bemerklich machten" BRONNER Schelmenb. 135.– **4b** Hausschuh, Pantoffel, °OB, °NB, °OP, °OF vereinz.: *ziag deine Datscher å!* Sommerstorf EG.

5: *dåtʃa* „plumper Schritt" nach KOLLMER ebd.

6 Schlag, Klaps.– **6a** Ohrfeige, Schlag, OB vereinz.: *an Detscher gebm* Prien RO.– **6b** Klaps, °OB vereinz.: °*an Datscher gebn* „auf den Rükken oder das Hinterteil" Anzing EBE; „dem … Hund … ein paar liebe *Tatscher* … geben" HuV 15 (1937) 216.– **6c** übertr. geistiger Defekt, °NB, °OP vereinz.: °*der hot scho an gscheidn Dätscha* „ist nicht ganz normal" Kötzting; *an datša ham* „geistigen Schaden od. … kurzfristigen Aussetzer" KILGERT Gloss.Ratisbonense 186.

7 (alter) Hut, OB, NB vereinz.: *Datscher* Viechtach.

8 Pilz.– **8a** Pilz mit großer Kappe, °OB, °NB vereinz.: *so a Detscher!* Reit i.W. TS.– **8b** abwertend Pilz, °NB, OP vereinz.: *a Schedl wöi an alta Dätscha* Herrnthann R.

9 Speise, Nahrung.– **9a** Kartoffelpuffer: „*Datscher* … Apfelmus oder Sauerkraut dazu" HORN-EICHENSEER Opf.Kost 119.– **9b** mißratenes, spundiges Brot, °OB vereinz.: °*wos hostn do für Detschera gmacht* Mammendf FFB.

10 Gerät, Teil davon.– **10a**: °*Datscha* „Klöppel des Dreschflegels" O'viechtach.– **10b** Fliegenklatsche, °OB, °OP vereinz.: °*Datscher* Falkenbg TIR; *Dätschá* ANGRÜNER Abbach 23.– **10c**: „Ausklopfer …. *Datscher*" DORNSEIFF 283.– **10d** Rührkelle, °OB vereinz.: °*Tatscher* Kay LF.

11 Schusser: °*Datscher* „großer Schusser, um kleinere Schusser aus dem Erdloch herauszustoßen" Essenbach LA; *Der Datscher* „Schnellkügelchen" SCHMELLER I,558.

12 Tanz, bei dem man sich leichte Schläge gibt: „Schuhplattler ... Spielarten: *Sechzehner, Mühlradltanz ... Dätscher*" FREYBERGER Baiwarisches 43.

SCHMELLER I,558.– WBÖ IV,945f., 1809f.

Komp.: [**An**]**t.** **1**: *Andetscher* „Einbeulung am Metallgeschirr" Mchn.– **2** wie → *T.*11, °OB, °NB, °OP vereinz.: °*Odaatscher* „Schusser, der den anderen anschlägt und aus dem Spiel schießt" Rosenhm; „das Spiel mit kleinen steinernen Kugeln ... *Andetscher*" FENTSCH Bavaria Mchn 153.

SCHMELLER I,558.

[**Bären**]**t.** **1** Hand, Fuß.– **1a**: *Bärndatscha* „große Hand" Illschwang SUL.– **1b** großer Fuß, OP, MF vereinz.: *der håt Bärndatscha* Vilseck AM.– **2** Pfln.– **2a** Keulenbärlapp (Lycopodium clavatum), °OP vereinz.: °*Bärndatscha* Nittenau ROD.– **2b** Bärenklau (Heracleum sphondylium), °OP vereinz.: °*da Bärndatscher* Tirschenrth; „nach den haarigen, bärentatzenähnlichen Blättern ... *Bärentotscha*" Bay.Wald Bayer.Heimatschutz 31 (1935) 34.– **2c** Huflattich (Tussilago farfara): *Bärntatscha* Rothenstadt NEW; *Bärntåtcha* [sic] O'viechtach MARZELL Pfln. IV,858.– **2d** Wegerich.– **2dα** Großer Wegerich (Plantago major): °*Bärndatscharl* „Breitwegerich" Weiden.– **2dβ** Mittlerer Wegerich (Plantago media): °*Bärndatscha* Ambg.

WBÖ IV,1810.

[**Platt**]**t.** wie → *T.*1a, NB, OP vereinz.: *Blottdotscha* Eining KEH.

[**Brettlein**]**t.** **1** dass., NB, OP vereinz.: *Bredldatscha* Piegendf ROL.– **2** Plattfuß: *Brettldatscha* Haselbach BOG; *Plattföiß ... Breetldatscher* SCHEMM Dees u.Sell 29.

[**Enten**]**t.** **1** Fuß.– **1a** Fuß der Ente, °NB, °OP vereinz.: °*Entndatscher* Malching GRI.– **1b**: *àntndatša* „Platt- od. Spreizfüße" KILGERT Gloss. Ratisbonense 54.– **2** wohl Fieberklee (Menyanthes trifoliata): °*Antndatscher* „in Flußniederungen wachsende Grasart" Mantel NEW.

[**Filz**]**t.** Filzhausschuh, °OP vereinz.: °*Filzdatscha* Hohenburg AM.

[**Flecken**]**t.,** [**Fleck(e)lein**]**- 1**: °*Fleckldatscher* zusammengerolltes Tuchende zum Benetzen des Stoffes vor dem Bügeln Pielenhfn R.– **2** Hausschuh aus Stoffstreifen, °NB, °OP vereinz.: °*Flegglldatscher* Neukchn KÖZ.

[**Fliegen**]**t.** Fliegenklatsche, °OB, °NB, °OP vielf., °MF vereinz.: °*Fliagndetscha* Kchseeon EBE; °*geh, tua ma an Floingtatscher her!* Zenting GRA; *koa Flöigndatscha und koa Daschlogn haout was gnutzt* HEINRICH Gschichtla u. Gedichtla 43.

WBÖ IV,946.

[**Gänse**]**t.** **1** Körperteil.– **1a** Fuß.– **1aα** Fuß der Gans, °OB, °NB, °OP vereinz.: °*Gansdatscha* Nabburg; *Gääns:dadschâ* CHRISTL Aichacher Wb. 139.– **1aβ** wie → [*Bären*]*t.*1b: °*der hout a paar Gensdatscher* „große Füße" Eslarn VOH.– **1aγ**: °*Gönsdatschara* „verformte Füße" Tegernbach MAI.– **1b**: °*Gänsdatscha* „abstehende Ohren" Eslarn VOH.– **2**: °*a Gänsdatscher* „Spur vom Gänsefuß" Gunzendf ESB.– **3** Pfln., Teil einer Pflanze.– **3a** wie → [*Bären*]*t.*2b, °NB, °OP vereinz.: °*Gänsdatscher* „Bärenklau" Koppenwall ROL.– **3b** Giersch (Aegopodium Podagraria): *Ganstatscher* Schierling MAL, Roding MARZELL Pfln. I,127.– **3c** Kriechendes Fingerkraut (Potentilla reptans): °*Gänsdåtscher* Haselbach BUL.– **3d** Frauenmantel (Alchemilla vulgaris): °*da Gänsdåtscher* Enzenrieth NEW.– **3e** Guter Heinrich (Chenopodium Bonus-Henricus), °OP vereinz.: °*da Gänsdatscha* „junge Blätter als Spinat verwendet" Nabburg.– **3f** Ahorn (Acer): *Gänsdatscher* Hohenfels PAR; *Gensdatscher* Schönhfn R DWA I,6.– **3g**: °*Gänsdatscher* „Blätter der gelben Seerose" O'nrd CHA.– **4** Speise, Nahrung.– **4a** Plätzchen aus Kartoffelteig: °*Gänsdatscher* Neustadt; „*Gänsdatscher* ... den Schwimmfüßen von Gänsen ähnlich" HÄUSSLER Oberpf.Kartoffelkochb. 18.– **4b** in Pfannkuchenteig herausgebackene Apfelscheibe: *Gänsdatscherla (Apfelköichla)* HORN-EICHENSEER Opf.Kost 137.– **5**: *Gääns:dadschâ* „Anführungszeichen" CHRISTL Aichacher Wb. 139.

WBÖ IV,946.

[**Gillamoos**]**t.** Schuh von schlechter Qualität: °*Gillamoosdatscha* „Schuhe, die nichts taugen" Hallertau; *Du mit deine Gillamoosdatscher!* ILMBERGER Fibel 43.– Bestimmungsw. nach dem Gillamoosmarkt in Abensbg KEH; ILMBERGER ebd.

[**Hasen**]**t.** Möhre (Daucus Carota): °*Hosntatscher* Ambg.

[Haus]t. wie →*T.*4b, °NB, °OP vereinz.: °*Hausdatscher* „Hausschuhe“ Fronau ROD.

[Hunds]t.: °*Hundsdatscha* Pfotenabdruck eines Hundes Neunburg.

[Kot]t. **1** Fisch.– **1a**: °*Kottatscher* „ganz kleine Fischlein“ Koppenwall ROL.– **1b**: °*Kouttåtscher* „Karpfen im sumpfigen Weiher“ Appersdf FS.– **2**: °*Koutdatscherer* „Ente“ Nandlstadt FS.
WBÖ IV,946.

[Krah]t. wie →*[Bären]t.*2b: °*Kroudatscha* „Bärenklau“ Rattenbg BOG.

[Kuh]t., **[Kühe]-** **1** Kuhfladen, °OB, °NB, °OP vereinz.: °*Kuahdotscher* Straubing; *Köihdatscha* Braun Gr.Wb. 325.– **2** Pilz.– **2a** Kuhröhrling (Boletus bovinus), °NB, °OP vereinz.: °*Keidatscher* Mötzing R.– **2b** Birkenröhrling (Boletus scaber), °NB vereinz.: °*Koudetscher* „Birkenpilz“ Straubing.
WBÖ IV,946.

[Laiblein]t.: *Låiw'ltatscha* „Neckname für den Bäcker“ Waldershf TIR Braun Gr.Wb. 645.

[Linker]t., **[Links]t.** Linkshänder, °OB, °NB, °OP, °MF vereinz.: °*Linksdatscher* Starnbg.
WBÖ IV,946.

[Mist]t.: *Mistdatscha* das gestielte Brett, mit dem der Dünger festgeschlagen wird Wolnzach PAF.

[Moos]t. wie →*T.*1a, OB vereinz.: *der hot Dooscha* [große Füße], *der Moosdatscha!* Euernbach PAF.

[Mucken]t. wie →*T.*10b, °OB, °OP, °MF vereinz.: °*Muckndatscher* Fliegenklappe Pöttmes AIC.

[Nasen]t. **1** Schlag, Druck auf die Nase, °OB vereinz.: °*Nasendetscher* „Druck auf die Nase mit der flachen Hand“ Flintsbach RO.– **2** Sarg, °OB, °NB, °OP, °MF, °SCH vereinz.: °*Nosndätschara* Weiherhammer NEW; *balst … einefallst in d' Gruabn, und brauchst an Nasendetscher* Christ Werke 631 (Rumplhanni).– Auch Sargdeckel, °OB vereinz.: °*Truchadekl, Nåsndätscha* Pöcking STA.

[Raben]t. wie →*[Bären]t.*2b: °*Robndatscha* „Bärenklau“ Wiesenfdn BOG.

[Stroh]t.: °*Strohdatscher* „Hausschuh aus Stroh“ Maushm PAR. M.S.

Tätscherei

F., Kocherei: *die Alt' … wird … bald firti sein mit ihrener Datscherei* Meier Werke I,229 (Scheib'nhofbauer). M.S.

Tatscherling, -ä-, -e-

M. **1** Körperteil.– **1a** Hand, Fuß.– **1aα**: *Tatschalöng* „ungeschickte Hände“ östl.OB.– **1aβ**: °*Dåtscherling* „Gänse-, Entenfuß“ Ampfing MÜ.– **1b**: *der håt so ån Datschalan* „einen breiten Kopf“ Mettenhsn LAN.
2: *dēdšalen* „alter Mann“ nach Kollmer II,85.
3: *dēdšalen* „alter Pilz“ nach ebd.
4: *dēdšalen* „alter Hut“ nach ebd.
5 mißratener, spundiger Brotlaib, °OB vereinz.: °*a so a Detscherling!* Teisendf LF.

Komp.: **[Kuh]t.**: °*Kuahdadschaling* Kuhfladen Moosach EBE. M.S.

tätscherln

Vb. **1** tätscheln, °OB, °NB vereinz.: *s Kind aufs Arschal tatscherln* Mchn.
2 streicheln, sanft berühren, OB, °NB, °OP vereinz.: *mit da Hend datschalln* Hengersbg DEG.

Komp.: **[an]t.**: °*odatscherln* „Mädchen angrapschen, befingern“ Mintraching R.

[da-her]t. schwerfällig gehen, °NB vereinz.: °„ein kleines Kind, das mit kleinen Schrittchen *daherdatscherlt*“ Gögging KEH. M.S.

tatschern, -ä-

Vb., gehen, kindersprl.: *dotschern* Winkler Heimatspr. 58.
WBÖ IV,946.

Komp.: **[der]t.**: °*d Henna håt ihr Jungs dadatschad* „erdrückt“ Pocking GRI. M.S.

Datschi, -ä-, -e-

M. **1** Speise, Nahrung.– **1a** flacher, mit Obst belegter Kuchen, °OB, °NB, °SCH vielf., °OP, °MF vereinz.: °*Datschi* Walleshsn LL; *Die*

Badener Zwetschgen müssen S' probiern, für an Datschi san s' ganz vorzüglich SZ 16 (1960) Nr.206,11.– Ortsneckerei für die Einwohner von Augsburg, °OB, °SCH vereinz.: °*Augsburger Datschi* Wettstetten IN; *Datschi* Bronner Schelmenb. 179.– **1b** Apfelstrudel, °OB, NB vereinz.: °*Datschi* Wald AÖ.– **1c** Auflauf, °OB, °NB, °OP, °SCH vereinz.: °*Datschi* Aschau MÜ.– **1d** Kartoffelpuffer, °OB, °OP vereinz.: °*Datschi* Schwandf; *Datschi* „Reibekuchen" Judenmann Opf.Wb. 37.– **1e** Pfannkuchen, °NB vereinz.: *Datschö* Wassing VIB.– **1f** mißratenes, spundiges Backwerk (v.a. Brot), °OB, °NB, °OP vereinz.: °*dös is a richtiga Datschi worn* Essenbach LA; *Datschi* Delling I,116.– **1g** Kompott, °OB, NB, °OP vereinz.: °*Datschi* „Apfelmus" O'eichhfn EBE.

2 Runkel- od. Kohlrübe, °OB, °NB, °OP vereinz.: °*Datschi* „Kohlrübe" (Ef.) Ingolstadt; *Datschi* „Futterrübe" Neustadt KEH.

3 Körperteil.– **3a** abwertend Kopf, OB, °NB vereinz.: *der mid sein Detschi!* Vachendf TS; „die überwiegend städtischen Bezeichnungen *Beli* ... und *Dētschi*" Lachner Bayr. 42f.– **3b** †: *Datschi* „von ... einer breiten eingedrückten Nase" Delling ebd.

4 (alter) Hut, °OB, NB, OP vereinz.: °*heid håd a wieder sein oitn Detschi auf* Uffing WM.

5 von Menschen.– **5a** dummer, ungebildeter Mensch, °NB, °OP vereinz.: °*a Dotschi* Weiherhammer NEW.– Auch: *a guata Dotschi* einer, der sich alles gefallen läßt Altendf ESB.– **5b** ungeschickter, linkischer Mensch, °NB, °OP vereinz.: *a Dotschi* Nottau WEG; *Dees is à richdegà Dǫdsche* Kaps Welt d.Bauern 84.– Phras. *linker / tenker D.* Linkshänder, °OB, °NB, OP, °MF vereinz.: °*dös is a linka Dotschi* Wettstetten IN.– **5c** †: *Datschi* „langsame träge Person" Delling ebd.

6 junge Gans: *Ganserl, Datschi* Siegenburg KEH DWA XV,66.

7 Fliegenklatsche: °*Datschi* Aibling.

8 Kuhfladen: °*da Datsche* Lenggries TÖL.

Etym.: Abl. von →*tatschen*; vgl. Duden Wb. 756.

Delling I,116.

Komp.: [**Apfel**]**d.**, [**Äpfel**]- **1** flacher Apfelkuchen, °OB, °SCH vielf., °NB, °OP, °MF vereinz.: *da Öpfötatschö wiad aufara Blöch glögt* Hengersbg DEG; *Abbfedatsche* „flacher Hefekuchen mit *Ebbfespaltln* belegt" Ilmberger Fibel 11.– **2** wie →*D.*1b, °OB, °NB, SCH vereinz.: °*Apfldatschi* Apfelstrudel Lenggries TÖL.– **3** Apfelauflauf, °NB, °OP vereinz.: °*Öpfödatschö* Metten DEG.– **4**: °*Äpfldatschi* „Apfelschmarren" Pauluszell VIB.– **5** Apfelküchel: °*Apfldatschi* „Apfelscheiben in Pfannkuchenteig gebacken" Kemnath.– **6** Apfelkompott, °OB, °MF vereinz.: °*Apfldatschi* Preith EIH.

Mehrfachkomp.: [**Erd-apfel**]**d.**, [**-äpfel**]- **1** wie →*D.*1d, °OB, °NB, °OP vereinz.: °*Erdäffidatschi* Endlhsn WOR.– **2**: °*Erdapfldatschi* Kartoffelbrei Lenggries TÖL.

[**Bäcker**]**d.** scherzh. Bäcker, °NB, °SCH vereinz.: °*Böckerdatschö* Spiegelau GRA.

[**Heid-beer**]**d.**, [**-beerlein**]- **1** flacher Heidelbeerkuchen, °OB, °NB, °OP vereinz.: °*Hoibadatschi* Pemfling CHA; *Hoibadatschi* Friedl ndb. Kuchl 40.– **2** Heidelbeerauflauf, °NB vereinz.: °*Hoaberldatschi* Mallersdf.– **3** Pfannkuchen mit Heidelbeeren, °NB vereinz.: °*Hoabadatschi* Simbach EG.

[**Schwarz-beer**]**d. 1** wie →[*Heid-beer*]*d.*1: „aus Hefeteig ... *Schwarzbeerdatsche*" Angrüner Abbach 23.– **2** wie →[*Heid-beer*]*d.*2, °NB, °OP vereinz.: °*Schwarzbeerdatschi* „Auflauf" Michelsneukchn ROD.– **3** wie →[*Heid-beer*]*d.*3: °*Schwarzbeerdatschi* „omelettartige Mehlspeise" Deggendf.– **4**: °*Schwarzbeerdatschi* „Heidelbeerkompott" Schrobenhsn.

[**Pfannen**]**d. 1** wie →*D.*1d: °*Pfannendatschi* „Kartoffelpuffer" Ingolstadt.– **2** Schäfchenwolke: °*Pfannadatsche* kleine runde Wolke Schwandf.

[**Tenker**]**d. 1** Linkshänder, °OB vereinz.: °*Denkerdatschi* Rettenbach WS.– **2** wie →*D.*5b: °*a Tenkerdatschi* „linkischer, unbeholfener Mensch" Gollenshsn RO.– Zu →*tenk* 'links, ungeschickt'.

[**Fliegen**]**d.** wie →*D.*7, °OB, °NB, °SCH vereinz.: °*wo is da Fliagndatschi?* Mühldf; *mit dem Fliegentatschi* Sailer Lach od. stirb 167.

[**Kartoffel**]**d.** wie →*D.*1d, °OB, °NB, °OP, °MF vereinz.: °*Kartoffidatschi* Fischbachau MB.

[**Kersch(en)**]**d.**, [**Kirsch(en)**]- **1** flacher Kirschkuchen, SCH mehrf., °OB, °NB, °OP vereinz.: *Käschndatschi* Stürzlham MB.– **2** Kirschauflauf, °NB, °OP vereinz.: °*Kirschdatschi* Michelsneukchn ROD.– **3** Pfannkuchen mit Kirschen, °NB vereinz.: °*Kirschndatschi* Lam KÖZ.

[**Kuh**]**d.** wie →*D.*8, °OB, °NB vereinz.: °*tritt net in den Kuohdatschi nei!* Geisenfd PAF.

[**Laiblein**]**d.** wie →[*Bäcker*]*d.*: °*Loabidatschi* Friedbg.

[**Mist**]**d.**: *Mistdadschi* das gestielte Brett, mit dem der Dünger festgeschlagen wird Weidach AIB.

[**Reiber**]**d.** Kartoffelpuffer, °Gesamtgeb. vielf.: °*Reiwadadsche* „Reibekuchen aus Kartoffeln" Neufraunhfn VIB; *Reiberdatschi* HÄUSSLER Oberpf.Kartoffelkochb. 18.

[**Ritschi**]**d.** dass., °OB, °NB, °OP vereinz.: °*Ritschidatschi* Gangkfn EG.– Zu →*Ritschi* 'geriebene Kartoffeln'.

[**Schlamper**]**d.** schlampiger, ungepflegter Mensch, °OB, °SCH vereinz.: °*bist a Schlamperdatschi!* Klingen AIC.

[**Zwetschgen**]**d.**, [**Zwesch**(**ben**)]- **1** flacher Zwetschgenkuchen, °OB, °NB, °SCH vielf., °OP mehrf., °MF vereinz.: *Zweschbmdaatschi* Kochel TÖL; *da Zwöschdatschö* Mittich GRI; „meine Tochter wollt einen *Zwetschgendatschi*, so groß wie ein Bettvorleger" HALBINGER Jahrgang 1900 112.– **2** Zwetschgenauflauf, °NB vereinz.: °*Zwetschgndatschi* Frauenau REG.– **3**: °*Zwetschgndatschi* „Kartoffelpuffer mit Zwetschgen" Neumarkt.– **4** Pfannkuchen mit Zwetschgen, °NB vereinz.: °*Zwetschgndatschi* Deggendf.– **5** Zwetschgenkompott, °NB, °OP, °MF vereinz.: *Zwöschbmdadschö* Aicha PA.

DELLING I,116.– WBÖ IV,934.

[**Zwiebel**]**d.** Zwiebelkuchen: °*Zwiebldatschi* Rosenhm; *dswībldǭdše* Wulfertshsn FDB nach SBS X,361. M.S.

tatschicht, -ä-, -e-, -o-, -ig

Adj. **1** dumm, ungeschickt, schwerfällig.– **1a** dumm, einfältig, °OB, °NB, °OP, °MF, °SCH vereinz.: °*der is dotschad* „geistig plump" Frsg; *do:tšad* KILGERT Gloss.Ratisbonense 60.– **1b** ungeschickt, linkisch, °Gesamtgeb. vielf.: °*heid bi i so dodschad* G'holzhsn RO; °*der stellt sö scho so datscherd* Sallach MAL; °*a datschader Drag* „unbeholfener Kerl" Maxhütte BUL; „Spielrollen: *da datschad Hans*" SCHLICHT Dorftheater 93.– **1c** schwerfällig, träge, °NB, °OP mehrf., °Restgeb. vereinz.: °*a dotschada Gang* Scheyern PAF; °*der geht scho so dåtschåd daher* Passau; *A dadschate Antn hob i s' … ghoaßn, de schelchhaxate Naßl* TOCHTERMANN Oiß wos Recht is 143.

2 grobschlächtig, unförmig, °OB, °NB mehrf., °Restgeb. vereinz.: °*dös Madl war nett, aber datschad is* „zu fett" Endlhsn WOR; °*a datschats Weibsbild, so klobig wia a Mastantn* Straubing; *da:dšɐd, do:dšɐd* „plump … klobig" [4]ZEHETNER Bair.Dt. 345.

3 mit großen Füßen, NB, OP vereinz.: *a Datschada* Bodenstein ROD.

4 teigig, weich, faulig.– **4a** teigig, spundig, °OB, °NB, °OP, °MF, °SCH vereinz.: °*des Brout is dätschad worn* Hirnsbg RO; *datschet, detschet* „vom Backwerk … nicht erhoben genug" SCHMELLER I,555.– **4b** weich, matschig: °*dåtscheg* „vom Schnee" Weildf LF; *dātschert* BERTHOLD Fürther Wb. 36.– **4c** teig, überreif (vom Obst), °OB, °OP, °MF vereinz.: °*datschäd* Abenbg SC.

5 breit gedrückt, platt, °OB, °NB, °OP vereinz.: °*tätschat* „zusammengedrückt" Erling STA; *er hat a datschete, detschete Nasen* DELLING I,116.

6: *detschert* „verbogen (z.B. Reifen)" Ruhmannsfdn VIT.

7: °*datschige Ohrn* „herabhängende Ohren" Ingolstadt.

8 weichlich, zu nachgiebig, °OB, °OP vereinz.: *datschata Hund* Pantoffelheld Euernbach PAF.

9 überall hinfassend, zudringlich.– **9a**: °*dåtschad* „ist einer, der alles mit den Händen anfassen muß" Deusmauer PAR.– **9b** zudringlich gegenüber Frauen, °OP vereinz.: °*so a dåtscheter Kerl!* Beratzhsn PAR; *Datschada* BINDER Saggradi 39.– Phras.: „[der] *datšade joagang* Grapscher" KILGERT Gloss.Ratisbonense 54.

DELLING I,116; SCHMELLER I,555, 557.– WBÖ IV,939f., 946, 1807, 1810.

Komp.: [**platt**]**t.**: °*der is plattdatschert* „plattfüßig" Schwandf.

[**breit**]**t.** **1** mit großen Händen od. Füßen.– **1a** †mit großen Händen: *broatdatschate* „breittatzige" PANGKOFER Ged.altb.Mda. 328.– **1b** wie →*t.*3, OB, NB vereinz.: *a broatdoutschata Mensch* „großfüßiger" Zwiesel REG.– **2** wie →*t.*4a: °*broatdatschad* „vom Brot, das beim Backen nicht aufgegangen ist" Weilhm.– **3** wie →*t.*5, NB, OP vereinz.: *a broatdätschadö Nåsn*

Herrnthann R; *dea streicht eahm gschwind a(n) Mit ... Wag'nschmier' sei(n) broatdetschats G'sicht* LAUTENBACHER Ged. 45.

[**tenk**]**t.** wie →*t.*1b: *denktatschat* ungeschickt Wasserburg.– Zu →*tenk* 'links, ungeschickt'.

†[**happer**]**t.**: *happerdätschig* (*happədatshi'*) „übereilt, närrisch" SCHMELLER I,1139.– Wohl zu →*hoppern* 'sich auf u. nieder bewegen'.

SCHMELLER I,1139.– WBÖ IV,940, 946-948 (hopper-).

[**kuh**]**t.** mit durchgebogenem Fesselgelenk (vom Pferd): *„Kuahdatschert ...* wobei der Fessel fast eine waagrechte Linie einnimmt" HÄRING Gäuboden 75.

[**links**]**t.** linkshändig, °OB, °OP vereinz.: °*dersell is a Linksdatschada* Linkshänder Starnbg.

WBÖ IV,940. M.S.

Tätschkerlein

N.: *dàtšgal* „platt gedrückter, kleiner Reibekuchen" KILGERT Gloss.Ratisbonense 54.

Etym.: Slawisierende Weiterbildung zum Dim. von →*Tatscher* 'dass.', möglicherweise unter Einfluß von tschech. *taška* 'Tasche'; WBÖ IV,948.

WBÖ IV,948f.

Komp.: [**Powidl**]**t.** Powidltatschkerl: *Bowidldatschkerl* Passau; *powidldàtšgal* KILGERT ebd. 55.

WBÖ IV,949.

[**Fliegen**]**t.**: °*Fliagndatschgal* „Fliegenklappe" Rosenhm. M.S.

Tätschler

M., Mann, der Frauen unsittlich anfaßt, °OB, NB vereinz.: *dös is an alter Tatschler* Straubing.

Komp.: [**Nacht**]**t.**: °*Nachtdatschler* „leichter Schlag, den sich die Kinder vor dem Schlafengehen geben" Kohlgrub GAP. M.S.

Tatte, -a, -i, -en

M. **1** Vater, °OB mehrf., °Restgeb. vereinz.: °*Datti* (Ef.) Mammendf FFB; °*Datt* Winklsaß MAL; *Dadde* „Kosename für Vater" JUDENMANN Opf.Wb. 35; *Der Tátt, Tátten ... Tátta* „(Kinder-Sprache) Vater" SCHMELLER I,631; *Hörst wie dein Data flucht!* STURM Lieder 100.

2 Großvater, °OB, °OP vereinz.: °*Datti* „Opa" Dachau; *date* Jesenwang FFB SBS II,478.– Auch: °*Dadi* „ältestes Mitglied einer Familie" Mering FDB.

3 dummer, ungeschickter Mensch, °NB vereinz.: °*Daddi* Grafenau.

Etym.: Alte Kosef. wohl germ. Herkunft; vgl. WBÖ IV,963.– In Bed.3 Spielform von→*Dada* 'ungebildeter Mensch' od. →*Thaddädl*?

DELLING I,116; SCHMELLER I,631. WBÖ IV,963-965.

Komp.: [**Ahn**]**t.**, [**Ähnlein**]- wie →*T.*2, °Gesamtgeb. vereinz.: °*Odatta* „Opa" Hohenburg AM; *Odat* Berg DEG DWA XXI,375.

WBÖ IV,966 (O-).

[**Bauern**]**t.** wie →*T.*3: °*Bauerntatä* Grafenau.

[**Platten**]**t.**: °*a Blåttndatti* „kahlköpfiger alter Mann" Dachau.

[**Groß**]**t. 1** wie →*T.*2, °Gesamtgeb. vielf.: °*Großdattn* Mchn; °*Großdattö* Kumrt WOS; °*Großdatta* Sulzkchn BEI; *Großdat* O'graßlfing MAL DWA XXI,376.– **2**: °*Großdad* „Urgroßvater" Winklsaß MAL.

WBÖ IV,965.

[**Himmel**]**t.** Gottvater, OB, NB, °OP vereinz.: *da Himödatö* O'audf RO; *Himm'ltatta* BRAUN Gr.Wb. 259.

SCHMELLER I,631.– WBÖ IV,965f.

[**Stüblein**]**t.** wie →*T.*2, °OB, °NB, °OP, °MF, °SCH vereinz.: °*da Stübldatta* Ziegelbg RO; *Stibldadda* Rötz WÜM DWA XXI,374. M.S.

Tattedl →*Thaddädl*.

Dattel

F. **1** Dattel: *Dattln und Feinga* Innviertel; *ze latein dactilus ... ze dæutsch dateln* KONRADvM BdN 367,19; *soll er ... gedörte feugen, oder datteln im wein sieden* BIHLER tierärztliche Rezepte Straubing 22.

2: *Dattl* „Vulva" AMAN Schimpfwb. 43.

3 abwertend Frau: *dös ischt a rechti Tattl* Partenkchn GAP; *Dattl* AMAN ebd.

Etym.: Mhd. *datel* swf., aus it. *dattilo*; vgl. PFEIFER Et.Wb. 204.

WBÖ IV,64. M.S.